Irenäus Eibl-Eibesfeldt
Wider die Mißtrauensgesellschaft

SERIE PIPER
Band 2173

Zu diesem Buch

Irenäus Eibl-Eibesfeldt, weltbekannter Biologe und Humanethologe, ist davon überzeugt, daß es für die Menschheit eine lebenswerte Zukunft geben kann, obwohl wir ja angesichts von Kriegen und Bürgerkriegen, von Gewalt und Kriminalität, von Fremdenhaß und Bevölkerungsexplosion sowie von wachsender Umweltzerstörung durchaus Anlaß zu Pessimismus hätten. Mit dem Wissen und der Langzeitperspektive des Biologen diskutiert Eibl-Eibesfeldt in seiner Streitschrift die anstehenden Probleme. Mit Nachdruck warnt er vor der Utopie einer multikulturellen Immigrationsgesellschaft. Zugleich bietet er auf der Basis biologischer Erkenntnisse Lösungsversuche an. Ein Naturwissenschaftler, der den Mut hat, sich einzumischen, hat ein provozierendes Buch geschrieben.

»Jedenfalls ein intelligentes, ehrliches, mutiges und äußerst interessantes Buch, zudem sehr gut lesbar, das Zustimmung und Widerspruch hervorrufen wird.« ekz-Informationsdienst

»So redlich wie mit Eibl-Eibesfeldt ist zur Zeit kaum mit jemandem zu diskutieren. Denn er will nicht Standpunkte polarisieren, sondern ›den Rahmen des Möglichen empirisch und rational‹ ausloten.« Salzburger Nachrichten

Irenäus Eibl-Eibesfeldt, geboren 1928 in Wien, Professor für Zoologie an der Universität München, Leiter der Forschungsstelle für Humanethologie in der Max-Planck-Gesellschaft in Andechs und des Ludwig-Boltzmann-Instituts für Stadtethologie in Wien. Zahlreiche Veröffentlichungen im Piper Verlag: »Galápagos«, »Liebe und Haß«, »Krieg und Frieden aus der Sicht der Verhaltensforschung«, »Grundriß der vergleichenden Verhaltensforschung«, »Die Malediven«, »Die Biologie des menschlichen Verhaltens«, »Der Mensch – das riskierte Wesen«, »Im Banne der Angst« (mit Christa Sütterlin).

Irenäus Eibl-Eibesfeldt

WIDER DIE MISSTRAUENSGESELLSCHAFT

Streitschrift für eine bessere Zukunft

Mit 21 Abbildungen

Piper
München Zürich

Von Irenäus Eibl-Eibesfeldt liegen in
der Serie Piper außerdem vor:
Liebe und Haß (113)
Krieg und Frieden aus der Sicht der Verhaltensforschung (329)
Der Mensch – das riskierte Wesen (585)
Galápagos – Die Arche Noah im Pazifik (1232)

ISBN 3-492-12173-x
Durchgesehene und ergänzte Neuausgabe 1995
3. Auflage, 12.–13. Tausend, August 1995
(2. Auflage, 6.–7. Tausend dieser Ausgabe)

Umschlag: Federico Luci
Foto Umschlagrückseite: R. Krell
Gesamtherstellung: Clausen & Bosse, Leck
Printed in Germany

Inhalt

Dem aufrichtigen Bekenntnis zu dem Lande, das man aus geheimnisvollen und also nicht zu erörternden Gründen sein Vaterland heißt, muß man, beinahe aus ebenso unerklärlichem Grund, eine Art Erläuterung vorausschicken. Nirgends und niemals noch hat ein Bekenntnis zur Heimat einer Entschuldigung bedurft. Heute und bei uns sieht man sich gezwungen, vorerst die Bekenntnisformel von der schwülstigen Verlogenheit zu säubern, mit der man sie beworfen hat, von der papiernen Phraseologie, von der es seit Jahrzehnten um sie raschelt, von der blutrünstigen Roheit, die seit Jahrzehnten den Patriotismus, die Liebe zur Nation und die Sprache in Pacht hält und vergewaltigt... Sich innerhalb einer Nation heimisch fühlen ist eine primäre Regung des zivilisierten europäischen Menschen, keineswegs eine »Weltanschauung« und niemals ein »Programm«.

Joseph Roth: Bekenntnis zu Deutschland*

* Joseph Roth, geboren am 2. 9. 1894 in Brody (Gebiet Lemberg), österreichischer Schriftsteller und Journalist. Freiwilliger im Ersten Weltkrieg. 1933 Emigration nach Paris, wo er am 27. 5. 1939 in Armut starb.

Vorwort

An der Schwelle zum dritten Jahrtausend blicken wir auf ein Jahrhundert voller Widersprüche zurück. Zum einen war es reich an Pionierleistungen in Kunst, Wissenschaft und Technik. Ein schöpferisches Zeitalter, das uns die Raumfahrt eröffnete und die elektronische Datenverarbeitung bescherte. Es war aber auch ein Jahrhundert gewalttätiger Ideologien und zweier Weltkriege, in denen zum erstenmal Massenvernichtungsmittel gegen die Zivilbevölkerung eingesetzt wurden. Es war schließlich das Jahrhundert der Vertreibung und des geplanten Völkermordes. Und nach wie vor leben wir unter dem Einfluß von Horrormeldungen und Horrorvisionen und sehen uns in der modernen Großgesellschaft mit einem zunehmenden Mißtrauen und mit zunehmender Gewalt konfrontiert. Ausländerheime gehen in Flammen auf, Kinder morden Kinder, Terror verbreitet Angst, und die Rücksichtslosigkeit im Autoverkehr fordert jährlich so viele Tote und Verletzte wie ein Krieg. Sind wir im Begriff, moralisch zu degenerieren, und wachsen uns die politischen Probleme über den Kopf?

Expertenrunden diskutieren im Fernsehen Immigrationsproblematik, Bevölkerungsexplosion, Ausländerfeindlichkeit und die Zunahme der kollektiven Gewalt. Aber meist bleibt es bei moralisierenden Bekenntnisübungen und hilflosen Appellen nach dem Muster »Wir müssen...«, »Seid lieb zueinander...«. Selten, daß einer zu all diesen Lebenserscheinungen die Lehre vom Leben, die Biologie, befragt. Im Gegenteil! Die Ergebnisse der Biologie werden oft als »Biologismus« oder in der kreativen Steigerung »dumpfer Biologismus« abgewertet. Das ist erstaunlich, denn immerhin handelt es sich bei den eben angesprochenen Phänomenen um Lebenserscheinungen, zu deren Erforschung die biologischen Wissenschaften wesentlich beitragen. Aber in uns Menschen sträubt sich etwas gegen den Gedanken, unser Verhalten könnte nach vorgegebenen Regeln ablaufen. Das verstößt gegen unsere Vorstellungen von Freiheit, die wir immerhin subjektiv als Freiheit der Entscheidung erleben. Auch fürchten manche, ein erzieherischer Fatalismus könnte die Folge sein. Sie erliegen dabei dem Fehlschluß, wenn etwas angeboren sei, könne man dagegen wenig tun, und wir wären dann für unser Handeln auch nicht wirklich verantwortlich, würden wir doch nur der Stimme der Natur gehorchen. Diese Befürchtungen sind sicher unbegründet, denn jeder weiß nach kurzem Nachdenken, daß wir Menschen selbst so elementare Triebregungen wie jene der uns zweifellos angeborenen Sexualität kulturell mit Erfolg an die Zügel nehmen. Aber die Ängste vor einem »biologischen Reduktionismus«[122] sind eine Realität, mit der wir uns auseinanderzusetzen haben. Das wird im folgenden Kapitel geschehen.

Hier nur ein paar Hinweise zur Beleuchtung der Situation. Jede empirische Wissenschaft und damit auch die Biologie ist insofern »reduktionistisch«, als sie sich bemüht, beobachtete Erscheinungen auf basalere Gesetzlichkeiten zurückzuführen: physiologische Abläufe auf organisch-chemische Prozesse; chemische Prozesse auf molekulare und atomare Prozesse und so weiter. Dabei wird jedoch immer betont, daß sich aus den Gesetzlichkeiten des basaleren Niveaus nicht die der nächsthöheren Ebene ableiten. Die Grundgesetze der Thermodynamik gelten für die belebte und unbelebte Welt. Sie erklären aber nicht das Phänomen Leben.

Hormonale Prozesse beeinflussen unser Seelenleben zweifellos entscheidend, und die Erforschung der Prozesse an den Synapsen kann zum Verständnis und auch zur Therapie von Verhaltensstörungen beitragen. Es wäre jedoch ein Fehlschluß, wollte man sich zur Aussage hinreißen lassen, seelische Prozesse wären im Grunde nichts weiter als solche biochemischen Elementarprozesse. Neuerdings wird der biologische Reduktionismus in einer Umdefinition als »biologischer Determinismus« verwendet. In dieser Formulierung richtet sich der Vorwurf gegen die Soziobiologen, denen unterstellt wird, sie würden die früheren und heutigen sozialen Einrichtungen als die unentrinnbaren Manifestationen spezifischer Genaktivitäten ansehen.

Die Ängste nehmen oft groteske Formen an. Unter der Überschrift »Alle Macht den Genen?« veröffentlichte Jürgen Neffe[95] im *Spiegel* eine Polemik gegen die angebliche Wiederkehr eines »biologischen Fundamentalismus«. Er wendet sich in ihr gegen die Gentechnik, aber nicht ohne einen Seitenhieb gegen die biologische Verhaltensforschung und deren »Lehre des angeborenen Verhaltens«, die Neffe folgendermaßen charakterisiert: »Mit ihren Forschungen an Tieren, unvergessen Konrad Lorenz' ›Prägung‹ von Gänsen auf deren Bezugsperson während der ersten Lebensstunden, schufen die Verhaltenskundler das geistige Fundament des neuen biologischen Fundamentalismus. Dessen soziobiologische Kernthese, alle Verhaltensunterschiede seien genetisch festgelegt, hat sogar Unsinn wie ›Gewalt-‹ und ›Aggressionsgen‹ wieder hoffähig gemacht. Schlachten Kroaten und Serben einander etwa ab, weil ihre Gene es so wollen? Wer das behauptet oder auch nur nicht ausschließt, argumentiert grob fahrlässig. Daß Menschen in der Lage sind, andere Menschen zu hassen und sogar zu töten, liegt offensichtlich im Rahmen ihrer biologischen ›Vorsehung‹. Warum sie es dann machen – immerhin ist der Verstand beteiligt –, hat aber mit angeblichem kleinstkindlichem ›Fremdeln‹ (ein Steckenpferd des Lorenz-Schülers Eibl-Eibesfeldt*) so wenig zu tun, wie das Babylächeln mit rheinischem Frohsinn« (S. 170).

Jeder, der die Veröffentlichungen von Konrad Lorenz und mir kennt, wird sich wundern, wie Neffe zu diesem summarischen Urteil kommen kann. Mir ist keine Textstelle bekannt, in der Lorenz behaupten würde, alle Verhaltensunterschiede wären genetisch festgelegt. Wohl aber haben wir mit Arnold Gehlen immer wieder betont, daß der Mensch ein Kulturwesen von Natur ist. Von einem »Gewalt- oder Aggressionsgen« haben wir

* Herr Neffe schrieb meinen Namen falsch, ich nahm mir die Freiheit, das im Zitat zu korrigieren.

nie gesprochen. Solche Behauptungen finden wir vielleicht in der populären soziobiologischen Literatur, gegen die auch wir manche Einwände haben. Schon vor vielen Jahren wandte ich mich jedoch gegen eine simplifizierende Angeboren-erworben-Dichotomie. So schreibe ich in meinem Buch »Krieg und Frieden«[24]: »In einer Reihe von Veröffentlichungen habe ich immer wieder betont, daß es bei komplexen Verhaltensweisen sinnlos ist, nach der Alternative ›angeboren‹ oder ›erworben‹ zu fragen, da erwartungsgemäß Erbe *und* Umwelt am Aufbau beteiligt sind. Darum wird heute kein Ethologe die Frage stellen, ob die Aggression ›angeboren‹ oder ›instinktiv‹ sei. Wer dennoch so argumentiert, als würden Ethologen solche Alternativen stellen, hat offensichtlich das neuere Schrifttum nicht gelesen oder nicht verstanden« (S. 62). Und nie behauptete ich, daß Menschen einander im Kriege abschlachten würden, weil ihre Gene es so wollen. Vielmehr betonte ich in dem eben genannten Werk in einem eigenen Kapitel mit der Überschrift »Die kulturelle Evolution zum Krieg«, daß der Krieg eben nicht in unseren Genen stecke, und ich beschloß die Diskussion mit der Feststellung: »Mit diesen Ausführungen hoffe ich klargestellt zu haben, daß ich das Phänomen Krieg weder als Ergebnis eines periodisch zur Entladung drängenden Aggressionstriebes noch in anderer Weise als uns angeborene Verhaltensweise betrachte« (S. 150).

Das Bedrückende an Auseinandersetzungen dieser Art ist, daß viele Kritiker der Biologie weder vom Wirken der Gene im Prozeß der Entwicklung noch von der Verhaltensforschung auch nur eine blasse Ahnung haben. Um von der Kompliziertheit der genetisch programmierten Prozesse des Lebens eine Vorstellung zu bekommen, sollten sie sich einmal eine Übersicht über die in unserem Organismus ablaufenden biochemischen Reaktionsketten (vgl. z. B. von Gerhard Michal)[90] und den Aufbau einer Nervenzelle ansehen und nachlesen, was sich an einer Synapse abspielt, oder ein Auge von der Großmorphologie bis zur Histologie studieren und sich einmal darüber informieren, in welchen Schritten und wie die Sehreize verarbeitet werden. Das sollten sie tun, um etwas mehr Achtung vor dem Leben zu bekommen und angesichts ihres Halbwissens etwas bescheidener zu werden.

Ich habe die Veröffentlichung von Neffe zitiert, um auf eine Situation aufmerksam zu machen, die die Diskussion von Problemen der Gegenwart erheblich belastet. Es scheint, als wollten viele mit ihrem Meinungsgegner gar nicht ins Gespräch kommen. Dabei verbinden uns recht ähnliche Zielvorstellungen von einem erfüllten Leben in Frieden, einem Leben, in dem jeder seine Begabungen entfalten und Lebensglück erfahren kann, in einer Welt gegenseitiger Rücksichtnahme, in der Menschen auch verantwortlich mit ihren Ressourcen umgehen und nicht auf Kosten ihrer Enkel leben.

Dazu pflegen wir alle Utopien, und ohne sie wären wir arm. Nur dürfen wir uns dabei nicht verrennen. Aber in dem uns Menschen eigenen Bedürfnis nach Selbstdarstellung tun wir das oft, manchmal gewiß unbewußt. Oft aber werden extreme Standpunkte durchaus kalkuliert vertreten, in der Absicht, eine Nische zu erobern. In der politischen Diskussion reden die Kontrahenten häufig aneinander vorbei, da die einen vom Sein, die anderen vom Sollen reden. Letztere, oft als »Moralisten« bezeichnet, sind an der Wirklichkeit weniger interessiert. Sie vertreten einen moralischen Imperativ, der ihrer Meinung nach nicht weiter hinterfragt zu werden braucht. Er müsse nur durch Erziehung den Menschen aufgeprägt werden, die aufgrund der in unserer Gesellschaft herrschenden, als falsch bewerteten sozioökonomischen Bedingungen angeblich an einem falschen Bewußtsein leiden. Da die Moralisten zu wissen meinen, was das Gute ist, glauben viele von ihnen, ihrem Meinungsgegner ohne viel Rücksicht entgegentreten zu dürfen. Selbst Diffamierung scheint für sie in diesem Zusammenhang akzeptabel.

Die Vertreter der »Kritischen Theorie« sprechen von erkenntnisleitenden Interessen und argumentieren daher ebenfalls auf der Ebene des Sollens. Sie geben, wie die Moralisten, die Empirie preis und pflegen wie diese eine moralisch durchtränkte

Sprache. Eine kritische Auseinandersetzung zu diesem Thema wird von Norbert Bischof (mündliche Mitteilung) vorbereitet.

Was haben wir Biologen zu der Beziehung von Empirie und Moral zu sagen? Zunächst einmal dürfte wohl gelten, daß auch Biologen ihre Meinung zu Fragen der Ethik vertreten dürfen. Selbst wenn es problematisch sein sollte, Ethik wissenschaftlich zu untermauern, so kann ich als Biologe doch meinen Standpunkt empirisch begründen und damit meine Schlußfolgerungen nachvollziehbar machen. Ich kann zum Beispiel feststellen, ob ein Verhalten eignungsfördernd oder eignungsmindernd ist, das heißt, ob es zum Überleben beiträgt oder nicht (S. 35). Ich kann ferner herausfinden, ob eine durch das Verhalten einer Person herbeigeführte Eignungsminderung nur diese selbst betrifft oder auch andere Mitglieder der Gemeinschaft in »Mitleidenschaft« zieht. Ob man nun ein Recht des einzelnen, eine Gemeinschaft in Vertretung eigener Interessen zu schädigen, gutheißt oder nicht, ist gewiß eine moralische Entscheidung, die wissenschaftlich nicht weiter begründbar ist. Aus dem »Ist« folgt nicht notwendigerweise das »Soll«. Doch wenn man das Leben grundsätzlich bejaht, dann wird man schon aus Vernunftgründen auch das Allgemeinwohl als Wert anerkennen. Die auf Vernunft begründete Moral basiert auf dem Kantschen Kategorischen Imperativ, demzufolge sich jeder vor einer Entscheidung die Frage stellen sollte, ob er auch wollen könne, daß andere so handeln wie er, ob man also dieses Verhalten zum allgemeinen Gesetz erheben könne. Dem liegt bereits die moralische Zielsetzung zugrunde, daß ein harmonisches Miteinander erstrebenswert ist. Der Biologe würde diese Zielsetzung weiter hinterfragen und für uns Menschen vom selektionistischen Standpunkt aus als vorteilhaft bejahen, denn ein Leben in einer Gesellschaft, in der jeder nur seine eigenen Interessen vertritt, wäre auf längere Sicht unangenehm und reich an Risiken.

In meinem Buch »Der Mensch – das riskierte Wesen« sprach ich vom Überleben als Richtwert. Das trug mir den Vorwurf des »naturalistischen Fehlschlusses« vom So-Sein auf das Sollen ein*. Dies würde zutreffen, wenn ich aus der Tatsache, daß alle Arten Strukturen und Verhaltensweisen entwickeln, die ihre Chancen zum Überleben fördern, auf ein Recht aller Arten zu überleben geschlossen hätte. Aber genau das sagte ich nicht. Ich sprach vielmehr ausdrücklich davon, daß es kein Interesse der Natur an irgendeiner Art gebe, wohl aber ein Überlebensinteresse als Eigeninteresse. Und dies zur Kenntnis zu nehmen ist auch für den Politiker von Bedeutung, der ja selbstkritisch die moralische Legitimierung hinterfragt, mit der er die Interessen seiner Gesellschaft vertritt.

Wir müssen bereit sein, aus Erfahrungen zu lernen, uns neu anzupassen und, wenn nötig, auch unsere Zielvorstellungen zu revidieren. Dazu brauchen wir das Gespräch, und das setzt die freie Meinungsäußerung voraus. Die ist jedoch erheblich behindert, wenn man eine verzerrte Wiedergabe seines Standpunktes befürchten muß. So las ich verwundert, ich würde mit der Selektionstheorie das gnadenlose Recht des Stärkeren propagieren[46]. Nun konkurrieren Organismen in der Tat oft recht rücksichtslos um begrenzte Güter, und es wäre unklug, das nicht zur Kenntnis zu nehmen, zumal auch wir Menschen zweifellos mit aggressiven Neigungen ausgestattet sind, die sich in der gegenwärtigen Situation durchaus als Problemanlagen erweisen. Aber ich betonte immer, daß Fürsorglichkeit und Kooperation in der Evolution des Sozialverhaltens der höheren Wirbeltiere und des Menschen eine ganz entscheidende Rolle spielen (siehe S. 71) und daß wir Menschen dank unserer Fähigkeit zur Mitempfindung und Vernunft durchaus eine auf Sympathie und Vernunft begründete Moral des Miteinander entwickeln können. Sicher sieht es gegenwärtig so aus, als ob wir noch weit davon entfernt

* Vincent S.E. Falger: »Biology as Scientific Argument in Political Debates. A Resurgent Problem in Europe«. *European Sociobiological Society Newsletter 33*, Januar 1994, S. 3–12. Eine Antwort von Frank Salter wird in der gleichen Zeitschrift erscheinen (F. Salter: »Comments on the Naturalistic Fallacy«. *Science and Politics*).

wären, diese einmalige, uns über das Tier erhebende Begabung zu nutzen, wir bemühen uns jedoch auf dem Weg dahin. Aber erst wenn wir auch bereit sind, unsere Schwächen zu erkennen, können wir unsere Stärken nutzen. Mit einer verschleiernden Beschönigung der Situation ist keinem geholfen. Ich werde daher die Probleme aus meiner Sicht ungeschminkt darstellen.

Meine Aussagen basieren auf eigenen tierethologischen und humanethologischen Erfahrungen. Die ersten 17 Jahre meiner ethologischen Karriere arbeitete ich mit Tieren[31]. Ich hatte dabei das Glück, Konrad Lorenz zum Lehrer zu haben. In dieser Zeit erwarb ich mir vielseitige Kenntnisse über tierisches Verhalten, auch auf den Expeditionen mit Hans Hass. Mich beschäftigten damals Fragen der Kommunikation und der Verhaltensentwicklung. Ich beschloß diese tierethologische Phase mit der Veröffentlichung eines »Grundrisses der vergleichenden Verhaltensforschung«[22], der mittlerweile in der siebten überarbeiteten Auflage vorliegt. Damit hatte ich mir die theoretische Basis für den Einstieg in die humanethologische Forschung erarbeitet, die mich nun seit über 25 Jahren intensiv beschäftigt. Ich betone diesen Sachverhalt, weil ich gelegentlich belehrt werde, wir Menschen wären keine Rotkehlchen und keine Bären – als würde ich vom Tier auf den Menschen schließen und den Unterschied nicht kennen (siehe S. 32).

Ich werde in diesem Buch aus biologischer Sicht zum Gewaltproblem in der anonymen Großgesellschaft, auf zwischenethnische Konflikte und auf Fragen der Migration eingehen. Es handelt sich um Probleme, mit denen heute alle Völker dieser Welt konfrontiert sind. Ich werde mich in meiner Diskussion vor allem auf die Situation in Europa und hier wiederum besonders auf Deutschland und Österreich beziehen. Sie ist für die beiden Länder recht ähnlich gelagert und unterscheidet sich nur in den zahlenmäßigen Dimensionen. Zu der speziellen österreichischen Situation hat der österreichische Bundesminister für Inneres, Franz Löschnak[82], eine höchst informative Publikation vorgelegt mit Daten und weiterführenden Literaturhinweisen.

Große Sorge bereitet die zunehmende Lockerung des inneren Zusammenhalts der westeuropäischen Nationen. In einer Übertreibung des Individualismus verfolgen Personen und Interessengruppen Eigenvorteile mit wenig Rücksichtnahme auf andere. Eine Ellbogengesellschaft hat sich gebildet, die Selbstbedienung auf hoher und höchster Ebene zur Routine erklärt. Der hedonistisch motivierte Egozentrismus wird als Selbstverwirklichung verbrämt. Jeder spricht von Rechten, die er beanspruche, nur wenige von Pflichten. Der Begriff ist vielmehr negativ besetzt, ähnlich wie derjenige der Nation. Unterricht und Öffentlichkeitsarbeit vernachlässigten es, ein übergreifendes Gemeingefühl zu vermitteln, das auch das Nationale einschließt, und ohne Gemeingefühl zerfällt ein Staat. Die Bürger bleiben dann nebeneinander lebende Fremde, die einander aus noch darzulegenden Gründen mit einem gewissen Mißtrauen reserviert gegenüberstehen. Die Scheu vor dem anderen und eine wachsende Gleichgültigkeit verbinden sich mit der Bereitschaft, dessen Schwächen auszubeuten. Überdies führt die weltanschauliche Orientierungslosigkeit, die sicher nicht allein auf eine Verwahrlosung des Nationalgefühls zurückzuführen ist, dazu, daß junge Menschen in explorativer Aggression die Grenzen des Möglichen abfragen, sich über kollektive Aggression zu Kleingruppen verbünden und viele von ihnen anfällig für Drogen und eine beliebige geistige Führung werden. Die bindungslose Mißtrauensgesellschaft ist inhuman und damit eine Fehlentwickung, die es hier aufzuzeigen gilt. Mißtrauen erweist sich als Friedenshemmnis innerhalb von Gesellschaften, aber auch zwischen ihnen.

Der übertriebene Individualismus ist, wie Meinhard Miegel und Stefanie Wahl[91] schonungslos darstellten, im Begriff, die Kultur des Westens zu zerstören. Die Kinderfeindlichkeit führt zu einem Bevölkerungsrückgang, der den Charakter einer Bevölkerungs*implosion* zeigt (Josef Schmid[121]). Der treffende Begriff beschreibt die Tatsache, daß der Prozeß anders als die Bevölkerungs*explosion* nicht notwendigerweise an eine natürliche

Grenze stößt, es sei denn mit dem Aussterben einer Population. Miegel und Wahl weisen darauf hin, daß die ethnische und kulturelle Identität der Deutschen in hundert Jahren erlöschen könnte, wenn dem gegenwärtigen Trend nicht über eine Familienpolitik gegengesteuert wird. Daß unsere Gesellschaft gewaltige Geldmittel in die Versorgung der Alten investiert, in die Kosten für die Kinder – die Investition in die Zukunft – dagegen nur wenig, ist sicher wahltaktisch begründet und weiterer Ausdruck des allgemeinen Egozentrismus. Neben finanzieller Hilfe, der Einrichtung von Kindergärten und anderen wirtschaftlichen Maßnahmen ist eine Öffentlichkeitsarbeit zu fordern, die eine optimistische, lebensbejahende Grundhaltung der Bevölkerung und damit auch Kinderwunsch und Kinderfreundlichkeit fördert. Wobei zu beachten wäre, daß die finanzielle Förderung nicht alle unterschiedslos einschließt.

Hinweise auf diese Situation schaffen Unruhe. Daher besteht die Neigung, Probleme dieser Art zu vertuschen. Der Bericht von Miegel und Wahl wurde 1989 auf Wunsch des Bundesministeriums für Forschung und Technologie in Angriff genommen, um den internen Informationsbedarf des BMFT im Hinblick auf die Zukunftsaufgabe »Bewältigung des demographischen Wandels« zu decken. Als der Bericht 1993 vorlag, wurde die Druckfreigabe des Endberichts mit dem Hinweis verweigert, daß, bedingt durch die lange Bearbeitungszeit, die bei der Vergabe der Studie bestehenden ressortpolitischen Rahmenbedingungen nicht mehr gegeben seien und eine Veröffentlichung der Studie zum gegenwärtigen Zeitpunkt zu »erheblichen Mißverständnissen in der Öffentlichkeit« führen würde. Für die Veröffentlichung mußte ein Verlag gesucht werden. Neuerdings gibt es Bestrebungen, Journalisten zu einer »gefilterten« Berichterstattung zu verpflichten, um eine Dramatisierung von Problemen wie den eben angesprochenen zu vermeiden. Nun tragen sensationell aufgemachte Berichte sicher nicht zur Problemlösung bei, die ja einen klaren Kopf erfordert. Aber es besteht die Gefahr, daß bald niemand mehr die Zivilcourage besitzt, Probleme anders als verschleiert anzusprechen, und das kann im Endeffekt noch gefährlicher sein.

Als Biologe werde ich bei der Aufgabe der Selbsterforschung die stammesgeschichtliche Zeitdimension in die Betrachtung einbringen. Die meisten Menschen – auch wenn sie in Schlüsselpositionen zukunftsorientiert planen – denken im allgemeinen nur an die unmittelbare Zukunft, die nächste Wahl, das Ende der Rezession (wer Kinder und Enkel hat, denkt vielleicht auch noch an diese). Biologen teilen dagegen mit den Geologen und Astronomen das Denken in weiten Zeiträumen. Sie wissen um unser stammesgeschichtliches Gewordensein und können diesen Werdegang etwa über zweieinhalb Milliarden Jahre zurück recht gut rekonstruieren. Aus ihrem Wissen um die Dynamik des evolutiven Geschehens denken sie daher auch in anderen Zeitspannen *voraus*. Als Biologen fragen wir nicht nur, was in zehn oder fünfzig Jahren sein wird, sondern überlegen durchaus, wie unsere Welt und unsere Spezies sich über die kommenden tausend Jahre durchbringen kann, welche Chancen für eine weitere Höherentwicklung bestehen und welche Zielsetzungen wir vernünftigerweise vornehmen sollen. Denn darin unterscheiden wir Menschen uns grundsätzlich von allen anderen Lebewesen: Wir können uns Ziele setzen. Und mögen diese noch so utopisch anmuten, sie richten die weitere Entwicklung aus.

In uns Menschen wurde das Leben sich zum erstenmal seiner selbst bewußt. Wir hinterfragen unsere Existenz. Von einer vernunftbegründeten *Sinndeutung* sind wir sicherlich noch weit entfernt. Hier bleiben wir wohl noch lange Sucher. Zu einer *Sinngebung* sind wir dagegen durchaus fähig. Engagement und Vernunft sollten uns dabei leiten.

Mit hohen Idealen allein ist es jedoch nicht getan. Wir müssen auch die Möglichkeiten des uns Menschen gegenwärtig Zumutbaren erkunden. Nichts kann für uns gefährlicher werden als unsere Neigung, uns über das Leben erhaben zu dünken und in Eitelkeit alles für machbar zu halten, ohne Rücksicht auf die Rahmenbedingungen lebendigen Seins.

Zuletzt: Wieso *Streitschrift*? Kurz und bündig: Weil ich durch die ungeschminkte Darstellung brennender Zeitprobleme *herausfordere*. Allerdings nicht in der Absicht, die Standpunkte zu polarisieren, sondern im Sinne eines Appells, nämlich der Herausforderung zum sachlichen Gespräch. Wir alle träumen dann und wann, und das ist sicher nicht unser schlechtester Charakterzug. Aber es wird gefährlich, wenn wir dabei den Boden unter unseren Füßen verlieren. Von Zeit zu Zeit ist es gut, aufzuwachen und den Rahmen des Möglichen empirisch und rational auszuloten.

Erste Reaktionen auf dieses Buch kommentiere ich in den »Nachbemerkungen zur zweiten Auflage«, die der Leser auf S. 237ff. findet.

1. Die Biologie im Meinungsstreit

1.1. *Feindbild Biologe*

Nimmt man als Biologe an Diskussionen zu Zeitproblemen teil, dann findet man sich häufig mit Vorurteilen konfrontiert. Biologische Erklärungen stoßen auf Ablehnung, die meist nicht sachlich begründet wird.

Zum Standardrepertoire der Gegner biologischer Ansichten gehört, wie gesagt, das Schlagwort »Biologismus«. Der freie Umgang mit diesem Wort verbindet sich allerdings leider allzu oft mit einer beträchtlichen Ahnungslosigkeit bezüglich dessen, was Biologie ist und meint. Diese Lücke gilt es durch die Diskussion in diesem Buch nach Möglichkeit zu schließen.

Was sind die Gründe für die so weit verbreitete affektiv getönte Ablehnung? Die Biologie hat als Naturwissenschaft dank ihrer theoretischen und methodischen Ansätze prüfbare Ergebnisse vorzuweisen. Man denke an die Fortschritte der Physiologie, Genetik, Molekularbiologie und Ethologie. Der vergleichenden Morphologie verdanken wir mit der Evolutionstheorie die Basistheorie aller Wissenschaften vom Leben und damit auch der Wissenschaften vom Menschen, und das Vergleichen ist nach wie vor eine wichtige Methode biologischer Forschung. Die Tatsache der Evolution kann nicht mehr geleugnet werden. Einzig die *Ausschließlichkeit* des blinden Mutations-Selektions-Prinzips, an dessen Wirken auch kein Zweifel besteht, steht zur Diskussion. Das Problem wird durch Forschung gelöst werden, denn wie in allen naturwissenschaftlichen Zweigen entscheidet nicht das Geschick im verbalen Disput, welche Meinung recht hat, sondern es entscheiden die in Beobachtung und Experiment erarbeiteten Ergebnisse. Biologische Forschung ist nicht Glaubenssache, sie gestattet statistisch gesicherte Voraussagen, und darauf gründet sich letzten Endes der Fortschritt dieser Disziplin. Was also stört manche Politologen an ihr? Es sind wohl mehrere Aspekte.

Zunächst scheint es Menschen zu geben, die sich schlicht und einfach durch die Abstammungslehre beleidigt fühlen. Ob sie sich dessen nun bewußt sind oder nicht, spielt dabei keine Rolle. Sie meinen, ein biologisches Menschenbild würde der Sonderstellung des Menschen nicht gerecht werden. Gerade das Gegenteil ist der Fall! Erst vor dem Hintergrund des Erbes, das wir mit allen Lebewesen teilen, hebt sich der Mensch in seiner Einmaligkeit ab, die unter anderem auf seiner Fähigkeit zur vernunftbegründeten Moral, zum begrifflichen Denken, zur Wortsprache und damit zur kumulierenden Kultur basiert. Aber wir mögen noch so oft und ausdrücklich betonen*, daß der Mensch von Natur ein *Kulturwesen* ist, wir stoßen doch immer wieder auf eine emotionelle Wahrnehmungsblockade. Selbst nach Vorträgen, in denen ich darauf wiederholt und ausdrücklich hingewiesen hatte, traten Diskussionsredner auf, die meinten, der Mensch sei doch nicht nur der Spielball seiner ihm angeborenen Programme. Das Vorurteil, Biologen würden dergleichen lehren, ist schier unausrottbar. Verletzte Eitelkeit und kurzgeschlossenes Denken spielen dabei ebenso eine Rolle wie ein mißverstandenes Freiheitskonzept, das meint, frei wäre nur, was unabhängig von Naturgesetzen abliefe. Eine solche »Freiheit« wäre wahrlich uninteressant und nicht als solche zu bezeichnen, da sie ja nicht auf einer persönlichen Entscheidung beruhen würde, sondern dem Würfelspiel des Zufalls überlassen wäre[57].

Freiheit ist vielmehr die Fähigkeit, etwas erwägen zu können, und bei diesem Abwägen im Für und Wider einer Entscheidungsfindung spielen individuelle Erfahrungen (Wissen und er-

* Konrad Lorenz hat die auf diesen Eigenschaften begründeten Besonderheiten des Menschen in fast allen Schriften, in denen er vom Menschen spricht, hervorgehoben. In seinem Werk »Die Rückseite des Spiegels« schreibt er: »Es ist daher keine Übertreibung zu sagen, daß *das geistige Leben des Menschen eine neue Art von Leben sei*« (S. 229).

zieherisch aufgeprägte Werthaltungen), ferner affektives Engagement wie z. B. Sympathie für Mitmenschen eine Rolle. Die Denkprozesse, über die wir dieses aus verschiedenen Quellen stammende Wissen sortieren und gewichten, folgen selbstverständlich erforschbaren Gesetzen. Bisweilen gewinnt man bei Diskussionen den Eindruck, viele Menschen hielten den Geist für etwas über ihrem Haupt Schwebendes, das mit biologischen Dingen wie den Ganglienzellen – wenn überhaupt – nur recht wenig zu tun hat.

Die Ablehnung biologischer Konzepte tritt uns in den verschiedensten Schattierungen und Varianten entgegen. So wird die Abstammungslehre heute im allgemeinen akzeptiert, aber die Bereitschaft, irgendwelche Konsequenzen aus dem mittlerweile erarbeiteten Wissen zu ziehen, ist in weiten Kreisen gering. Das gilt insbesondere für die Akzeptanz unseres Wissens um das Angeborene im menschlichen Verhalten.

Genetische Programmierungen

Bis in die 60er Jahre dieses Jahrhunderts dominierte in den Verhaltenswissenschaften sogar die Meinung, daß selbst das Verhalten der Tiere im wesentlichen über Lernprozesse aufgebaut werde. Und als es schließlich nicht mehr zu leugnen war, daß phylogenetische Anpassungen Wahrnehmung, Motivation und Handeln der höheren Säuger bis hinauf zum Menschen entscheidend mitbestimmen, flüchtete man sich in die Aussage, daß sicher Erbe und Umwelt in der Entwicklung des Verhaltens eine bedeutende Rolle spielten, daß man aber in der Praxis den Einfluß von Erbe und Umwelt nie genau auseinanderhalten könne, da beides sich in der Entwicklung bis in die kleinsten Einheiten mische.

Das wird auch heute noch stempelhaft wiederholt, obgleich Konrad Lorenz[83] auf die Unhaltbarkeit dieser Argumentationsweise hingewiesen hat. Er ging von der Tatsache der Angepaßtheit der Organismen in Körperbau und Verhalten aus, die zur Voraussetzung hat, daß sich der angepaßte Organismus irgendwann mit den Gegebenheiten, an die er sich anpaßte, auseinandersetzte. Ein einfaches Beispiel mag diesen Sachverhalt erläutern: Manche Stabheuschrecken ähneln Ästchen. Stört man die Tiere, dann nehmen sie auch eine Stellung wie ein Ästchen ein, so daß man sie nicht so leicht entdeckt. Andere Heuschrekken wieder ähneln Blättern, die sie bis in Details der Äderung im Körperbau nachahmen, und sie zeigen wiederum ein entsprechendes Verhalten, indem sie sich zu ihrem Aufenthalt Pflanzen wählen, deren Blätter sie im Aussehen mimen. Eine solche Ähnlichkeit in Körperbau und Verhalten setzt logischerweise voraus, daß der Organismus, der die Vorlage in Anpassung kopiert, sich über diese irgendwann »informierte«. Nun wissen wir, daß Organismen dazu nur begrenzte Möglichkeiten haben. Sie können sich im Laufe der Evolution über die bekannten Mechanismen von Mutation, Neukombination und Selektion mit ihrer Umwelt auseinandersetzen und sich an sie anpassen, was einem Informationserwerb gleichkommt. In diesem Fall ist das Erbgut der Informationsspeicher; die dort kodierte Information steuert den Selbstdifferenzierungsprozeß des Wachstums auch jener zentralnervösen Strukturen, die angepaßtes Verhalten bewirken. Organismen können sich ferner über individuelle Erfahrungen informieren, z. B. durch eigenes Probieren oder auch dadurch, daß sie unterwiesen werden, ein Vorgang des Lehrens, der vor allem bei uns Menschen große Bedeutung hat und über den das kulturell akkumulierte Wissen vermittelt wird.

Man kann nun einem Tier während seiner Jugendentwicklung gewisse Informationen vorenthalten, die nötig wären, um ein in bestimmter Weise angepaßtes Verhalten zu erwerben. Ich kann z. B. eine Stabheuschrecke vom Ei an isoliert aufziehen. Entwikkelt sie dennoch die typische Ästchenform und überdies das zur Ast-Mimikry passende Verhalten, dann habe ich nachgewiesen, daß die Information, die eben angesprochenen Merkmale betreffend, als stammesgeschichtliche Anpassung im Genom der Art kodiert ist und als Blaupause den Wachstumsprozeß der Entwicklung bestimmt. In ähnlicher Weise kann ich Vögel vom Ei an schallisoliert aufziehen. Zeigen diese Tiere dann bei Eintritt der Geschlechtsreife dennoch ihre artspezifischen Gesangsstrophen, dann ist damit nachgewiesen, daß die Silbenzahl, Melodie und Gesangsrhythmus betreffende Information im Erbgut als stammesgeschichtliche Anpassung vorgegeben ist. Sollte nun jemand nachweisen, daß im Entwicklungsprozeß auf einer ganz anderen Ebene, etwa in der Entwicklung der Atmung, die ja für das Singen Voraussetzung ist, Lernprozesse eine Rolle spielten, dann ist dies für die Frage nach der Herkunft der Angepaßtheit auf dem höheren Niveau des Gesanges völlig irrelevant. Denn angenommen, der Vogel müßte das reibungslose Funktionieren der antagonistischen Muskeln einüben, die zur Atmung benötigt werden, dann würde das doch nicht erklären, wieso der Vogel zuletzt das Muster seines Artgesanges beherrscht, ohne als Individuum je mit diesem Muster konfrontiert gewesen zu sein.

Gegen die Verwendung des Begriffes »stammesgeschichtliche Anpassung«, »stammesgeschichtlich angepaßt« hören wir gelegentlich den Einwand, daß es, um von Angepaßtheit sprechen zu können, eigener Experimente bedürfe, um eine solche nachzuweisen. Die Aufzucht unter Erfahrungsentzug reiche nicht aus. Das stimmt, berührt aber nicht das eigentliche Problem. Entscheidend ist der Nachweis, daß die Entwicklung einer Struktur oder eines Verhaltens, das demjenigen anderer Vertreter der Art gleicht, nicht vom Artgenossen der Individualentwicklung in Interaktion mit dem Vorbild kopiert oder durch eigentätiges Erfahrungssammeln gelernt werden muß. Ich kann die ein Ästchen mimende Stabheuschrecke vom Ei an isoliert aufziehen, und ich kann ihr überdies auch die Möglichkeit vorenthalten, mit den Wirtspflanzen, denen sie ähnelt, aufzuwachsen. Zeigt sie dennoch in Aussehen und Verhalten die »täuschende Ähnlichkeit« (Mimikry), dann habe ich nachgewiesen, daß die ihrer Ausbildung zugrundeliegende Information im Erbgut kodiert gewesen sein muß. Daß die Ästchenähnlichkeit eine Anpassung ist, um

Raubfeinden zu entgehen, liegt zwar auf der Hand, wäre aber durch weitere Experimente nachzuweisen. Zur Vermeidung semantischer Verwirrung schlage ich vor, künftig statt von stammesgeschichtlich angepaßt von stammesgeschichtlich oder genetisch programmiert zu sprechen.

Zentrale Referenzmuster, Auslösemechanismen, Erbkoordinationen

Alle Leistungen des Verhaltens basieren auf Populationen von Nervenzellen, die in bestimmter Weise untereinander und mit Sinnes- und Erfolgsorganen (Muskulatur, Drüsen) zu einem funktionsfähigen, eine bestimmte Leistung vollbringenden Organsystem verbunden sind. Die Bereitschaft der Nervenzellen, zu feuern, wird durch eine Vielzahl von Überträgersubstanzen und Hirnhormonen gefördert oder gehemmt.

Aus zahlreichen Versuchen an Tier und Mensch wissen wir, daß solche Wahrnehmungen und Verhaltensweisen vermittelnden und produzierenden Organsysteme in einem Prozeß der Selbstdifferenzierung aufgrund der im Erbgut festgelegten Entwicklungsanweisungen bis zur Funktionsreife heranwachsen können. Leistungen so entwickelter Systeme bezeichnen wir in Kurzbeschreibung als »angeboren«. Wie ein Nervensystem sich selbst bis zur Funktionsreife verdrahtet, das ist uns im Prinzip bekannt. Der amerikanische Physiologe und Nobelpreisträger Roger Sperry[124] fand unter anderem, daß die vom Zentralnervensystem in die Peripherie auswachsenden Nervenenden ihre Endorgane, auf die sie chemisch abgestimmt sind, gewissermaßen »erschnüffeln«. Sie finden sie auch, wenn man sie an andere Orte verpflanzte. Das haben mittlerweile zahlreiche Untersuchungen bestätigt. Es würde den Rahmen dieses Beitrages sprengen, wollte ich darauf näher eingehen. Wer sich mit der Materie vertraut machen will, der sei auf meine Lehrbücher verwiesen[22, 26].

Angeborene Leistungen der Wahrnehmung haben die Sinnesphysiologen und Wahrnehmungspsychologen untersucht. Säuglinge, denen man unscharfe Linien projizierte, lernen über das Betätigen von in ihrem Kopfkissen eingebauten Hebeln, die Linien scharfzustellen. Hier liegen offenbar *zentrale Referenzmuster* vor, die ihnen vorgeben, was richtig ist, ein Soll, das sie zu erreichen trachten. Wir bezeichnen diese Art zentraler Referenzmuster, gegen die einkommende Meldungen verglichen werden, auch als *Sollmuster* oder Leitbilder. Sie liegen beim Menschen auch der ästhetischen Wahrnehmung zugrunde, deren basale Prinzipien uns ebenfalls angeboren sind und denen sich im Laufe der Kindes- und Jugendentwicklung kulturelle Aufprägungen überlagern. Ähnliches dürfte für einige sittliche Normen gelten[26, 27].

Bei den *angeborenen Auslösemechanismen* handelt es sich um Referenzmuster, die wie ein Reizfilter wirken und die so mit der Motorik zusammengeschaltet sind, daß sie beim Eintreffen bestimmter *»Schlüsselreize«* ein bestimmtes Verhalten auslösen. Man hat die Funktionsweise dieser Auslösemechanismen heute bis in die neuronale Ebene untersucht[22, 67]. Von besonderem Interesse sind jene Schlüsselreize, die als Signale (soziale Auslöser) im Dienste der Kommunikation entwickelt wurden. Es kann sich um geruchliche Signale handeln (Pheromone), um akustische (Weinen) oder auch visuelle (Farb- und Formmerkmale). Unter den visuellen spielen die *Ausdrucksbewegungen* eine besondere Rolle. Uns Menschen angeborene Ausdrucksbewegungen sind das Lachen, Lächeln und viele andere Gesichtsbewegungen. Taub und blind geborene Kinder, die wegen ihrer Behinderung kein soziales Modell mimen können, zeigen Lachen, Lächeln und Weinen in der für uns Menschen typischen Weise, und unsere kulturenvergleichenden Studien lehren, daß die menschliche Mimik über die Kulturen hinweg bis in überraschende Details übereinstimmt (Beispiel »Augengruß«[26]). Bereits Neugeborene können weinen, und sie reagieren selektiv auf Tonbänder, die Weinen wiedergeben, mit Mitweinen.

Die Anpassungen in der Wahrnehmung vermitteln uns ein Abbild dieser Welt, allerdings selektiv bezogen und beschränkt auf eignungsrelevante Facetten der Wirklichkeit. So bildet die menschliche Wahrnehmung Wirklichkeiten des mesokosmischen Bereichs so gut ab, daß wir heute bereits Sonden zu den Planeten senden können. Im atomaren und weiteren kosmischen Bereich allerdings geraten unser Wahrnehmungs- und Vorstellungsvermögen in Schwierigkeiten. Über die abbildende Funktion hinaus interpretiert unsere Wahrnehmung, wie die zahlreichen Sinnestäuschungen lehren, nach ziemlich rigidem, gegen Lernerfahrungen abgesichertem Programm. Läßt man gegen einen dunklen Hintergrund in kurzem zeitlichem Abstand zwei Lichtpunkte nebeneinander aufleuchten, dann interpretiert unsere Wahrnehmung dies als eine Bewegung eines Objektes von a nach b. Betrachten wir nachts bei bewölktem Himmel den Mond, dann scheint dieser gegen die Wolken zu fliegen. Der vorschnelle Schluß ergibt auf der Erde durchaus Sinn. Normalerweise bewegen sich hier Objekte gegen eine ruhende Kulisse, und für unsere Orientierung ist es wichtig, daß wir sie schnell als Beute oder Feinde erkennen. In unsere Wahrnehmung sind, mit anderen Worten, Hypothesen eingebaut, die sich im Laufe der Stammesgeschichte bewährten. Sie führen uns, wie die Sinnestäuschungen lehren, allerdings gelegentlich in die Irre, wie auch so manch anderes uns Angeborenes.

Mit den Ausdrucksbewegungen haben wir bereits Beispiele für uns angeborene Erbkoordinationen, das heißt genetisch programmierte Bewegungsabläufe, gebracht. Solche Anpassungen in der Motorik gibt es in großer Zahl. Wir wollen es dabei belassen und nur noch darauf hinweisen, daß wir Menschen auch mit uns angeborenen *motivierenden Mechanismen* begabt sind, physiologischen Einrichtungen, die bewirken, daß wir zu verschiedenen Zeiten unterschiedlich gestimmt sind und dementsprechend verschiedene Handlungsbereitschaften zeigen. Schließlich wäre zu erwähnen, daß auch unser Lernen so genetisch programmiert ist, daß wir bevorzugt lernen, was zu unserem Überleben beiträgt. Es gibt uns *angeborene Lerndispositionen.* Auf sie werden wir noch zurückkommen.

Da die Verhaltensforschung nun einmal auch auf das Angeborene im menschlichen Verhalten hinweist und damit der These widerspricht, man könne den Menschen nach *allen* Richtungen hin *gleich leicht* über Erziehung formen, ist sie bis heute das Angriffsziel von Ideologen, die es gerne anders sehen wollen. Schriften, in denen die Thesen der biologischen Verhaltensforschung in Frage gestellt werden, dürfen daher in solchen Kreisen mit Beifall rechnen.

Ein Beispiel dafür ist die Rezeption eines Buches von Hanna Maria Zippelius[143], das Methodenkritik an einigen Experimenten der Pioniergeneration der Ethologen übt. Insbesondere die Experimente von Tinbergen und seinen Schülern über die das Fortpflanzungsverhalten der Stichlinge und das Futterbetteln der Silbermövenküken steuernden Schlüsselreize sind Gegenstand ihrer Attacken. Nun ist es nicht ungewöhnlich, daß ältere Forschungsergebnisse aufgrund neuerer Versuche revidiert werden müssen. In den Naturwissenschaften ist das vielmehr an der Tagesordnung. Allerdings ergaben kritische Besprechungen durch Jürg Lamprecht[79, 80] und Peter Kuenzer[77], daß Zippelius und ihren Mitarbeitern selbst schwere methodische Fehler unterliefen, was auch nicht aufregend wäre, hätte sie nicht versucht, den Eindruck zu erwecken, die Grundfesten der Ethologie wären erschüttert. Interessant ist eigentlich nur die Rezeption dieses Buches seitens offensichtlich biologiefeindlicher Referenten. So schrieb Hubert J. Gieß[47] in der Zeitschrift *Psychologie heute* unter dem Titel »Verhaltensforschung: Theorie ohne Wert?« am Ende seiner Besprechung:

»Schlüsselreize im Sinne von Lorenz gibt es nicht. Eine Feststellung mit weitreichenden Folgen. Denn der Tinbergenversuch ist einer der Pfeiler der Motivationstheorie von Konrad Lorenz, dem Urvater der Verhaltensforschung. Und die wurde immer auch benutzt, um menschliches Verhalten zu erklären.

Lorenz selbst hatte dies ›die wichtigste Aufgabe seines Faches‹ genannt. Die entscheidende Frage dabei: Was ist erlernt, was ist angeboren? Umwelt oder Gene, was ist wichtiger? – Lorenz verstand es, auf unnachahmliche Art seine vorgeblichen Erkenntnisse zu popularisieren. Von ihm geprägte Begriffe wie Leerlaufhandlung, Kindchenschema, Übersprungshandlung, Schlüsselreiz, überoptimaler Auslöser, Kommentkampf sind längst in die Umgangssprache eingegangen. Doch genaue Untersuchungen entlarven die schönen Worte als leere Hülsen.«

Die Attacke richtet sich gegen die Ethologie und gegen Lorenz und geht damit weit über das hinaus, was Zippelius sagte. Sie paßt aber zu der gegenwärtigen antinaturwissenschaftlichen Zeitströmung. »Empirische Wissenschaften fördern allemal nur Sinn-nackte Daten zutage. Aus Sinn-nackten Daten lassen sich niemals Handlungsanweisungen entnehmen. Deshalb gibt es auch aus der Evolution nichts zu lernen«, behauptet der Wiener Dozent für Philosophie, Günther Pöltner[109a], in grandioser Vereinfachung. Seine Aussage bezieht sich auf die Evolutionäre Erkenntnistheorie[85]. Ich erwähne das nur als Kuriosum, denn ernstzunehmen sind solche Aussagen nicht. Sie belegen jedoch eine verbreitete Geisteshaltung.

Das wirklich Gute

Bei der Ablehnung biologischer Konzepte spielen nicht nur Ängste um die menschliche Freiheit und Sonderstellung eine Rolle. Man liest oft, Biologen würden in der Natur einen rücksichtslosen Kampf ums Dasein feststellen und daraus folgern, daß die Natur nun einmal »rot in Klauen und Zähnen« sei und man dagegen nichts machen könne. Eine Reihe von soziobiologischen Veröffentlichungen haben sicher dazu beigetragen, daß sich diese Meinung, die humanitär empfindende Menschen verstört, weiter verfestigte. Allerdings versuchte ich dem bereits 1970 entgegenzutreten. In meinem Buch »Liebe und Haß«[23]

zeigte ich, daß sich mit der Entwicklung der individualisierten Brutpflege neue Möglichkeiten sozialen Umgangs eröffnet haben und daß seither Freundlichkeit und Kooperation in der Evolution zunehmend eine größere Rolle spielen. Zur Verdeutlichung meines Standpunktes nannte ich das erste Kapitel des Buches »Die Bestia Humana – ein modernes Zerrbild vom Menschen«. Das hat nicht verhindert, daß ich bis heute gelegentlich zitiert werde, als würde ich ein Bestia-humana-Konzept vertreten[46]. Sicher wird der Mensch nicht nur durch eitel Liebe bewegt. Der Aggression stehen jedoch als natürliche Gegenspieler unsere prosozialen Anlagen gegenüber, und auf ihnen gründet sich unsere Hoffnung auf eine zunehmende Humanisierung der zwischenmenschlichen Beziehungen.

Als Grund für die Ablehnung ethologischer und soziobiologischer Befunde wird, wie gesagt, die Furcht angegeben, die Akzeptanz des Angeborenen könnte einem erzieherischen und sozialpolitischen Fatalismus Vorschub leisten. Aber auch die Angst um den Machtanspruch der meinungsbildenden Ideologen spielt sicher eine große Rolle. Daher die oft heftigen und den Sachverhalt entstellenden Polemiken. Der amerikanische Entwicklungspsychologe und Humanethologe William Charlesworth[11] meinte zu dieser Auseinandersetzung sehr treffend, die Herausgeber von Zeitschriften sollten sich dazu verpflichten, Sätze, die der Soziobiologie unterstellen, sie würde Sklaverei, Rassismus, Imperialismus und Rassenmord rechtfertigen und das Prinzip »gleiche Rechte für alle« ablehnen, immer mit Aussagen zu konfrontieren, die der Lerntheorie unterstellen, Propaganda, unlautere Werbung, Psychoterror, öffentliche Indoktrination in Richtung Ausländerhaß, Haß gegen Klassenfeinde, Minderheiten und so weiter zu rechtfertigen. »Wenn man die Soziobiologie und die Lerntheorie so nebeneinanderstellt, sollte es sich zeigen, wie unproduktiv es ist, durch bestimmte Auslegungen oder auf andere Weise zu behaupten, daß die Wissenschaft zu einer Pseudowissenschaft, zu Unmenschlichkeit des Menschen gegen den Menschen führt: ergo, überhaupt keine

Wissenschaft mehr ist. Tatsächlich könnte man aber argumentieren, daß gerade, weil der Mensch so ein kulturelles, lernendes Wesen ist, wir größere Angst vor der Lerntheorie haben sollten, weil Lernprozesse einen viel höheren Einfluß auf den Menschen haben als Gene. Genauer gesagt, wenn die Menschen nicht solche lernenden Wesen wären, dann würden sie nicht all den Galtonschen Unfug lernen: Also hört auf, Wissenschaft zu betreiben, damit böse Zeitgenossen Forschungsergebnisse nicht benutzen können, den Unsinn noch besser zu lehren« (S. 24).

1.2. Was lehrt uns die Evolutionsbiologie?

Aus der stammesgeschichtlichen Verwandtschaft aller heute auf der Erde lebenden Organismen ergibt sich, daß alle abgestuft nach verwandtschaftlicher Nähe Merkmale teilen, die sie von gemeinsamen Vorfahren ererbten. So ist die Vier-Buchstaben-Schrift des genetischen Kodes Bakterien ebenso wie uns Menschen eigen. Alle zellulären Organismen, die sogenannten Eukaryonten, Einzeller ebenso wie die höheren Pflanzen und Tiere, den Menschen eingeschlossen, verfügen bereits über die gleichen Mechanismen der Zellteilung, Reifeteilung und Befruchtung. Alle tierischen Zellen zeigen die gleichen zellulären Elemente des Aufbaus – Chromosomen, Zellkern, Mitochondrien, Zellplasma – und im Grunde auch die gleiche Zellphysiologie.

Mit jeder höheren Entwicklungsstufe kommen natürlich im Gesamtbauplan der Organismen neue Differenzierungen dazu. Nur die Wirbeltiere verfügen über eine Wirbelsäule, nur die Säuger sind behaart und säugen ihre Jungen. Der Hinweis auf solche von einer gemeinsamen Ahnform ererbte »homologe« Merkmale besagt nichts weiter, als daß wir Menschen ebenfalls echte zelluläre Organismen (Eukaryonten), Vielzeller (Metazoer), Wirbeltiere (Vertebrata) und schließlich auch Säugetiere (Mammalia) sind. Falsch wäre es, würde man »nichts als« sagen, denn selbstverständlich nimmt der Mensch aus Gründen, die wir noch aufzeigen, eine eklatante Sonderstellung ein. Aber darüber hinaus gibt es von gemeinsamen Ahnen ererbte Merkmale, und diese können vergleichend untersucht werden. Man kann durchaus hormonphysiologische Forschungen an Kaninchen betreiben und daraus für den Menschen Relevantes lernen, denn die Hormone sind hier wie dort die gleichen. Bevor man Hormone synthetisieren konnte, bezog man das Ausgangsmaterial sogar vom Schlachthof, um krankheitsbedingte Mängel beim Menschen zu therapieren. Aber keiner, der das tut, behauptet damit, Menschen wären nichts anderes als Kaninchen.

Beim Studium der tierischen Physiologie und des tierischen Verhaltens können wir allgemeine Gesetzmäßigkeiten des Lebens aufdecken. Ob sie auch für uns Menschen gelten, bleibt zu prüfen. Grundsätzlich gilt, daß die durch das Studium der tierischen Physiologie oder des tierischen Verhaltens zum besseren Verständnis des Menschen entwickelten Arbeitshypothesen stets durch Forschung am Menschen auf ihre Tragfähigkeit hin geprüft werden müssen. Wir übertragen also keineswegs vom Tier auf den Menschen, sondern stellen fest, daß beide in ähnlicher Weise auf gleiche Bedingungen reagieren. Biologen haben Phänomene wie etwa das der Rangordnung oder Territorialität zunächst bei Tieren entdeckt [118]. Sie wurden durch diese Entdekkungen dann auch auf Eigentümlichkeiten unseres Verhaltens aufmerksam und wiesen schließlich durch Forschung am Menschen nach, daß Rangordnung und Territorialität in der Tat auch für uns Menschen typisch sind. Nicht weil Rotkehlchen territorial sind, schreiben wir dem Menschen territoriales Verhalten zu, sondern weil wir es beim Menschen weltweit in den verschiedensten Situationen beobachten können.

Eine unbestrittene und für das Evolutionsgeschehen höchst bedeutungsvolle Tatsache ist, daß die Lebewesen einer Population sich in unterschiedlicher Weise fortpflanzen. Einige Individuen setzen viele Nachkommen in die Welt, andere nur wenige oder gar keine. Dies alles drückt jedoch noch nicht eine unterschiedliche Überlebenstüchtigkeit aus, denn wenn diejenigen, die wenige Nachkommen produzieren, mehr Sorgfalt in die Aufzucht investieren als ihre Artgenossen, die viele Junge produzieren, aber aufgrund mangelnder Fürsorge nur wenige durchbringen, dann gleichen sich die Unterschiede unter Umständen wieder aus. Auch kann ein Individuum, das selbst keine Nachkommen produziert, die Weitergabe seiner Gene durch Förderung der Nachkommen Blutsverwandter sichern; ein Sachverhalt, auf den wir noch zurückkommen. Der unterschiedliche Fortpflanzungserfolg hat natürlich evolutionsbiologische Konsequenzen, was allerdings nicht immer gerne zur Kenntnis genommen wird, weil man meint, die Akzeptanz solcher Fakten könnte die Wiederkehr eines extremen Sozialdarwinismus fördern. Mit dieser Möglichkeit muß ein verantwortlicher Biologe sicher rechnen, aber ihr begegnen wir nicht durch Ausblendung der Wahrheit, sondern nur, indem wir uns mit ihr auseinandersetzen, welche Zielvorstellungen wir auch immer verfolgen.

Alle Organismen streben danach, individuell und in Nachkommen zu überleben. Im Hinblick auf die Grundprobleme der Selbsterhaltung und Fortpflanzung erweisen sie sich unterschiedlich erfolgreich und erzeugen demnach mehr oder weniger Nachkommen, was dazu führt, daß die genetischen Programme der biologisch Erfolgreicheren in einer Population zunehmen. Gäbe es keine Einschränkungen, dann würden sich die Populationen ins Unendliche vermehren. Dem setzt Mangel an Nahrung, Brutplätzen und dergleichen Grenzen. Um diese für die Vermehrung notwendigen Ressourcen konkurrieren Individuen und Populationen mit unterschiedlichem Erfolg. Das Erbgut der erfolgreichen Individuen nimmt von Generation zu Generation in der Population zu, und zwar auch dann, wenn die Gesamtzahl der Individuen einer Population sich nicht weiter ändert. So führt der unterschiedliche Fortpflanzungserfolg zu Verschiebungen der Genfrequenzen in einer Population und damit zu einem evolutiven Wandel. Was im einzelnen den Konkurrenzvorteil ausmacht, wechselt. Es kann darauf ankommen, Raubfeinden besser zu entgehen, im Kampf mit Rivalen geschickter zu sein, schneller an Nahrung zu kommen, besser Junge aufzuziehen oder erfolgreicher Geschlechtspartner zu umwerben oder auch freundlicher und kooperationsbereiter zu sein.

Die Selektion setzt zunächst an den Individuen an, und das Erbgut jener, die die besseren Selektionseigenschaften aufweisen, nimmt in der Population zu. So werden Merkmale in Morphologie und Verhalten herangezüchtet, die die Fähigkeit, sich fortzupflanzen, optimieren, in einem Vorgang, den man als Anpassung bezeichnet. Nach der Fähigkeit, sein Erbgut weiterzugeben, bemißt man die »Eignung« eines Lebewesens. Jedes aus einer geschlechtlichen Vereinigung hervorgegangene Individuum – eineiige Zwillinge ausgenommen – ist in seiner genetischen Konstellation einmalig. Dafür sorgen die Neukombinationen des genetischen Materials sowie mutative Änderungen. Damit wird aber auch jedes Individuum zu einem Pionier der Evolution.

Diejenigen Gene, die die Einmaligkeit eines Individuums ausmachen, finden sich aber auch mit einer Wahrscheinlichkeit von 50 % in seinen unmittelbaren Nachkommen, zu 25 % in seinen Enkeln, zu 12,5 % in seinen Urenkeln, entsprechend in seinen Vollgeschwistern zu 50 % und in seinen Halbgeschwistern zu 25 %. Dies bedeutet, daß ein Individuum genetisch nicht nur in unmittelbaren Nachkommen, sondern auch in jenen seiner Verwandten überlebt. Man beobachtet daher, daß Individuen häufig nicht nur in die eigenen Nachkommen investieren, sondern auch Verwandte unterstützen und deren Nachkommen helfen, selbst dann, wenn sie dabei ihre eigenen Fortpflanzungschancen einschränken. Ein solches Verhalten erweist sich dann als vorteilhaft, wenn die Förderung der Fortpflanzungschancen anderer unter Zurückstellung eigener Reproduktionschancen dennoch die Vermehrung der eigenen Gene fördert. Man spricht in diesem Fall von Verwandtenselektion und nimmt als Maß für die Beurteilung der biologischen Angepaßtheit von Individuen deren Gesamteignung, die sich aus der persönlichen Fortpflanzungsleistung zuzüglich des Fortpflanzungserfolgs genetisch

Verwandter dank altruistischer Hilfeleistung des Individuums errechnet. Die durch eigene Fortpflanzung bewirkte Eignung bezeichnet man als direkte Eignung, die durch Verwandtenunterstützung als indirekte Eignung. Beides ergibt die Gesamteignung[130, 133, 136].

Die Soziobiologen haben in diesem Sinne auch von einem »egoistischen« Vermehrungsinteresse der Gene gesprochen und den Begriff des genetischen Eigennutzes eingeführt. Was wie Altruismus aussehe, so schrieben einige, würde sich bei näherem Hinsehen als genetischer Egoismus entpuppen. Diese Art der Darstellung hat unnötig provoziert. Psychologische Begriffe wurden hier zur Beschreibung von Verhältnissen auf einer Ebene verwendet, für die sie eigentlich nicht zutreffen. Didaktisch mag die provokante Beschreibung zwar geeignet sein, ein Prinzip zu erhellen; in der Praxis hat es sich jedoch erwiesen, daß die Ausdrucksweise viele verärgert und damit eine emotionelle Denkblockade auslöst, vor allem bei jenen, die biologischen Argumentationen aus weltanschaulichen Gründen von vornherein eher reserviert gegenüberstehen[81]. Will man andere mit den Grundgesetzlichkeiten des Lebens vertraut machen, dann sollte man eine provokative Ausdrucksweise meiden. Schließlich erleben Menschen, die anderen helfen, altruistische Gefühle; sie handeln aus dem subjektiv erlebten Mitgefühl und aus Liebe in deutlicher Aufopferungsbereitschaft unter Zurückstellung der eigenen Interessen. Diese altruistischen Verhaltensmuster, ihre motivationalen Grundlagen und das sie subjektiv begleitende affektive Erleben wurden im Laufe der Evolution ausgebildet, weil sich Altruisten den Nichtaltruisten gegenüber als besser geeignet erwiesen. Eine solche Beschreibung hilft, das Wirken der Selektion beim Zustandekommen altruistischen Verhaltens ohne das abwertende und überdies unzutreffende »nichts als« zu verstehen. Liebe als Fähigkeit, persönliche und affektiv getönte Bindungen zu anderen herzustellen – sei es nun die elterliche Liebe oder die Liebe zu einem Geschlechtspartner –, wird nun einmal als Liebe erlebt. In der Evolution der Wirbeltiere tritt sie auch relativ spät auf. Wichtig ist zu erkennen, daß die Evolution auf reproduktive Eignungsmaximierung hin züchtet. Man kann von einem Lebensprinzip sprechen, dem natürlich auch wir Menschen unterworfen sind. Handeln Menschen so, daß sie ihre Gesamteignung mindern, dann laufen sie Gefahr, von anderen, die das nicht tun, überholt zu werden und mangels Nachkommen genetisch Verwandter aus dem Abenteuer der Evolution auszusteigen.

Eine weitere Quelle des Mißverständnisses ist die Verwendung des Strategiebegriffes durch die Soziobiologen. Sie sprechen von »reproduktiven Strategien«, was dem Laien die Vorstellung geplanten, zielgerichteten Handelns suggeriert. Davon ist nicht die Rede. Wenn Soziobiologen von der reproduktiven Strategie einer Muschel sprechen, dann beschreiben sie damit ein Phänomen, ohne Intention zu implizieren. Ähnlich mißverständlich ist der häufig anzutreffende Begriff der »evolutionsstabilen Strategien« (evolutionary stabilized strategies). Der Begriff bezieht sich auf die Tatsache, daß in einer Population regelmäßig ein bestimmter Prozentsatz von Individuen auftaucht, die in ihrem Verhalten nicht der Gruppennorm entsprechen. Unter Turnierkämpfern gibt es zum Beispiel immer wieder Beschädigungskämpfer. Sie können sich zu einem geringen Prozentsatz halten, weil sie, wie man durch Modellrechnungen wahrscheinlich machen kann, in geringer Zahl, quasi parasitär, Vorteile von ihrem abweichenden Verhalten haben können. In anderen Fällen reicht die Gegenselektion nicht aus, um die pro Generation neu auftretenden Mutanten auszumerzen. Wieder ist es der Strategiebegriff, der Uneingeweihte verwirrt. Man spricht daher besser von evolutionsstabilen Zuständen (evolutionary stabilized states).

Wir sprachen vom Überleben, vom Weitergeben der Gene auf nachfolgende Generationen, von Konkurrenz, mutativer und rekombinatorischer Änderung der genetischen Konstitution und der als Ergebnis all dieser Prozesse stattfindenden Evolution. Aber wir sprachen noch nicht von »Höherentwicklung«, und es ist sicher angebracht, auch diesen Prozeß zur Sprache zu bringen. Zwar mag von der Eignung her gesehen ein Bakterium oder ein Regenwurm ebenso lebenstüchtig oder sogar noch tüchtiger sein als ein Vogel, Säuger oder der risikobehaftete Mensch. Aber wir können gar nicht anders, als Organismen nach ihrer »Organisationshöhe«, sprich Differenziertheit*, wertend einzustufen. Vielfalt und Differenziertheit bewerten wir höher als Einförmigkeit und Undifferenziertheit. Dieses ästhetische Werturteil dürfte uns angeboren sein. Und wie immer es auch zustande gekommen sein mag, es hat Konsequenzen. Unter anderem bewerten wir sekundären Differenzierungsverlust – Erscheinungen der Involution – negativ. Das mag uns vor degenerativen Entwicklungen bis zu einem gewissen Grad bewahren.

1.3. Gruppeninteresse – Artinteresse?

Verhaltensforscher sprachen früher oft von einem »Artinteresse«. Konrad Lorenz[84] und auch ich[24] deuteten z. B. die Entwicklung von Tötungshemmungen beim innerartlichen Kampf als Anpassungen im Dienste der Arterhaltung. Aus den vorhergegangenen Ausführungen zur Gesamteignung dürfte jedoch klar sein, daß die Selektion nicht auf dem Artniveau ansetzt, sondern an den Individuen und Gruppen von Verwandten. Beim Menschen sind es überdies auch größere, sich abgrenzende Populationen nicht unmittelbar Blutsverwandter, die als Einheiten

* Wir messen als Differenziertheit oder Entwicklungshöhe nicht den Grad der Angepaßtheit, sondern nach Konrad Lorenz[85] das Maß an Information, das in den Bauplan eingeht. Dazu gehört auch die Begabung, weitere Informationen zu erwerben, also die Fähigkeit, zu lernen, sich einsichtig zu verhalten, die Neugier als Antrieb zu erkunden, kurz all das, was individuelle Anpassungsfähigkeit ausmacht. Verliert ein Organismus im Laufe der Evolution sekundär diese Fähigkeit, wie das bei vielen Parasiten der Fall ist, dann bewerten wir dies als negativ, auch wenn, wie im Falle verschiedener parasitischer Krebse, perfekte Anpassung das Ergebnis ist.

der Selektion auftreten können. Hier erweisen sich individualselektionistisch entwickelte Anpassungen im Dienste des sozialen Zusammenlebens als geeignet, Gruppen von Individuen so fest aneinander zu binden, daß sie nunmehr als Einheiten der Selektion auftreten[25]. Dazu gehört u.a. neben den schon erwähnten affiliativen prosozialen Begabungen auch die Fähigkeit, ein familiales Ethos über Indoktrination zum Gruppenethos zu erweitern.

In den sich quasi als Großfamilien[21] abgrenzenden Gruppen kommt es dann über Individualselektion und Sippenselektion zur Anreicherung gewisser Erbmerkmale, die ihrerseits die Eignung einer Population in Konkurrenz mit einer anderen entscheidend mitbestimmen. Tatsächlich lehrt uns die Geschichte, daß bei kriegerischen Auseinandersetzungen zwischen Gruppen die Sieger sehr häufig die Besiegten verdrängten, ja oft sogar ausrotteten. Das spielt sich bei Naturvölkern auf der Ebene der Lokalgruppen, Tälergemeinschaften oder Stämme ab. Bei zivilisatorisch fortgeschrittenen Völkern bekämpfen Ethnien einander auf die gleiche Weise. In gewissem Sinne handelt es sich auch hier um Verwandtenselektion, da ja die Mitglieder einer Ethnie, die sich durch Sprache und Brauchtum von anderen abgrenzen, auch bevorzugt untereinander heiraten. Sie sind bemerkenswerterweise über ein familiales Ethos verbunden, was etwa im Begriff Nation oder Vaterland zum Ausdruck kommt; es handelt sich um quasi-familiale Solidargemeinschaften.

Die sich abgrenzenden Populationen des Menschen sind ihrerseits Pioniere der Evolution. Mit verschiedenen Ideologien und dementsprechend verschiedenen Zielsetzungen, unterschiedlichen Wirtschaftsformen und Regierungsformen experimentieren sie auf Gruppenebene in Konkurrenz mit anderen. Dieser Wettstreit wurde in der Geschichte der Menschheit oft kriegerisch ausgetragen, wobei Waffentechnik, aber auch Führungsqualitäten, strategisches Geschick, persönlicher Mut und Einsatzbereitschaft über das Schicksal ganzer Völker entschieden. Heute verlagert sich die Konkurrenz zunehmend auf den wirtschaftlichen Wettstreit. Wir haben eben erlebt, wie ein planwirtschaftlich organisiertes Wirtschaftssystem in Konkurrenz mit einem marktwirtschaftlich orientierten kollabierte und dabei eine Supermacht zerfiel. Der völlige Zusammenbruch wurde gerade noch durch rechtzeitige Fehlerkorrektur vermieden.

Zur Fähigkeit, sich zu behaupten, gehört beim Menschen auch die Fähigkeit, sich mit anderen in gegenseitiger Hilfeleistung zu verbünden. Das geschah meist in Bündnissen gegen Dritte, was nicht bedeutet, daß Bündnisse immer einen gemeinsamen Feind zur Voraussetzung haben. Der Menschheit stellen sich heute Aufgaben, die nur im Miteinander bewältigt werden können. Auch ihre Lösung erfordert kämpferischen Einsatz in globaler Partnerschaft. In solchen Partnerschaften kann aber nie auf Dauer einer der Gebende und der andere nur der Nehmende sein, zumindest dann nicht, wenn der Gebende mit der Förderung der Reproduktionschancen genetisch Fernerstehender seine Eignung zugunsten der anderen mindert. Aus leicht einsehbaren Gründen geht das auf Dauer nicht. Stets muß beiden aus einer solchen Beziehung Vorteil erwachsen, und das setzt Reziprozität voraus. Viele der frühen Ethologen sprachen, wie gesagt, davon, eine Anpassung sei im Dienst der Arterhaltung entwickelt worden, so als gäbe es ein Artinteresse. Diese Aussage müssen wir auf Grund der Einsichten der Soziobiologen revidieren.

Der Mensch ist allerdings kulturell in der Lage, ein Artinteresse zu entwickeln, wenn er sich das Überleben der Menschheit als einer harmonisch kooperierenden Völkergemeinschaft zum Ziele setzt. Solche Zielsetzungen und Interessen entwickeln wir aus Einsicht und humanitären Erwägungen. Sicher gibt es aber kein für uns erkennbares Interesse der Natur am Menschen oder an irgendeinem Volk, noch an irgendeiner Art von Lebewesen auf diesem Planeten. Was bisher das rätselhafte Phänomen Leben »am Leben« erhalten hat, ist die Tatsache, daß Lebewesen bis zum heutigen Tage ihr »genetisches Eigeninteresse« vertraten. Sie wurden durch die Selektion in einer über zweieinhalb

Milliarden Jahre zurückreichenden Lebensgeschichte immer perfekter als Überlebenssysteme auf diese Fähigkeit getrimmt. Jene Organismen, denen es nicht gelang, ihr Erbgut weiterzureichen, schieden aus dem Abenteuer der Evolution aus. Der Mensch kann sich sicherlich Ziele setzen, aber aus Einsicht in die eben geschilderten Zusammenhänge sollte jeder, der das Leben grundsätzlich bejaht, diese biologischen Rahmenbedingungen zur Kenntnis nehmen.

1.4. Unmittelbare und letzte Ursachen

Alle Naturwissenschaften sind bemüht, die Gesetzmäßigkeiten, nach denen Ereignisse ablaufen, zu ergründen, um letztlich statistisch abgesicherte Voraussagen nach dem Wenn-dann-Muster machen zu können. Dazu erforschen sie die »Ursachen« von Ereignissen. Ein Verhaltensforscher kann sich dabei auf die Fragen nach der Funktionsweise eines Organismus beschränken und etwa untersuchen, wie Sinnesreize verarbeitet werden und was sie bewirken. Wissenschaftler, die Problemen dieser Art nachgehen, bemühen sich um die Aufdeckung der *unmittelbaren* Ursachen. Eine solche Verhaltensphysiologie kann auch jemand betreiben, der als religiös gebundener Fundamentalist die Evolutionstheorie nicht als Basistheorie der Wissenschaften vom Leben akzeptiert.

Biologen fragen in der Regel weiter. Sie interessiert nicht nur das Funktionieren der einem Verhalten zugrundeliegenden physiologischen Maschinerie. Sie wollen auch wissen, wie die Maschine zustande kam. Dazu fragen sie nach den Auslesebedingungen – den Selektionsdrucken –, die für die Entwicklung einer bestimmten Struktur oder eines Verhaltens verantwortlich waren. Man könnte von einem Suchen nach den *letzten* Ursachen sprechen. Dieses Forschen nach den letzten Ursachen setzt eine Kenntnis der Angepaßtheit, das heißt der Leistung voraus, die ein bestimmtes Verhalten im Dienste der Eignung erfüllt. Darüber hinaus bemühen sich Biologen mittels der Methodik des Vergleichens, den Werdegang eines Verhaltens zu rekonstruieren.

Diese unterschiedlichen Ebenen der Fragestellung werden nicht immer klar gesehen. So gab es unter Anthropologen einen Streit über die »Gründe« des Kriegführens der Yanomami. Der amerikanische Yanomami-Kenner Napoleon Chagnon[10], der die Betroffenen befragte, vertrat die Ansicht, es gehe um Frauenraub, denn das war es, was seine Yanomami-Informanten ihm berichteten. Sein Kollege Marvin Harris[54] dagegen deckte einen anderen Zusammenhang auf: Mit zunehmender Besiedlungsdichte müssen die Jäger mehr Zeit aufwenden, um das für den Lebensunterhalt benötigte Eiweiß zu erjagen. Sie werden gereizt und zunehmend gegen ihre Nachbarn aggressiver.

Beide Forscher geben Gründe an, der eine einen subjektiven, aber objektiv erfragbaren Grund, der andere einen ohne Befragung über Beobachtung feststellbaren, den man nun weiter hinterfragen kann. Die gesteigerte Irritabilität im Wettstreit um die begrenzte Ressource Jagdwild führt ja zu Konflikten, als deren Ergebnis die Gruppen einander auf Distanz halten und größere Lokalgruppen sich auf Grund interner Konflikte spalten. Damit sind wir den letzten Ursachen näher, dem Verständnis nämlich, welche Selektionsdrucke für dieses territoriale Verhalten verantwortlich sind.

Für das Verständnis der unmittelbaren Ursachen sind wir durch eine Reihe von uns angeborenen Lerndispositionen begabt. So neigen wir dazu, für zwei zeitlich zusammenfallende beziehungsweise unmittelbar aufeinander folgende Ereignisse einen Ursache-Wirkungs-Zusammenhang zu vermuten[111]. Wir postulieren dabei eine Hauptursache und nehmen bevorzugt auch eine einzige solche wahr. Dieses monokausale Denken behindert uns bei der Lösung komplexer Probleme. Der politische Alltag lehrt immer wieder, daß wir über diesen Fallstrick unserer Vorprogrammierungen leicht stolpern.

Tiere wie Menschen sind überdies mit spezifischeren Lernbegabungen ausgerüstet. Ein junger Rhesusaffe braucht nur einmal zu erleben, wie seine Mutter vor einer Schlange erschrickt, und er wird von dem Augenblick an selbst vor Schlangen erschrekken. Ein unerfahrener Affe kann diese Phobie auch erwerben, wenn er einen Videofilm eines vor einer Schlange erschreckenden Affen sieht. Ersetzt man durch einen technischen Kniff nach dem Vorspielen die Schlange im Videofilm durch eine Blume, dann sieht der junge Affe, wie ein erwachsener Artgenosse vor einer Blume erschrickt[93]. Das läßt ihn allerdings kalt. Es entspricht nicht der stammesgeschichtlich vorgegebenen Erwartung, daß ein Affe vor einer Blume erschrickt.

Wir Menschen erwerben Phobien, wie Spinnen- oder Schlangenangst, ebenfalls schnell auch ohne persönliche Erfahrungen mit solchen Tieren rein über das Vorbild eines sozialen Modells. Und eine solche Phobie hält sich hartnäckig. Dagegen erweisen wir uns gegen moderne Gefahren erstaunlich phobieresistent. Wir können die schrecklichsten Autounfälle sehen: Wir fahren dann wohl kurze Zeit langsamer, bilden aber keine bleibenden Meidereaktionen. Autos sind in unserem stammesgeschichtlichen Programm nicht vorgesehen.

Wir kommen damit zu einem wichtigen Punkt unserer Diskussion. Was wir rein rational, ohne affektive Beteiligung erfassen, läßt uns kalt[28]. Wir bleiben innerlich unbeteiligt. Als besonderes Problem erweist sich in diesem Zusammenhang die *affektive Gegenwartsbezogenheit* des Menschen. Als Gefahr erleben wir nur Ereignisse, die mit einiger Wahrscheinlichkeit in der Zeitspanne eines Menschenlebens eintreten[19]. Daher siedeln wir ohne viele Bedenken auf Vulkanhängen, die nur alle paar Jahrhunderte einmal von Ausbrüchen verwüstet werden, auf Erdbebenzonen wie in San Francisco oder in überschwemmungsgefährdeten Gebieten. Wir wissen zwar, daß es dort irgendwann einmal ungemütlich wird, aber das stört uns nicht wirklich, weil wir darauf nicht durch stammesgeschichtliche Programmierung emotionell vorbereitet sind. Für die politische Planung wirkt sich dies höchst verhängnisvoll aus. Die Gefahr der Umweltzerstörung bei weiterem Bevölkerungswachstum, die Gefahr der Migrationsströme für den inneren und äußeren Frieden, das alles ist uns mittlerweile bekannt, aber wir haben zunächst keinen »Draht« dafür. Hundert Jahre, das ist für die meisten von uns fernste Zukunft, und sie meinen, es ginge sie nichts an. Hier sind wir mit Handikaps konfrontiert, die uns bei der Problemlösung ernstlich behindern. Ich sehe bei unserer gegebenen Motivationsstruktur nur den Ausweg, das rational als notwendig Erkannte über affektive Ankoppelung emotionell so zu besetzen, daß Engagement entsteht. Dies setzt Erziehung voraus.

Zusammenfassung

Im Meinungsstreit über die »Natur« des Menschen kommt der Biologie besondere Bedeutung zu, da wir als Lebewesen nun einmal den Gesetzen des Lebens gehorchen, die diese Wissenschaft erforscht. Von besonderer Bedeutung für unser Selbstverständnis ist das Wissen um unser stammesgeschichtliches Gewordensein und um die Wirkungsweise der Selektion. Dieses Wissen fordert unseren planenden Geist heraus, unser Kurzzeitdenken und unsere affektive Gegenwartsbezogenheit zu überwinden. Die Folgen unseres Tuns werden heute wie einst an der Elle der Eignung gemessen, und unterschiedlicher Fortpflanzungserfolg bestimmt nach wie vor das Schicksal von Individuen und Populationen. Organismen, die ihr Erbgut nicht über Generationen weiterreichen, treten von der Bühne des Lebens ab. Das gilt auch für uns Menschen. – Genetische Programmierungen liegen unserer Wahrnehmung und unserem Verhalten zugrunde. Sie bestimmen unser Verhalten innerhalb vorgegebener Modifikationsbreiten. Der immer wieder aufflackernde Streit um die Rolle des »Angeborenen« zeigt, daß es dem Menschen schwerfällt, die Existenz ihn einschränkender Vorgaben anzuerkennen.

2. Gestern und heute – eine Standortbestimmung

Woher kommen wir? Was sind wir? Wohin gehen wir? – Paul Gauguin schrieb diese drei Fragen über eines seiner großartigsten Gemälde (von 1897), das Menschen in verschiedenen Lebensaltern, bei verschiedenen Tätigkeiten in der üppig tropischen Landschaft Tahitis zeigt. Die Fragen haben nichts an Aktualität verloren.

Woher wir kommen, können wir mittlerweile für eine Teilstrecke des Weges ganz gut beantworten. Wir wissen um unser stammesgeschichtliches Gewordensein.

Wohin wir gehen, diese Frage bereitet uns zur Zeit eher Sorge. Es wird eng auf unserem Planeten. Gegenwärtig zählen wir 5,5 Milliarden Menschen, und jedes Jahr kommen viele Millionen dazu. 1992 waren es 91 Millionen mehr! Die landwirtschaftliche Produktion hält mit dem Bevölkerungswachstum nicht Schritt. Neues Ackerland steht nicht mehr in ausreichender Menge zur Verfügung, der Fischfang geht seit 1989 weltweit zurück, die Produktion der Meere ist dem Raubbau der großen Fangflotten nicht gewachsen.

Nach den neuesten Berechnungen wird sich die Lage verschlimmern, denn die Bevölkerung wird sich bis zum Jahre 2030 auf 11 Milliarden verdoppeln. Unter dem Bevölkerungszuwachs leiden vor allem die unterentwickelten Gebiete der Erde. In den Entwicklungsländern bekommt eine Frau im Durchschnitt 4,4 Kinder, in den Industrienationen[71] dagegen durchschnittlich nur 1,8.

Die Szenarien, die sich vor unserem geistigen Auge aufbauen, sind alles andere als erfreulich. Hunger und Not treiben bereits Millionen in die Flucht. Revolutionen und Kriege gehören zu unserem Alltag. Wohin wir gehen, erfüllt uns mit Angst und mit Sorge. Optimistische Zielvorstellungen werden von Horrorszenarien einer in Chaos und Gewalttätigkeit untergehenden

Menschheit verdüstert. Die Zukunftsbilder, die Aldous Huxley[69] in der »Schönen neuen Welt« und George Orwell[103] in »1984« entwarfen, sind eher Schreckensvisionen. Als Biologe glaube ich jedoch an eine lebenswerte Zukunft. Sie wird uns allerdings nicht in den Schoß fallen.

Worauf gründet sich mein Optimismus? Zunächst auf der Tatsache, daß wir uns *Ziele* setzen können. Das kann kein anderer Organismus auf diesem Planeten. Daß wir bei der Zielsetzung und vor allem bei der Setzung der Zwischenziele auch irren können, muß nicht zur Katastrophe führen, da wir dank unserer Fähigkeit zur Einsicht Fehler rechtzeitig korrigieren können, das heißt, bevor eine Katastrophe eintritt. Voraussetzung ist allerdings das Wissen um uns selbst.

An Versuchen, uns zu definieren, mangelt es nicht. Als »sapiens«, den Weisen, ordnet uns die Zoologie seit Linné ein. Von einem »nackten Affen« lesen wir bei Desmond Morris[94]. Arnold Gehlen[43] sprach vom »weltoffenen Neugierwesen«, aber auch vom »Mängelwesen« und dem »riskierten Wesen«. Letzteres trifft in gewisser Hinsicht zu, und neugierig sind wir Menschen allemal. Wie weltoffen wir sind, wird sich noch herausstellen.

Ganz sicher allerdings sind wir keine Mängelwesen. Wir beherrschen die uns umgebende Natur in vielen Bereichen, und dieser Erfolg ist es, der uns durch die Übervölkerung Probleme schafft. Den Erfolg verdanken wir der Tatsache, daß wir *Generalisten* sind. Selbst in einem sportlichen Wettkampf würden wir es mit jeder Tierart aufnehmen, wenn wir uns die Aufgabe stellten, 100 m zu sprinten, anschließend mit einem Kopfsprung in ein Gewässer einzutauchen, drei Objekte aus 4 m Tiefe gezielt heraufzuholen, dann 100 m zu schwimmen, am anderen Ufer eine Liane zu ergreifen, 5 m hochzuklettern und anschließend 10 km zu marschieren. Einzelne Tiere mögen in der einen oder anderen Leistung besser sein, aber alle sind eher einseitige *Spezialisten*. Darüber hinaus haben wir durch den aufrechten Gang die Hände frei für die Herstellung und den Gebrauch von Werkzeugen. Wir sind ferner vortrefflich mit Sinnesorganen ausgerüstet und haben schließlich ein hochentwickeltes Gehirn, das uns zu höchsten Intelligenzleistungen, zum Sprechen und damit auch zu einer raschen kulturellen Evolution befähigt. Wir sind in diesem Sinne, wie schon gesagt, gewiß Kulturwesen von Natur[85]. Ich betone dies in meinen Veröffentlichungen und in fast jedem meiner Vorträge, um dem Vorurteil entgegenzuwirken, wir Biologen würden den Menschen in erster Linie als ein von seinen »Instinkten« beherrschtes Wesen ansehen.

Kein Biologe übersieht den ungeheuren Schatz akkumulierten kulturellen Wissens, den wir von Generation zu Generation mehren und tradieren. Wir wissen allerdings, daß wir darüber hinaus auch mit uns angeborenen Verhaltensdispositionen begabt sind, die unser Wahrnehmen, Denken und Handeln in ganz entscheidender Weise mitbestimmen. In diesen stammesgeschichtlichen Vorgaben steckt sehr viel Positives, man denke nur an unsere Fähigkeit zu Liebe und Mitempfindung. Dennoch neigen viele Menschen dazu, die Bedeutung des Angeborenen als gering einzuschätzen. Nach ihrer Ansicht kommt der Mensch im wesentlichen als unbeschriebenes Blatt zur Welt und wird erst durch seine Umwelt geformt und unterwiesen.

Nun zweifelt kein Biologe daran, daß wir Menschen viel lernen. Aber bereits kurzes Nachdenken lehrt, daß wir manches, was unser Leben entscheidend beeinflußt, gar nicht lernen könnten. Unsere Gefühlsregungen erleben wir nur an uns selbst. Wie jemand Liebe, Haß, Eifersucht, Angst oder Trauer erlebt, das kann er im Grunde keinem anderen Menschen vermitteln. Das Objekt der Liebe oder des Hasses oder Situationen, in denen man Gefühle zeigen darf oder nicht, all das kann wohl kulturell über Erziehung bestimmt werden. Und Menschen können zwar auf der Klaviatur der Empfindungen ihrer Mitmenschen spielen – Künstler tun dies unter anderem –, aber jeder Mensch, der mit einem Mitmenschen interagiert, geht davon aus, daß seine Mitmenschen so wie er empfinden und diese Empfindungen auch grundsätzlich in gleicher Weise ausdrücken. Und diese Hypothese »funktioniert«. Wäre es nicht so, wir könnten uns gar nicht verständigen. Ebensowenig wie man Gefühlsregungen mitteilen kann, kann man Sinnesempfindungen wie süß, sauer, salzig vermitteln oder jemandem beibringen, bestimmte Farbqualitäten zu sehen. Auch hier gehen wir von der Annahme aus, daß alle Menschen gleich empfinden. Erst wenn wir jemanden treffen, der rotgrün-blind ist, merken wir, daß gelegentlich Menschen Facetten der Wahrnehmung erleben, die wir nicht nachvollziehen können.

Es unterliegt wohl kaum einem Zweifel, daß unsere Gefühle unseren Alltag ebenso wie unsere höchsten Kulturleistungen beflügeln. Daß den angeborenen Eigenschaften dennoch von mancher Seite ein geringer Stellenwert zuerkannt wird, hat seine Gründe. Eine vorgegebene menschliche Natur, so befürchten manche, könnte sich den erzieherischen Bemühungen, einen neuen, besseren Menschen zu bilden, entgegenstellen. Stammesgeschichtliche Vorprogrammierungen, so meinen sie, müßten konsequenterweise zu einem Fatalismus führen, denn gegen das Angeborene könne man wohl nichts machen. Die Diskussion um die menschliche Aggression war lange von dieser Vorstellung belastet.

Ganz abgesehen davon, daß eine Argumentationsweise nach dem Muster »Daß nicht sein kann, was nicht sein darf« grundsätzlich nicht akzeptabel ist, braucht man gar keinen ideologisch begründeten Wissensverzicht zu propagieren, denn der Mensch kann auch über das Angeborene Selbstkontrolle erlangen. Nur wenige Menschen dürften z. B. die Triebnatur der menschlichen Sexualität leugnen. Aber kaum jemand wird daraus schließen, wir seien zum unkontrollierbaren Ausleben dieses Triebes verdammt. Wir wissen, daß wir uns hier Selbstdisziplin auferlegen können. Die kulturellen Korsetts wechseln wohl in Anpassung an die besonderen Anforderungen, die das Leben in verschiedenen Gesellschaften und Lebensräumen an die Menschen stellt. Ein Eskimo bedarf sicher anderer Triebkontrollen als ein Massai in Afrika oder ein moderner Großstädter.

Eine erfolgreiche Selbstkontrolle setzt allerdings voraus, daß wir über uns Bescheid wissen. Uns z. B. der Illusion hinzugeben, wir wären von vornherein, von Natur aus, eine ganz friedfertige Spezies und der einzelne würde erst durch böse Erlebnisse und Entbehrungen in Kindheit und Jugend aggressiv gemacht, ist gefährlicher, als die Aggression als angeborene Disposition zu erkennen und entsprechend in Rechnung zu stellen. Unerkannt können sich nämlich manche dieser stammesgeschichtlichen Vorprogrammierungen auch als Stolperstrick erweisen[28].

Wir haben den Menschen als »Zielsetzer« charakterisiert, wohl wissend, daß es sich nur um eines der vielen Merkmale handelt, die ihn kennzeichnen. Seine Phantasie beflügelt ihn, er kann sich Paradiese vorstellen, und das braucht er wohl auch, denn als Vorausdenkender und als in der Vergangenheit verwurzeltes Wesen weiß er um mögliche Gefahren und Nöte. Sorge und Angst plagen ihn daher mehr als irgendein anderes Geschöpf auf diesem Planeten. So pflegt er die Paradiesvorstellung als Zuflucht und baut sich Luftschlösser der verschiedensten Art. Die rauhe Wirklichkeit verdrängt er aus seinen Träumen, und das ist wahrscheinlich sein größter Fehler. Denn würde er sie zur Kenntnis nehmen und seine geschichtlichen und individuellen Erfahrungen zu Rate ziehen, dann käme er mit der Verwirklichung seiner Zielvorstellungen, etwa der, in Frieden mit anderen zu leben, wohl besser voran.

Verdrängung und Wirklichkeitsflucht kennzeichnen insbesondere unseren Umgang mit brennenden Zeitproblemen, wie der Umgang mit der zunehmenden kollektiven Gewalt und der Immigrationsproblematik in Westeuropa offenbart. Wir ängstigen uns wegen vielerlei, aber das aktiviert oft weniger unseren Verstand als unsere Fluchtreaktionen. Mit einem »Es wird schon gutgehen« flüchten wir uns in Träume von einer besseren Welt. Nun ist Zuversicht sicher eine Voraussetzung für die Lösung unserer Probleme. Ohne sie resignieren wir. Aber die Flucht in Traumwelten führt leicht zur Denkblockade.

Jene stammesgeschichtlichen Anpassungen, die unser Verhalten mitbestimmen, entwickelten sich nämlich in jener langen Zeit, in der unsere Ahnen als altsteinzeitliche Jäger und Sammler lebten, eine Zeit, die etwa 98 % unserer menschlichen Geschichte ausmacht. In diesem Zeitraum von etwa 500 000 Jahren, in Generationen gerechnet etwa 20 000 Generationen, lebten unsere Ahnen in Kleingruppen, in denen jeder jeden kannte, mit einer sehr einfachen Technologie*. Vor 15 000 Jahren (600 Generationen) begannen Menschen an verschiedenen Orten der Erde, Pflanzen zu kultivieren und Tiere zu züchten, aber erst vor wenigen tausend Jahren entwickelten sich auch größere Städte; noch um Christi Geburt waren zwei Drittel der Erdoberfläche von Jäger- und Sammlervölkern bewohnt. Die Entdeckung der Neuen Welt durch Kolumbus liegt gerade 20 Generationen zurück, und die moderne technische Zivilisation ist erst wenige Generationen alt und befindet sich in einer überstürzenden Entwicklung.

Als unsere Großväter Kinder waren, ahnte man noch nichts von moderner Luft- und Raumfahrt, von Radio, Fernsehen und elektronischen Rechnern. In einer verblüffend kurzen Zeit schufen wir Menschen uns mit der technischen Zivilisation, der Großstadt und der anonymen Millionengesellschaft eine Umwelt, für die wir eigentlich nicht geschaffen sind. Biologisch haben wir uns in den letzten 10 000 Jahren nicht entscheidend geändert. Da wir mit steinzeitlicher Emotionalität ausgestattet sind, werden die Instrumente, die uns heute die Technik zur Verfügung stellt, zu lebensgefährlichen Waffen. Der Autoverkehr fordert jährlich in Deutschland an die 10 000 Tote und zigtausend

* Frühe Homo-sapiens-Funde sind 130 000 Jahre alt. Wir können davon ausgehen, daß unsere Vorfahren bereits in der Übergangsphase von Homo erectus zu Homo sapiens, die vor 500 000 Jahren begann, als Wildbeuter in relativ geschlossenen territorialen Kleingruppen lebten. Wahrscheinlich ist dieses Verhaltensmuster sogar viel älter (Australopithecus?), denn im Prinzip zeigen es auch die uns nahe verwandten Schimpansen.

Abb. 1: Wohnbauten in Kaiser-Ebersdorf bei Wien. Das Bedürfnis nach Privatheit ist erfüllt, nicht jedoch das nach Eingebundensein in eine überschaubare Gemeinde. Naturferne ist ein weiteres Kennzeichen des Wohnens in der Großstadt. (Photo: Renate Krell)

Abb. 2: Eine Familie der !Ko (Botswana, Kalahari): Vater, Mutter und Kleinkind. Tagsüber spielt sich das Leben im Freien vor den Hütten ab, die einen zentralen Platz umstehen. Gemeinschaft mit Bekannten und Naturnähe zeichnen das Leben aus. (Photo: I. Eibl-Eibesfeldt)

Schwerverletzte, man spricht zu Recht von einem »Krieg auf unseren Straßen«. Wir müssen uns *kulturell* an die Bedingungen der technisch-zivilisierten Welt anpassen. Ich meine, dies wird uns auch gelingen, da wir auch über prosoziale – freundliche – Anlagen verfügen und uns einsichtig unserer Problemanlagen bewußt werden können.

Vergegenwärtigen wir uns zunächst einmal den gewaltigen Unterschied zwischen gestern und heute (Abb. 1 und 2). Der Mensch der Altsteinzeit lebte naturnah in Kleingruppen, die sich aus Familien zusammensetzten. Die Familie war im typischen Fall eine 3-Generationen-Familie. Die Mitglieder einer solchen Kleingruppe kannten einander, und solche Bekanntheit stiftet Vertrauen. Es gibt noch heute Völker, die auf dieser Kulturstufe leben oder bis vor kurzem so lebten, wie z. B. die Buschleute der zentralen Kalahari[30], die im Modell diesen ursprünglichen Zustand repräsentieren. Was in einer solchen Jäger- und Sammlerkultur auffällt, ist auch die weitgehende Autarkie der Familien. Jede Buschmannfamilie kann sich ihren Lebensunterhalt selbst beschaffen, ihr Haus selbst bauen und die Haushaltsgeräte, Waffen und Bekleidung selbst herstellen: Ein steinzeitlicher Jäger und Sammler konnte nie arbeitslos werden.

In der Kleingruppe gründen sich Führungspositionen auf prosozialer und fachlicher Kompetenz. Personen, die freundlich sind und anderen helfen, die Streit schlichten können, teilen, Schwachen beistehen und sie trösten und die sich in irgendeiner Weise, etwa als Heiler, Sprecher oder auch als Kriegsführer, auszeichnen, an die wenden sich die anderen Gruppenmitglieder um Rat, und bei ihnen suchen sie Schutz (siehe S. 75).

Damit soll das Leben in der Kleingruppe nicht idealisiert werden. Es gibt zunächst durchaus auch Streit. Es lastet ferner ein starker Normierungsdruck auf dem einzelnen, der nivellierend wirkt. Außenseiter werden selten geduldet. Das alles wird aber durch die Tatsache gemildert, daß diese Menschen nicht unter einem Leistungsdruck und den Aufstiegsforderungen stehen, die in unserer Gesellschaft so belastend wirken.

Außerdem erwerben die Menschen in solchen individualisierten Gesellschaften bereits in der Kindheit große soziale Kompetenz, die es ihnen erlaubt, ihre Aggressionen zu kontrollieren.

Bei meinem letzten Besuch der Himba im Norden von Namibia im Frühjahr 1993 filmte ich folgende überraschende Episode: Zwei Mädchen, noch Kleinkinder, die erst wenige Worte sprechen konnten, saßen im Kral einander gegenüber und stocherten spielerisch im trockenen Rinderdung. Unvermittelt und ohne ersichtlichen Grund hob eine ihr Stöckchen und schlug damit zweimal die Spielgefährtin. Diese verzog weinerlich das Gesicht, worauf die Angreiferin ihr Stöckchen ablegte. Nun nahm die Angegriffene eine Gerte und schlug damit zweimal ihre Angreiferin, allerdings nicht stark, sondern eher gehemmt. Nach diesem Akt der Bestrafung, den ihre Spielgefährtin hinnahm, ohne sich zu wehren, legte sie die Gerte ab, nahm das vor ihr liegende Stöckchen, mit dem sie zuvor geschlagen worden war, und reichte es der Spielgefährtin. Diese nahm das Stöckchen, schlug sich damit auf die andere Hand, als wollte sie sich selbst dafür bestrafen, daß sie den Konflikt provoziert hatte. Danach stocherten beide wieder verträglich im Dung.

Wie erwerben die Kinder so früh diese erstaunliche soziale Kompetenz?

In den traditionellen Gesellschaften erleben sich die Kinder schon vom frühen Säuglingsalter an als eingebunden in ein reich differenziertes soziales Beziehungsnetz. Kinder und Erwachsene wenden sich dem Säugling zu, übernehmen ihn von der Mutter, tragen ihn umher und spielen mit ihm. Das macht den Säugling früh auf freundliche Weise mit anderen Gruppenmitgliedern vertraut. Kann das Kind laufen, dann schließt es sich der Kinderspielgruppe an, die Kinder beider Geschlechter vom Krabbelalter bis zur Pubertät umfaßt. Das Kleinkind wird zunächst von anderen behütet und umsorgt und wächst allmählich selbst in die Rolle des Betreuenden hinein. Das Kind kann seine Spielpartner wählen, sich mit Gleichgeschlechtlichen zusammenfinden oder sich einer gemischten Spielgruppe anschließen.

Von seinen Spielgefährten wird dem Kind entscheidende Belehrung zuteil. Es lernt im Spiel, sich an Regeln zu halten, übt Gegenseitigkeit ein und sammelt wichtige soziale Erfahrungen.

Dabei fällt auf, daß es nicht passiv auf Unterweisung wartet, sondern in explorativer Aggression seine soziale Umwelt erkundet. Durch das Provozieren kleiner Konflikte – den bewußten Verstoß gegen Regeln, das Wegnehmen von Objekten, durch aggressive Akte, wie Zuschlagen mit einem Stöckchen – stellt das Kind die Frage: Darf ich das? Erhält es darauf unverzögert eine Antwort – es genügt, daß sich sein Spielgefährte abwendet –, dann weiß es: Das ging zu weit, hier sind meine Grenzen.

Eltern und andere Erwachsene können die sozialisierende Rolle der Kinderspielgruppe nur ungenügend ersetzen. In traditionellen Gesellschaften bringen Mütter und Väter ihren Kindern sicher auch Spiele bei. Sie herzen ihre Kinder auch und sind sehr fürsorglich und lieb. Durch diese positive affektive Bindung werden die Kinder bereit, das Vorbild der geliebten Eltern zu übernehmen, wobei Buben wie in unserer Kultur das männliche Vorbild und Mädchen auch ohne kulturellen Zwang das weibliche Vorbild bevorzugen. Für diese Art der Identifikation sind wir durch uns angeborene Dispositionen vorbereitet[26]. Die Eltern wirken also in erster Linie als geliebtes Vorbild. Sie sind ferner fürsorgliche Autorität, die ermuntert, ermahnt und gelegentlich auch bestraft. – Eine besondere Rolle spielen in den traditionellen Gesellschaften die Großeltern. Sie sind der Aufgabe als erzieherische Autorität enthoben und brauchen daher nicht Respektsperson zu sein. Ihr Verhältnis zu den Enkelkindern ist ein ungezwungen-herzliches.

Die Menschen in traditionellen Gesellschaften lebten naturnah und waren emotionell an die Herausforderungen eines risiko- und abwechslungsreichen Lebens angepaßt. Die Menschen waren tätig, aber Sammeln und Jagen bereiten Vergnügen. – Auch der moderne Mensch entspannt sich in seiner Freizeit, Pilze und Beeren suchend, jagend oder fischend. – Für den Nahrungserwerb verbringen traditionelle Jäger und Sammler nur einige Stunden am Tag, die übrige Zeit leben sie in ihre kleine Gemeinschaft eingebettet, miteinander plaudernd; Buschleute etwa sind mit der Herstellung von Lederschurzen, Pfeilspitzen oder der Zubereitung von Nahrung beschäftigt. Zwischendurch umsorgen sie ihre Kinder oder vergnügen sich auch in Tanz und Spiel. Der Leistungsstreß einer arbeitsteiligen Gesellschaft ist ihnen fremd. Das Leben auf dieser Kulturstufe ist ferner nicht frei von Gefahren und gelegentlich sogar Hunger, aber an solche Herausforderungen ist der Mensch gut angepaßt, und zwar so gut, daß ihm Risiko und Entbehrung abgehen, wenn es ihm an solchen Herausforderungen mangelt. Dann bekommt er »Appetit« auf Abenteuer und körperliche Herausforderung und sucht sie.

Belastungen der Neuzeit

Der Gegensatz zum Leben in der technisch-zivilisierten Welt ist ungeheuer. Statt in Kleingesellschaften, in denen jeder jeden kennt, leben *wir* in anonymen Großgesellschaften, und da wir einander nicht kennen, zeigen wir eine gewisse Scheu voreinander. Ein Urmißtrauen belastet die Beziehungen der modernen Menschen. Da die Menschen einander nicht kennen, gehen sie miteinander rücksichtsloser um. Dominanzbeziehungen werden unter Einsatz der Ellenbogen aufgebaut. Die moderne Gesellschaft ist ferner arbeitsteilig, was dem einzelnen nach Begabung ungeheure Chancen eröffnet, ihn zugleich aber auch mit einem Leistungsstreß belastet, der neu ist und mit dem wir nicht ohne weiteres fertig werden. Außerdem schafft die Abhängig keit existentielle Ängste. Die meisten von uns sind von Arbeitgebern abhängig und können arbeitslos werden.

Die prosoziale Entwicklung der Kinder ist in der anonymen Großgesellschaft durch eine zunehmende Verarmung ihrer sozialen Beziehungsnetze behindert. Soziale Kompetenz wird in traditionellen Kulturen, wie erwähnt, zum großen Teil in der

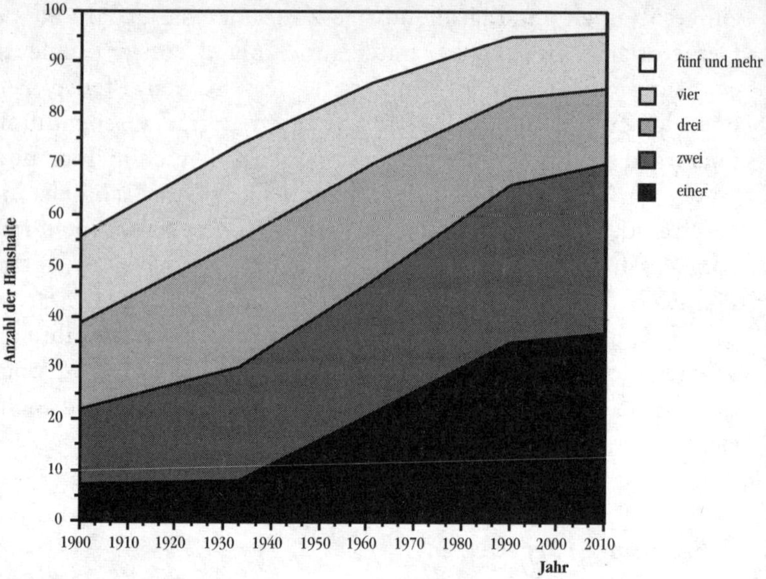

Abb. 3: Abschied vom Familienleben. Die Zahlen beziehen sich auf die Anzahl der in jeweils 100 deutschen Haushalten lebenden Personen. Der 1-Personen-Haushalt ist Singlehaushalt; ein Haushalt aus drei Personen besteht in der Regel aus zwei Erwachsenen und einem Kind. (Quelle: Statistisches Bundesamt, Wiesbaden)

Kinderspielgruppe erworben. Gegenwärtig sind aber 40 % unserer Kinder Einzelkinder (Abb. 3).

Es fehlen ihnen Erfahrungen im Umgang mit Geschwistern, und die Altersgruppe der oft gleichgeschlechtlichen Schulklasse vermag nicht alle Bedürfnisse abzudecken. Es fehlt den Jüngeren der mäßigende und fürsorgliche Einfluß der Älteren, die Möglichkeit, selbst in die betreuende Rolle hineinzuwachsen, und das Explorierfeld eines differenzierten sozialen Beziehungsnetzes. Es fehlen meist die von der Notwendigkeit erzieherischer Autorität entlasteten Großeltern, die in traditionellen Kulturen mit Liebe und Rat helfen. Die Eltern sind oft überlastet und außerhalb des Hauses tätig. Wie soll sich da ein Junge heute mit der

Rolle des fern von der Familie berufstätigen Vaters identifizieren? Ihm bleiben die Cowboys im Fernsehen und als bequemer Spielpartner neuerdings der Computer, weil der jederzeit ohne soziale Investition verfügbar ist. So ziehen wir soziale Kaspar Hauser heran. Allzuviel Mobilität fördert diese Entwicklung. Nun können wir die anonyme Großgesellschaft und die Stadtumwelt nicht verlassen, und wir wären auch schlecht beraten, wollten wir es versuchen. Es würde einen kulturellen Rückschritt bedeuten. Aber wir sollten die Problematik unserer modernen Lebensweise erkennen. Das könnte uns helfen, das Leben in der Großgesellschaft humaner zu gestalten.

Eine weitere Belastung erwächst uns Heutigen aus der naturfernen städtischen Umwelt, in der künstliche Strukturen aus Beton und Asphalt vorherrschen. Wir vermissen die Naturnähe, wie unsere Wochenendflucht hinaus ins Grüne ebenso belegt wie die Emsigkeit, mit der wir Ersatznatur in Form von Farnen, Gummibäumen u.ä. in unseren Wohnungen kultivieren. Diese »Phytophilie«[26] ist wohl ein Hinweis auf eine alte Umweltprägung, die das für unser Leben günstige Biotop kennzeichnet.

Der moderne Städter vermißt ferner körperliche und affektive Herausforderungen. Der altsteinzeitliche Jäger und Sammler war von Raubtieren und Feinden bedroht – Herausforderungen, die uns fehlen. Die Tatsache, daß wir in zahlreichen Ersatzhandlungen Abenteuer suchen, beweist, daß wir hier etwas entbehren. Wir leben es aus, indem wir uns mit Hanggleitern in Abgründe stürzen, uns Felswände hochhangeln, an exponierten Klippen tauchen und an Abenteuerreisen teilnehmen. Die Belastungen der Neuzeit dagegen treffen uns unvorbereitet: Büroarbeit, die künstliche Verlängerung des Tages bis weit in die Nacht hinein, Leistungsstreß, Verkehrslärm, Gedränge, Luftverschmutzung und eine zubetonierte Welt. Daran müssen wir uns erst gewöhnen, wobei offenbleibt, wie weit die Gewöhnung gehen kann[119]. Wahrscheinlich werden wir bei der Gestaltung des städtischen Wohnumfeldes den Bedürfnissen des Menschen entgegenkommen müssen.

Die altsteinzeitliche Situation	Modernes Industriezeitalter
Individualisierte Gesellschaft Drei-Generationen-Familie, Kleingruppe, Vertrauen und affiliative Beziehungen in der Wir-Gruppe	**Anonyme Großgesellschaft** Mißtrauen dominiert Beziehungen zu den unbekannten Wir-Gruppenmitgliedern. Gemeinde- und Familienbildung zunehmend erschwert. Angstbelastung
Führung auf prosozialer Basis Führungspositionen begründen sich auf prosozialen Eigenschaften und fachlicher Kompetenz	**Dominanz** Neigung zum Aufbau von repressiven Dominanzbeziehungen innerhalb der anonymen Wir-Gruppe
Wirtschaftliche Unabhängigkeit Familie weitgehend autark. Arbeitsteilung nur zwischen Ehepartnern. »Ein Buschmann kann nie arbeitslos werden.«	**Berufliche Abhängigkeit** Damoklesschwert der Arbeitslosigkeit, daher unterschwellige existentielle Ängste
Naturnähe	**Naturferne**
Emotionell angepaßt an die Herausforderungen eines risikoreichen Lebens: Risikoappetenz, Entbehrungsappetenz	**Mangelhaft angepaßt** an die Belastungen der Neuzeit: Arbeitsstreß, fehlende körperliche Herausforderung. Risikoappetenz in Ersatzhandlungen ausgelebt. Dauernder Wohlstand führt zu Wohlstandsverwahrlosung

Auch dauernden Wohlstand scheinen wir nicht recht zu vertragen. Es gibt das Phänomen der Übersättigung und Wohlstandsverwahrlosung. Die obenstehende Tabelle soll das Gesagte noch einmal veranschaulichen.

Zusammenfassung

Als Generalisten und lernbegabtem Neugierwesen, ausgestattet mit der Fähigkeit zum begrifflichen Denken, der Wortsprache und daher begabt zur kumulativen Kulturentwicklung, eröffnen sich dem Menschen einmalige Möglichkeiten zur weiteren Evolution, zumal er sich Ziele setzen und damit seinen weiteren Werdegang ausrichten kann. Unsere prosozialen Anlagen in Verbindung mit einer vernunftbegründeten Moral stellen eine rational-humanitäre Entwicklung in Aussicht.

Die Schwierigkeiten, mit denen wir heute zu kämpfen haben, erklären sich aus unserem stammesgeschichtlichen Werdegang und unserem Erfolg. Die genetischen Programmierungen, die unser Verhalten und insbesondere unsere Emotionalität mitbestimmen, entwickelten sich in jener langen Zeit, in der unsere Vorfahren auf altsteinzeitlicher Kulturstufe in Kleinverbänden lebten, deren Mitglieder einander persönlich kannten. Wir schufen uns mit der anonymen Großgesellschaft, der technischen Zivilisation und der modernen Großstadt eine Umwelt, für die wir nicht geschaffen sind. Als Kleingruppenwesen sind wir mit einer Kleingruppenethik ausgestattet und emotionell an die Herausforderungen der Altsteinzeit angepaßt. Die Belastungen der Neuzeit stellen uns vor eine Probe, die wir nur bestehen werden, wenn wir die verborgenen Stolperstricke ebenso wie die Chancen unserer genetischen Programmierungen erkennen. Aus dem So-Sein ist kein Sollen abzuleiten, wohl aber sind gewisse biologische Rahmenbedingungen zur Kenntnis zu nehmen, die unseren Wünschen und Möglichkeiten Grenzen setzen.

3. Gewalt, das zweischneidige Schwert

3.1. *Unart oder Anpassung: Gewaltbereitschaft und Friedenswunsch im Widerstreit*

Der Hügel Nr. 3507, das Grab des unbekannten, irren, Soldaten... *Ein Tscheche war es. Er kam mit dem ersten Transport der russischen Legionäre über Sibirien, Japan, Amerika, Deutschland. Die Kameraden nahmen den Irren nach Hause. Und er starb in Bohnitz bei Prag als Wahnsinniger. Der Namenlose hatte Tag und Nacht immer dasselbe geschrien: »Mütterchen komm! Ich sags Dir! Es war schrecklich!«*

Aber was macht das? »Ihr sollt den Frieden lieben als Mittel zu neuen Kriegen. Und den kurzen Frieden mehr als den langen«, sagt Euch Nietzsche. Denn die Ilias verklärt Gurgelbisse und Ausputzen der Schützengräben...

Karl Kraus: Der alte Landsknecht,
Die Fackel 34 (1933), S. 50 (48–50)

Den Sommer 1975 verbrachte ich in dem kleinen Eipo-Dorf Malingdam im westlichen Bergland von Neuguinea. Meine Hütte lag auf einer Bergnase am Rande des Ortes in etwa 2000 m Höhe. Bei schönem Wetter genoß ich von hier einen traumhaften Ausblick auf das Eipomek-Tal. Im Rahmen eines von der Deutschen Forschungsgemeinschaft* geförderten Projektes, an dem Vertreter verschiedener Wissenschaften teilnahmen, fiel mir als Humanethologen die Aufgabe zu, das Alltagsverhalten der Menschen in Film und Ton festzuhalten. Das war eine besonders reizvolle Aufgabe, denn bei den Eipo handelte es sich um eine völlig intakte Gruppe neusteinzeitlicher Pflanzer. Sie verwendeten Steinwerkzeuge, und unsere Welt wurde für sie erst existent,

* Das Schwerpunktprogramm »Interdisziplinäre Erforschung von Mensch, Kultur und Umwelt im zentralen Hochland von West-Irian (Neuguinea)« ging auf die Initiative des Berliner Museums für Völkerkunde zurück (Klaus Helfrich und Gerd Koch)[32].

als wir mit ihnen den Kontakt aufnahmen. Sie hielten uns anfangs für Geister, lernten aber schnell, daß wir Menschen wie sie waren, und wir erfuhren auch schnell, daß diese uns kulturell so fern stehenden Eipo im zwischenmenschlichen Bereich ganz ähnlich empfinden, denken und handeln wie wir, im Guten wie im Bösen. Frauen und Männer sorgten rührend für ihre Kinder. Die Mitglieder der kleinen Dorfgemeinschaften standen einander bei, manchmal gab's auch Streit.

Wie ähnlich sie uns in ihrer Mentalität waren, erfuhren wir, als wir einmal zwei Männer einluden, mitzufliegen und ihr Land aus luftiger Höhe zu betrachten. In einjähriger Arbeit hatte nämlich mein Mitarbeiter Wulf Schiefenhövel einen kleinen Landestreifen eingerichtet. Bis dahin war die Forschergruppe aus der Luft durch Abwurf versorgt worden. Nachdem die ersten Flugzeuge sicher gelandet und gestartet waren, fragte Wulf zwei der Eipomänner (er hatte mittlerweile ihre Sprache gelernt), ob sie einmal mitfliegen wollten. »Ja, gerne!« erwiderten sie, aber wir sollten die Tür aushängen. Befragt warum, gaben sie zur Antwort, sie würden dann besser nach unten schauen können. Als sie zum Start kamen, trugen beide die Arme voll mit Felsbrocken. »Wozu, um Gottes willen, wollt ihr das Zeug mitschleppen?« fragte Wulf. – »Nun, wenn wir jetzt über das Fa-Tal fliegen, wo unsere Erzfeinde wohnen, da wollen wir denen die Felsbrocken auf ihr Dorf werfen!« Sie waren enttäuscht, als Wulf diesen speziellen Wünschen nicht entsprach. Uns hat der Vorfall nachdenklich gestimmt. Da haben Menschen auf steinzeitlicher Kulturstufe eben erst den Kontakt mit der technischen Zivilisation erfahren, eben erst Metalle kennengelernt und gerade erst Flugzeuge. Alles, was wir hatten und taten, setzte sie in Erstaunen. Jede leere Konservendose betrachteten sie als kleines Wunder und bauten die Deckel in ihren Schmuck ein. Nun sollten sie zum erstenmal so ein Wunderwerk der technischen Zivilisation betreten, und ihre ersten Gedanken waren: Wie können wir diese Wunderdinge nutzen, um unseren Feinden zu schaden? Denken *sie* modern? Oder denken *wir* archaisch? Das ist hier die Frage.

Leute wie wir! Sie wollen den Frieden – und denken an Krieg. Wir verabscheuen den Einsatz von Gewalt und verurteilen den Krieg – aber heißen es dann doch gut, wenn der Staat Gewalt gegen jene einsetzt, die die Gesetze brechen und den inneren Frieden gefährden. Ja, sogar den Krieg bejahen wir, wenn wir ihn als »gerecht« und damit als legitime Fortsetzung der Politik mit anderen Mitteln empfinden. Nur: Jede der kriegführenden Parteien pflegt das so zu erleben, und schnell sind die Parteien nach dem archaischen Gesetz der Vergeltung in einem teuflischen Kreislauf der Eskalation gefangen.

Grundsätzlich haben wir zur Gewalt ein ambivalentes Verhältnis. Ob sie befürwortet oder tabuisiert wird, hängt von vielen Umständen ab. Dem Besiegten vergeht meist für einige Zeit die Lust am Kriegführen, der Sieger dagegen fühlt sich eher zur Heroisierung seiner Taten ermutigt. Allgemein gilt der Krieg als gelegentlich notwendiges Übel. Auch demokratisch regierte Staaten rüsten bekanntlich für alle Fälle. Und daß man in dieser Welt auch heute noch gewappnet auftreten muß, zeigen ja die vielen Kriege und Krisenherde der Gegenwart. Seit 1945 gab es mehr als 130 größere Kriege mit 22 Millionen Toten (Stand 1992). 1993 zählte man über 33 bewaffnete Konflikte. Jeder Staat oder Staatenbund muß heute noch mit der Möglichkeit rechnen, auch wider seinen Willen in kriegerische Konflikte verwickelt zu werden. Er muß sich daher verteidigen können, und das setzt ein Kriegsethos voraus, nämlich die Bereitschaft, daß Soldaten im Notfall auch ihr Leben für ihr Land opfern. Dieses Ethos stellt eine kulturelle Erweiterung der familialen Verteidigungs- und Selbstbehauptungsethik dar.

Steckt der Krieg in unseren Genen? Sicherlich nicht in Form eines Programms für eine bewaffnete, strategisch geplante Konfliktaustragung zwischen Gruppen. Auf dieser Ebene ist der Krieg wohl das Ergebnis der kulturellen Entwicklung, eine Tatsache, auf die ich bereits 1975 hinwies[24]. Dispositionen dazu liegen allerdings vor, so die Bereitschaft, Hindernissen gegenüber mit Gewalt aufzutreten, und noch manches andere mehr, was man kennen muß, wenn man nach Wegen friedlicher Konfliktlösung sucht. Man muß ferner auch zur Kenntnis nehmen, daß der Krieg Funktionen erfüllt wie jene der Verteidigung und Bemächtigung begrenzter Lebensgüter, Funktionen, die man auf andere Weise sichern muß, wenn man die blutige Hochrisikostrategie des Krieges überwinden will. Beobachten wir das Geschehen um uns herum, dann werden wir allerdings schnell feststellen, daß wir uns meist mit der Verurteilung des Aggressors begnügen und im übrigen versuchen, am Phänomen zu kurieren, ohne es weiter zu hinterfragen. Engagierte Kämpfer für den Frieden treten dabei fast ebenso aggressiv auf wie ihre Gegner, und sie scheuen auch nicht vor dem Einsatz von Gewalt und dem Mittel der Diffamierung zurück.

Genese und Funktion des Dominanzstrebens

Worauf gründet sich die Gewaltbereitschaft des Menschen, sein Streben nach Dominanz und Macht? Sigmund Freud vertrat bekanntlich die Ansicht, die menschliche Aggressionsbereitschaft sei triebhaft verursacht. Er postulierte einen uns angeborenen, auf Selbstzerstörung zielenden, eher mystischen *Todestrieb*, den die Menschen nach außen gegen andere umorientieren würden, um so die Selbstzerstörung zu vermeiden. Psychologen und Soziologen vertraten dagegen lange Zeit die Ansicht, aggressive Einstellungen und Verhaltensmuster würden im Laufe der Kindes- und Jugendentwicklung ausschließlich über *Lernprozesse* erworben, und zwar sowohl über das Vorbild sozialer Modelle als auch durch ein Lernen am Erfolg.

Die große Bedeutung des Lernens bei der Ausbildung aggressiver Handlungsbereitschaften ist mittlerweile durch viele Experimente nachgewiesen worden. Ich erwähne hier nur die bahnbrechenden Versuche des amerikanischen Psychologen Albert Bandura[4]. Er ließ eine Gruppe von Kindern einen Film betrachten, in dem eine Person Puppen mißhandelte. Eine andere Kindergruppe sah einen Film, in dem ein Vorbild mit Puppen liebevoll umging. Im danach folgenden freien Spiel gingen die Kinder, die das aggressive Modell betrachtet hatten, mit ihren Puppen aggressiv um, jene, die das liebevolle Modell gesehen hatten, verhielten sich dagegen freundlich.

Dem Lernmodell der Aggressionsgenese kommt also große Bedeutung zu. Einzig der Ausschließlichkeitsanspruch, den früher einige Lerntheoretiker vertraten, gilt heute als überholt. Aber daß gerade soziale Modelle für das Verhalten insbesondere der Kinder und Jugendlichen eine große Rolle spielen, zweifelt niemand mehr ernsthaft an. Das Fernsehen gerät daher zunehmend in die Schußlinie der Kritik, weil es so viele aggressive Vorbilder zeigt. Die Helden der Filme traktieren ihre Feinde mit Fußtritten ins Gesicht. Freistilringer springen auf den am Boden liegenden Gegner. In den Schulpausen wird das dann spielerisch ausprobiert. Die Grenze zum Ernst wird dabei schnell überschritten.

Ein zehnjähriges Kind hat in den USA bereits bis zu 8000 Morde und 100000 andere Gewalttaten im Fernsehen gesehen. Die Kinderprogramme sind voller Gewaltakte – durchschnittlich 32 pro Sendung! Sie werden verharmlost, weil die erschlagenen oder abgestürzten Akteure, gleich ob es sich um vermenschlichte Bären, Katzen oder Mäuse handelt, ja wieder aufstehen und weitermachen.

In fast jedem Fernsehkrimi kommt es zu rücksichtslosen Verfolgungsjagden im Auto. Der Held rast mit quietschenden Reifen durch die Straßen der Stadt, überrennt Verkaufsbuden, gefährdet Passanten und den übrigen Verkehr, eine Spur der Zerstörung hinterlassend, natürlich nur im Dienste des Guten. Aber der Filmheld wirkt in seiner Rücksichtslosigkeit als Vorbild. In den professionellen Autorennen wird das weiter gepflegt. Die Verantwortlichen für solche Imagepflege sind mit schuld an der Rücksichtslosigkeit im Straßenverkehr, die alljährlich in Europa so viele Tote und Verletzte fordert wie ein Krieg. Wir führen ihn auf unseren Straßen seit einigen Jahrzehnten, und nicht nur gegen Mitmenschen, sondern auch gegen die völlig hilflose Tierwelt. Unsere Straßen sind dank der Unwissenheit und Gefühllosigkeit der Fahrer zu Mordpisten degeneriert, die täglich Tausenden von Tieren – Eichhörnchen, Igeln, Fröschen, Vögeln, Füchsen und anderen – das Leben kosten*.

Im *Frustrations-Aggressions-Modell* verbinden sich lernpsychologische Vorstellungen mit dem Konzept der Reiz-Reaktions-Psychologie. Die Annahme eines Aggressionstriebes wird abgelehnt. Man geht jedoch von der Beobachtung aus, daß Behinderungen (Frustrationen) von zielstrebigen Handlungen Aggressionen zur Überwindung des Widerstandes auf dem Weg zum Ziel wachrufen. Das ist uns wohl angeboren. Aber erst wiederholte Frustrationen im Laufe der Kindes- und Jugendentwicklung würden eine aggressive Grundhaltung induzieren. Es sei daher ratsam, Kinder möglichst frustrationsfrei aufzuziehen[109].

Die Vorschläge für eine repressionsfreie Erziehung waren im Kern vernünftig, da in der Tat Frustrationen Aggressionen wachrufen; aber wie so oft eskalierte das Gutgemeinte, mit dem Ergebnis, daß von den extrem »permissiv« erzogenen Kindern, denen man alles gestattete, viele zu unausstehlich aggressiven Jugendlichen heranwuchsen. Heranwachsende Menschen bedürfen nämlich der Orientierung und der Vermittlung von ihnen Halt bietenden Leitbildern. Sie suchen sogar in aktiver Anfrage nach solchen Orientierungshilfen, unter anderem in »explorativer Aggression« (S. 54), meist durch Provokation, kleinere Regelver-

* Fred Gschwendtner vom Verbandsausschuß »Wildtier und Umwelt« kontrollierte an zwei Wochenenden jeweils um Mitternacht und am frühen Morgen in der Umgebung von Landshut 16 km Straße. Er und seine Jäger fanden mehr als 50 Wildtiere tot oder grausam verstümmelt: 2 Rehgeißen, 12 Hasen, 21 Igel, Vögel, zahlreiche Frösche und andere Tiere. Die Suchaktion fand in der Setz- und Brutzeit statt. »Wir werden nie erfahren, wie viele Jungtiere elend zugrunde gingen, weil die Elterntiere Opfer des Straßenverkehrs geworden sind.« Gschwendtner: »Wenn ich hochrechne, welche Verluste an freilebenden Tieren sich jährlich in den Revieren Deutschlands ergeben, dann wird mir übel« (*Süddeutsche Zeitung* vom 7.7.1993).

stöße wie etwa das Wegnehmen eines Objektes, den Verstoß gegen Spielregeln, durch Aggressionen gegen Spielpartner und dergleichen mehr. Wird dagegen nicht protestiert, dann halten die Kinder solche Vorgehensweisen für erlaubt und loten ihre Handlungsgrenzen experimentell weiter aus: Was darf ich noch? Sie zerstören z. B. mutwillig Dinge, und erhalten sie auch darauf keine einschränkende Antwort, dann liegt es im Wesen der explorativen Aggression, daß sie weiter eskaliert. Die explorative Aggression wird auch von Jugendlichen und Erwachsenen eingesetzt, und zwar immer dann, wenn sich Personen in ein neues soziales Beziehungsnetz, etwa beim Betriebswechsel, einfügen müssen. Diese Strategie der Erkundung dient ferner dazu, die Festigkeit einer etablierten Hierarchie zu testen.

Viele Theoretiker, die sich mit dem Aggressionsproblem befassen, vergessen über der pauschalen Verurteilung des Phänomens zu fragen, ob aggressive Verhaltensmuster nicht auch gewisse Funktionen erfüllen. »Attackieren« wir nicht auch Probleme? »Verbeißen« wir uns nicht geradezu in sie? Gelänge es uns, den Menschen alle Aggressionsbereitschaft abzugewöhnen (ein *Friedenskämpfer* schlug auf einem Kongreß sogar vor, dem Leitungswasser pazifizierende Drogen zuzusetzen!), dann hätten wir lauter Duckmäuser geschaffen. Wäre eine so gezähmte Menschheit, in der niemand mehr gegen Ungerechtigkeit und Diktaturen rebellieren würde, wirklich wünschenswert[12]? Die Aggression hat durchaus auch ihre positiven Seiten.

Der Ansicht, daß es sich bei der innerartlichen Aggression stets um ein fehlangepaßtes Verhalten, ja um eine geradezu pathologische Entartung einer ursprünglichen Friednatur des Menschen handle, stellte Konrad Lorenz[84] die These entgegen, daß es sich zunächst einmal wohl um eine im Laufe der Stammesgeschichte entwickelte Anpassung handle. Aggressive Verhaltensmuster bewährten sich in der Konkurrenz um begrenzte Ressourcen und den Geschlechtspartner und erfuhren so weitere Differenzierungen. Unter anderem postulierte Lorenz einen uns Menschen angeborenen Aggressionstrieb.

In der Tat beobachten wir Schwankungen der aggressiven Handlungsbereitschaft, die nicht von ihnen entsprechenden Schwankungen bestimmter Umweltbedingungen begleitet sind. Innere Faktoren spielen also offensichtlich beim Aufbau einer aggressiven Handlungsbereitschaft eine entscheidende Rolle. Dazu gehören Hormone wie das männliche Sexualhormon, ferner hirnchemische Prozesse, deren Erforschung noch im Gange ist.

Das moderne *ethologische Interaktionsmodell* geht davon aus, daß sich die innerartliche Aggression bei Tier und Mensch im Dienste einer Vielzahl von eignungsfördernden Funktionen entwickelt hat und dementsprechend durch – von Art zu Art wechselnde – stammesgeschichtliche Anpassungen in definierbaren Bereichen vorprogrammiert ist. Die Programme sind jedoch in ebenfalls definierter Weise offen für adaptive Modifikation durch Lernen.

Bereits sechs bis acht Monate alte Säuglinge reagieren auf ihnen fremde Mitmenschen, die sich ihnen nähern, mit deutlichem »Mißtrauen« (S. 108), das heißt mit den Verhaltensweisen Abwehr und Flucht. Wir kennen diese »Fremdenscheu« von vielen Kulturen, und sie beruht keineswegs auf schlechten Erfahrungen mit Fremden. Offensichtlich reagieren Säuglinge aufgrund von Reifungsprozessen im Wahrnehmungsapparat ab einem bestimmten Zeitpunkt angeborenerweise auf bestimmte Merkmale des Mitmenschen mit Angst.

Vergleichbare Reifungsvorgänge wies der Amerikaner Gene Sackett[116] bei Rhesusaffen nach. Er zog Jungtiere nach der Geburt in völliger sozialer Isolation auf. Sie konnten weder andere noch ihr Spiegelbild wahrnehmen. In experimentellen Sitzungen wurden ihnen Diapositive vorgeführt, die auch Artgenossen zeigten. Nach jedem Bild bekamen die Äffchen Gelegenheit, sich das Bild selbst durch Hebeldrücken zu projizieren. Dann erschien es für einige Sekunden. Durch weiteres Bedienen des Hebels konnten sich die Äffchen während einer Fünfminutenperiode das Diapositiv wiederholt ansehen. Das lernten sie schnell, und in der Rate der Selbstdarbietungsfrequenz hatte Sackett ein Maß für die Beliebtheit der Diapositive. Es zeigte sich, daß Affenbilder deutlich vor solchen mit Landschaften, Menschen usw. bevorzugt wurden. Ihr Anblick löste auch Annäherung, Kontaktlaute und Spielaufforderungsverhalten aus. Unter den Äffchenbildern war nun eines, das einen drohenden Artgenossen zeigte. Es gehörte zunächst zu den bevorzugten Bildern. Im Alter von etwa zweieinhalb Monaten kam es allerdings zu einem dramatischen Wandel. Während die anderen Äffchenbilder weiterhin Zuwendung bewirkten, löste das Bild des Drohenden deutliche Angstreaktionen aus. Die Äffchen umklammerten sich selbst, wichen vor dem Bild zurück, äußerten Angstlaute, und die Rate der Selbstdarbietung sank rapide ab. Da die Affen bis dahin keinerlei soziale Erfahrungen mit Artgenossen gesammelt hatten, kann dieses Unterscheidungsvermögen nur auf Reifungsprozesse im Wahrnehmungsapparat zurückzuführen sein. Ab einem bestimmten Alter erkennen sie aufgrund ihnen angeborener Auslösemechanismen die Drohsignale ihrer Art.

Beim Menschen sind es die Augen, die wir mit Ambivalenz wahrnehmen. Kurzer Blickkontakt ermuntert zur Kommunikation, vor allem wenn er von Lächeln begleitet wird. Langes Fixieren ohne freundliche Zusatzsignale erleben wir dagegen als bedrohlich. »Drohstarren« finden wir in vielen Kulturen bereits bei Kindern als eine Form aggressiver Auseinandersetzung. Blickkontakt hat auch physiologisch meßbare Folgen. Längeres Fixieren führt wiederum bereits bei Kindern zu einer Erhöhung der Pulsfrequenz. Durch Abbrechen des Blickkontaktes kann man seinen Erregungsspiegel selbst steuern. In der Abwehrsymbolik übelbannender Artefakte (wie Amulette) spielen Augenflecken eine große Rolle[73, 33]. Experimente des amerikanischen Psychologen Richard Coss[16] haben ergeben, daß Augendarstellungen mit Pupille in paarweiser und horizontaler Anordnung am meisten erregen (gemessen an der Pupillenerweiterung). Bietet man das Augenpaar in Schräglage dar, dann verliert es an Wirksamkeit, und in vertikaler Anordnung wirkt es nicht mehr erregend. Auch in Dreiergruppe gebotene Augenflecken verlieren an Wirksamkeit. Wir reagieren hier deutlich auf die Beziehungsmerkmale Augenpaar–horizontal.

Die innerartliche Aggression wird in sehr verschiedenen Funktionszusammenhängen instrumental eingesetzt. Menschen erzwingen sich oft gewaltsam den Zugang zu begrenzten Ressourcen und besetzen zu diesem Zweck insbesondere Land, das sie als ihre Subsistenzbasis (Territorium) verteidigen. Menschen rivalisieren ferner auch durch Kampf um Geschlechtspartner, sie verteidigen ihre Familien, wettstreiten um Rangpositionen und loten schließlich über Herausforderungen verschiedener Art ihren sozialen Handlungsspielraum aus. Es gibt ferner Formen der erzieherischen Aggression.

Wie im Tierreich können auch wir Menschen eine Auseinandersetzung ritualisiert oder beschädigend austragen. Oft genügt ein Drohen, um die Entscheidung herbeizuführen. Der Verlierer kann durch Verhaltensweisen der Submission aufgeben. Für beides stehen uns Menschen in den mimischen Ausdrucksbewegungen stammesgeschichtlich angepaßte Verhaltensmuster zur Verfügung. Darüber hinaus gibt es eine reiche kulturelle Ausgestaltung von Ritualen der Auseinandersetzung: vom verbalen Streit bis zu den hochritualisierten Turnierkämpfen.

Beim Menschen müssen wir individualisierte Aggressionen, die zwischen einander bekannten Personen einer Gruppe ausgetragen werden, von Zwischengruppenaggressionen, also Formen kollektiver Aggression, unterscheiden. Werden diese strategisch geplant und mit Waffen ausgetragen, dann sprechen wir von Krieg.

Den aggressiven Verhaltensweisen sind jene der Defensive, Unterwerfung und Flucht, zugeordnet. Sie bilden mit diesen ein funktionell zusammengehöriges System. Man spricht von einem agonalen (agonistischen) System und dementsprechend von einem agonalen Verhalten. Der Begriff ist vom griechischen Wort agon (Wettstreit) abgeleitet. Die Beziehungen sind in der folgenden Übersicht zusammengefaßt:

Agonales Verhalten (Feindverhalten)

Kampfsystem	**Fluchtsystem**
1. Verhaltensweisen der Aggression Drohen Kämpfen 2. Verhaltensweisen der Verteidigung Drohen Kämpfen	3. Verhaltensweisen der Unterwerfung (Demutsstellungen, submissives Verhalten) 4. Fluchtverhalten

Die Bereitschaft zur Gewalt schafft einen Markt: Fernsehen, Presse und Sport stehen heute zu Diensten, um uns Menschen miterlebend Abreaktionen zu verschaffen. In diesem Sinne könnte man von Ventilsitten sprechen. Aber es werden dabei nicht nur ritterliche soziale Modelle gesetzt, die sogar erzieherisch einen kultivierten Umgang mit unserer Aggression vermitteln können. Das Fernsehen präsentiert, wie schon gesagt, brutale Auseinandersetzungen als Vorbild.

3.2. Natürliche Gegenspieler der Aggression

In den prosozialen (freundlichen) Verhaltensweisen und Motivationen verfügen wir über natürliche Gegenspieler der Aggression, auf deren weiterer Kultivierung unter anderem unsere Hoffnung auf Frieden beruht.

Mit der Ausbildung der individualisierten Brutpflege bei den Landwirbeltieren entwickelte sich die Motivation, Nachwuchs zu betreuen, und bei den Jungen das Bedürfnis, sich betreuen zu lassen, ferner das Instrumentarium betreuender und betreuungsheischender Verhaltensweisen und schließlich die Fähigkeit zu persönlicher Bindung.

Mit diesen zunächst im Dienste der Brutpflege entwickelten Anpassungen eröffneten sich der weiteren Evolution des Sozialverhaltens der Wirbeltiere ganz neue Möglichkeiten. Fürsorglichkeit und Liebe standen nun der Selektion gewissermaßen zur weiteren Nutzung zur Verfügung. Und sie wurden in mannigfaltiger Ausgestaltung zur Herstellung und Erhaltung freundlicher Beziehungen zwischen Erwachsenen herangezogen. Vergleicht man zum Beispiel, wie Vögel und Säuger in Paarungsvorspielen umcinander werben, dann erkennt man schnell, daß sie kindliche Appelle und betreuende Verhaltensweisen verbinden, um zueinander zu finden. Eine männliche Seeschwalbe wirbt mit einem Fischchen im Schnabel um sein Weibchen, verhält sich also wie ein Junge fütternder Elternvogel, und das Weibchen bettelt, als wäre es ein Junges. Beispiele dieser Art gibt es in Fülle*. *Mit der Entwicklung der individualisierten Brutpflege kam die Freundlichkeit in die Welt.* Man darf sie als Sternstunde in der Verhaltensevolution der Wirbeltiere bezeichnen**.

Wenden wir uns dem Menschen zu, dann werden wir finden, daß er sich für den freundlichen Umgang mit anderen ebenfalls der Mutter-Kind-Beziehung entlehnten Verhaltensweisen bedient. Wir umarmen einander bei herzlicher Begrüßung, wir streicheln eine uns nahestehende Person, die traurig ist, und wir küssen einander als Zeichen zärtlicher Zuneigung. Der Kuß ist ein ritualisiertes Füttern. Mütter kußfüttern in vielen Kulturen ihre Kleinen in der Phase des Abstillens mit Beikost, die sie zuvor zerkaut haben.

Die aus der Brutpflege abgeleiteten Verhaltensweisen werden ferner zur Beschwichtigung von Aggressionen eingesetzt. Nähert sich ein rangniederer Wolf einem ranghohen, dann stößt er mit seiner Schnauze wie ein futterbettelnder Welpe gegen den

* Weitere von der Brutpflege abgeleitete freundliche Verhaltensweisen sind jene der sozialen Gefieder- und Fellpflege. Befreundete Hunde und Katzen belecken einander zur Begrüßung, und sie bedenken mit diesen fürsorglichen Verhaltensweisen auch ihren menschlichen Partner. Weiteres in Eibl-Eibesfeldt, »Liebe und Haß«[23].

** Reptilien kennen weder Zärtlichkeit noch Liebe. Ihr Verhalten basiert auf Dominanz und Submission. Vgl. hierzu Eibl-Eibesfeldt[22, 26, 29].

Mundwinkel des ranghohen. Ein Hund tut das gleiche, wenn er mit seiner Schnauze kontaktauffordernd unser Knie bestupst. Ein Wolf kann einen Kampf beenden, indem er sich vor dem Stärkeren in Demutsstellung auf den Rücken wirft. Das ist die Stellung, mit der sich ein Welpe der Mutter zur Säuberung darbietet. Dazu harnt er oft ein wenig, was geradezu reflektorisches Sauberlecken auslöst. Was als Kampf begann, kann dann sogar freundlich enden: Der Sieger leckt den Besiegten trocken, dieser wedelt mit dem Schwanz, und was feindselig begann, endet als Spiel.

Persönliche Bekanntheit hemmt ebenfalls Aggressionen. Lachmöven haben bei der Paarbildung zunächst Schwierigkeiten. Beide Geschlechter besitzen nämlich in ihrer schwarzen Gesichtsmaske ein Drohsignal, das sie ständig zur Schau tragen. Hat ein Männchen ein kleines Brutrevier in einer Lachmövenkolonie besetzt, dann ruft es nach einem Weibchen. Landet eines bei ihm, dann werden widerstreitende Verhaltenstendenzen wachgerufen. Einerseits will er das Weibchen umwerben, andererseits löst deren schwarze Gesichtsmaske Aggressionen aus, und oft vertreibt ein Männchen sein Weibchen, kaum daß es bei ihm gelandet ist. Das Weibchen kann die Aggressionen des Männchens allerdings überwinden, indem es sich geduckt und wie ein Junges futterbettelnd nähert. Dann überwiegt der aktivierte Pflegetrieb. Das Männchen würgt Futter hoch und füttert. Beide verfügen in dieser ersten Phase der Paarbildung auch über eine als *headflagging* bezeichnete Beschwichtigungsgebärde. Nachdem sie sich angeschaut haben, wenden sie einander demonstrativ den Hinterkopf zu und verbergen so die schwarze Gesichtsmaske. Kennen die Tiere einander schließlich individuell, dann bedarf es dieser beschwichtigenden Rituale nicht mehr. Die Vögel können einander dann voll ins Gesicht sehen.

Auch für uns Menschen wirkt persönliches Kennenlernen befriedend.

3.3. *Die Falle des Dominanzstrebens*

Das Leben wird vom Wettstreit getrieben. Konkurrenz formte bis zum heutigen Tag die Organismen. Jede Pflanze kämpft mit anderen um ihren Platz an der Sonne, und tierische Organismen wetteifern um begrenzte Güter. Sie tun dies auch innerhalb einer Gruppe, und der Mensch macht da keine Ausnahme. Selbst innerhalb einer Solidargemeinschaft konkurrieren Menschen um Positionen, die ihnen Vorteile verschaffen. Diese hier skizzenhaft präsentierte Situationsschilderung bedarf allerdings einer Ergänzung. Menschen erobern sich nämlich nicht nur über »Rangkämpfe« Rangpositionen, sie werden vielmehr auch in solche gewählt und genießen dann »Ansehen« auf Grund von Zustimmung. Und dabei zählen weniger kämpferische als vielmehr fürsorgliche Qualitäten. Wir können beim Menschen zweierlei Formen von Dominanz unterscheiden:

1. die auf Gewalt begründete *repressive oder agonale Dominanz*, bei der andere durch den Einsatz physischer Gewalt oder durch Drohung unterworfen oder eingeschüchtert werden.

2. die auf Zustimmung begründete *protektive oder fürsorgliche Dominanz*, die auf freundlichen Eigenschaften, wie etwa der Fähigkeit, zu trösten, beizustehen und großzügig zu teilen, basiert. Auf Grund dieser Eigenschaften werden Personen, gewissermaßen in einem Wahlverfahren, in Positionen des Ansehens gehoben.

Um die Besonderheit dieser spezifisch menschlichen Situation zu verdeutlichen, sei ein kurzer Hinweis auf die Verhältnisse bei Tieren eingeschaltet. Bekanntlich wurde das Phänomen der Rangordnung zunächst als »Hackordnung« von dem Psychologen Thorleif Schjelderup-Ebbe[118] bei Hühnern entdeckt. Dort kämpfen die Hennen einer Schar untereinander, und über Sieg und Niederlage werden die Rangpositionen ausgehandelt. Sind sie einmal festgelegt, dann beschränken sich die Auseinandersetzungen auf gelegentliches Picken und Drohen.

Entscheidend ist, daß in solchen Beziehungen der Kampferfolg über die Rangpositionen entscheidet. Und dieser bleibt bis hinauf zu den meisten nichtmenschlichen Primaten der entscheidende Faktor. Allerdings übernehmen bei Schimpansen die Ranghohen bereits prosoziale Aufgaben. Sie beschützen Rangniedere vor den Übergriffen anderer und sind aktiv bei der Verteidigung der Gruppe. Sie teilen ferner mit anderen Gruppenmitgliedern, wenn sie Beute gemacht haben.

Bei uns Menschen bestehen repressive und fürsorgliche Dominanz nebeneinander, und gelegentlich mischen sie sich auch. Ursprünglich handelt es sich wohl um Handlungsalternativen für verschiedene Situationen. Fremden gegenüber – und das waren ursprünglich Gruppenfremde – sind wir Menschen eher bestrebt, Dominanzpositionen durch den Einsatz aggressiver Verhaltensmuster zu erringen. Nehmen wir Schwächen bei Menschen wahr, die wir nicht persönlich kennen, dann aktiviert dies Verhaltensweisen repressiven Dominanzstrebens. Von subtiler Einschüchterung bis zum offenen Einsatz von Gewalt gibt es je nach Situation alle Übergänge. Anders der Umgang von Mitgliedern einer Kleingruppe, in der jeder jeden kennt und in der eine Vertrauensbeziehung vorherrscht. In solchen Gesellschaften schätzt man Personen in erster Linie auf Grund ihrer positiv sozialen Eigenschaften ein und zusätzlich natürlich auch nach ihrer fachlichen Kompetenz. Sicher kommt auch ein gewisses aggressives Durchsetzungsvermögen hinzu, aber es sind nicht in erster Linie die Raufbolde, die Ansehen genießen, sondern jene, die sich durch prosoziale Begabung auszeichnen: die den Frieden innerhalb der Gruppe erhalten können, die Feste organisieren, mit anderen teilen, die gute Redner sind und daher vermitteln können, die anderen beistehen und sie trösten. Sie müssen sich natürlich durchsetzen können, wenn die Situation es erfordert, aber ihre Dominanzposition ist die des »Ansehens«. Sie werden auf Grund ihrer Eigenschaften in diese Position gewählt und büßen diese ein, wenn sie ihre soziale und fachliche Kompetenz verlieren. Und da in einer individualisierten Gesellschaft jeder jeden gut kennt, können die Gruppenmitglieder einander gut einschätzen. Blender haben wenig Chancen. Die Rangordnung ist dynamisch. Eine Führungspersönlichkeit sollte gütig und mutig sein. Das dürfte ziemlich allgemein gelten. So heißt es in einem Preislied auf den ersten Präsidenten von Guinea (Afrika)[5a]: »Du wurdest mutig – Du wurdest aufrecht – Du begannst zu strahlen – Du bist Beschützer der Kinder – Und der Unterdrückten ...« Nur furchteinflößend genügt nicht. Eine Person muß liebenswert und ehrfurchtgebietend sein, um als Anführer anerkannt zu werden. Der amerikanische Politologe Roger Masters[86a] wertete 4356 Pressephotos von Politikern aus, die sich von 1960 bis 1972 in Wahlkampagnen vorgestellt hatten. Gewinner waren nicht jene, die sich ausschließlich dominant präsentierten, sondern jene, die mit dominanter Selbstdarstellung submissive Appelle kombinierten und sich damit gewissermaßen »verbindlich« gaben.

Der Begriff »Ansehen« spiegelt die ausgezeichnete Beobachtergabe unserer sprachschöpferischen Ahnen. Die Gemeinschaft richtet sich nach dem Ranghohen. Bereits bei nichtmenschlichen Primaten kann man den Ranghohen herausfinden, wenn man auszählt, wer in einer Gruppe von den anderen am meisten angesehen wird. Meine Mitarbeiterin Barbara Hold[65] hat die Selbstorganisationsprozesse von Kindergruppen in Kindergärten verschiedenen Erziehungsstils (traditionell, antiautoritär) in Europa und Japan sowie von Kindern bei den G/wi-Buschleuten untersucht. Auch hier gilt das Aufmerksamkeitskriterium. Man kann ranghohe Kinder an der ihnen durch die anderen gewidmeten Aufmerksamkeit auszählen. Und wie im individualisierten Verband der Erwachsenen sind es prosoziale Eigenschaften, die sie auszeichnen: Kinder, die Spiele organisieren können, Streit schlichten, Schwache schützen und die mit anderen teilen, an die richtet man sich mit Fragen, bei ihnen wird Schutz gesucht, ihnen zeigt man Dinge, kurz, nach ihnen orientieren sich die anderen Kinder. Zu Beginn des Kindergartenjahres und nach den Ferien gibt es eine Phase, in der es gehäuft zu aggressiv ausgetragenen Auseinandersetzungen mit imponierender Selbstdarstellung und Raufereien kommt. Aber das ist in gewisser Weise ein Artefakt. Hier kommen ja Kinder zusammen, die einander zunächst nicht kennen und bei denen es noch keine streitschlichtenden Ranghohen gibt oder zwischen denen es in den Ferien zu einer gewissen Entfremdung kam. – In einer traditionellen Gemeinschaft wächst ein Kind dagegen im Kinderverband heran. Es wird als Kleinkind von Älteren betreut, weiß, bei wem es Trost suchen kann und wer es beschützt, und wächst selbst allmählich in diese Position des Betreuers hinein. Es sammelt reiche soziale Erfahrungen im Umgang mit anderen und erwirbt soziale Kompetenz. Die Kinder kennen einander. – Im Kindergarten müssen jedoch die Kinder zu Beginn des Kindergartenjahres erst miteinander bekannt werden. Die Fremdheit aktiviert zunächst Strategien aggressiven Dominanzstrebens. Die Kinder raufen sich zusammen, lernen aber unter den schlichtenden Eingriffen der Kindergärtnerinnen schließlich, sich zu vertragen. Es bilden sich Freundschaften, und es kommt zur Ausbildung prosozialer Führungsstrukturen. Bis dahin haben viele Kinder morgens deutlich Angst, den Kindergarten zu betreten. Meine Mitarbeiterin Hisako Shibasaka[123] zählte die Ängstlichkeit ausdrückenden Konfliktbewegungen aus, die Kinder zeigen, wenn sie am Eingang des Kindergartens abgeliefert werden und den Kindergarten betreten sollen. Das Konfliktverhalten nimmt deutlich ab, sobald das Kind einen Freund im Kindergarten weiß, der es begrüßt.

Das wichtigste Ergebnis all dieser Untersuchungen scheint mir die Einsicht zu sein, daß Rangordnungen in individualisierten Kleingruppen in erster Linie auf prosozialen Eigenschaften basieren, weshalb ich von fürsorglicher Dominanz oder prosozialer Führung spreche. Wir sind in diesem Sinne in der Tat demokratisch veranlagt. In der anonymen Großgesellschaft geraten wir allerdings in Schwierigkeiten, da wir Fremden gegenüber die Neigung verspüren, unsere Ellbogen zu gebrauchen und repressive Dominanzbeziehungen herzustellen. Wir haben darauf bereits hingewiesen, doch wird uns nunmehr die Problematik zwischenmenschlichen Zusammenlebens in der anonymen Großgesellschaft klarer sein.

Im Zusammenleben mit Menschen, die wir nicht kennen, neigen wir dazu, Eigeninteressen rücksichtsloser durchzusetzen, und das gefährdet den Zusammenhalt der heutigen Großgesellschaften. Unsere Gesellschaft ist auf dem besten Wege, eine »Kampfgesellschaft« zu werden. Wir lesen in den Zeitungen von »Kämpfen« um die Macht in Bonn, Paris oder London und nicht davon, daß die Kandidaten um die Wählerschaft werben würden. Sie tun es zwar noch unter plakativer Vorstellung ihrer prosozialen Tugenden – Kinderstreicheln und Behindertenheim-Besuche gehören zum Standardrepertoire der Politiker. Man gibt sich aus Kalkül kinderlieb und als Beschützer der Schwachen. Wie ein Bewerber wirklich ist, das kann der Wähler so ohne weiteres gar nicht feststellen, denn er kennt den Kandidaten nicht aus persönlicher Erfahrung. Umgekehrt ist auch das prosoziale Engagement des Politikers für sein Wahlvolk eher distanziert. Das kann auch gar nicht anders sein in der anonymen Großgesellschaft. Was Wähler und Gewählte verbindet, ist ein Kontrakt auf sachlicher Basis. Dazu kann ein gemeinsames Engagement für die größere Solidargemeinschaft, den Staat, kommen. Aber gerade dieser Faktor der Gemeinsamkeit wird heute eher vernachlässigt. Das Bedürfnis nach Einbindung in eine Gemeinschaft führt dann häufig dazu, daß einer Partei größere Bedeutung zugemessen wird als dem Staat. Ausgeprägt machtorientierte Persönlichkeiten haben in einer solchen Situation Startvorteile. Eine Gemeinschaft läuft damit Gefahr, Herrschaft an Machtmenschen zu delegieren, die sich zuletzt der parlamentarischen Kontrolle entziehen.

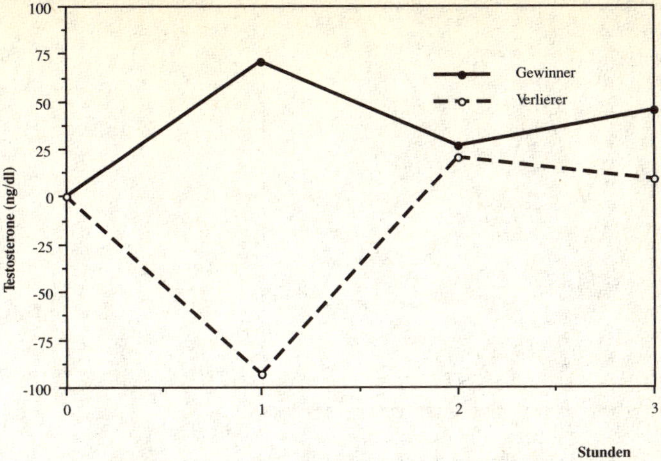

Abb. 4: Veränderung des mittleren Testosteronspiegels bei Tennisspielern (Stunden, bezogen auf das Spielende): Gewinner (N=4) und Verlierer (N=4) bei eindeutig gewonnenen Spielen. Bemerkenswert ist das Absinken des Testosteronspiegels bei den Verlierern in der ersten Stunde nach dem Spiel. Bei den Gewinnern kann man einen leichten Anstieg nachweisen. Nach A. Mazur und Th. Lamb (1980)[88].

Machtstreben: Folgen der positiven Rückkoppelung

Diese Gefahr besteht insbesondere, weil das Leistungs- und Machtstreben beim Mann durch einen hormonalen Reflex in positiver Rückkoppelung bekräftigt wird. Anders als bei Hunger, Durst oder Sex, die gegen Überreizung und damit Selbstschädigung durch besondere Mechanismen der Sättigung abgesichert sind, gibt es beim Machtstreben keine Sättigung und keine abschaltende Endsituation. Hat ein Mann Erfolg, dann kommt es zu einem Anstieg seines Bluttestosteronspiegels. Tennisspieler, die ein Match gewinnen, erleben innerhalb der folgenden 24 Stunden einen signifikanten Anstieg ihres Hormonspiegels; verlieren sie aber, dann sinkt dieser dramatisch ab (Abb. 4). Nach dem gleichen Prinzip reagieren Studenten, wenn sie eine

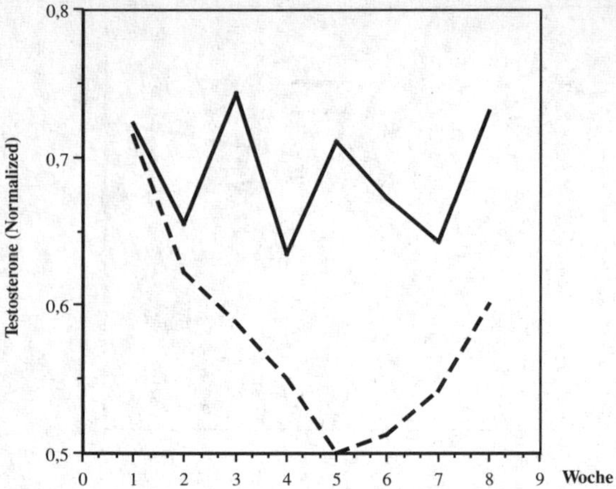

Abb. 5: Testosteronspiegel von Gewinnern (durchgezogene Linie) und Verlierern eines Schach-Städteturniers (unterbrochene Linie). Nach A. Mazur, A. Booth und J. Dabbs (1992)[89].

Prüfung erfolgreich bestanden haben, und Schachspieler, wenn sie gewinnen (Abb. 5).

Es dürfte sich dabei um eine stammesgeschichtlich sehr alte Verbindung von Dominanz und männlicher Sexualität handeln*. Bei einer ganzen Reihe von Säugern wird Kampferfolg von einem Ansteigen des männlichen Hormonspiegels im Blut begleitet. Zugleich sinkt der Spiegel des Streßhormons Adrenalin (siehe Abb. 6).

Der Revierinhaber hat hier wie bei vielen anderen Arten einen Heimvorteil und ist in der Regel Sieger. Dieser Hormonreflex bei Erfolg hebt bei uns Menschen das Selbstgefühl des Mannes und stachelt damit in positiver Rückkoppelung zu weiterem Erfolgsstreben an. Solange diese physiologische »Belohnung« funktioniert, die altes Erbe ist, wird sich dieser Mechanismus

* Bei Reptilien basiert das Repertoire sexueller Verhaltensweisen auf Dominanz (männlich) und Submission (weiblich)[29].

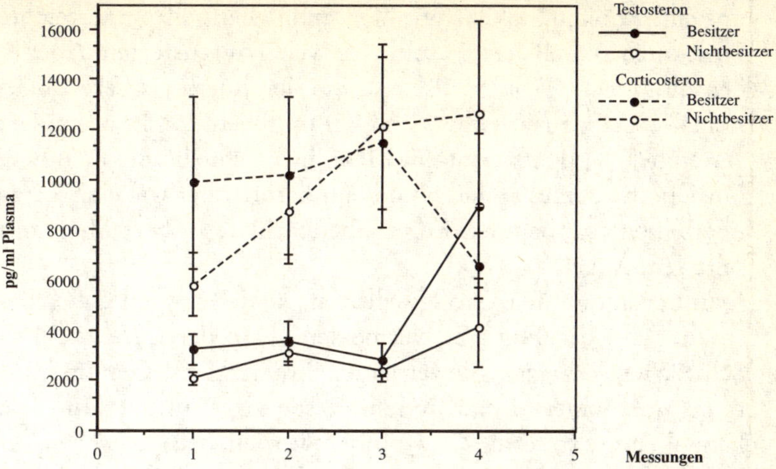

Abb. 6: Die unterschiedlichen testikularen und adrenalen Hormontiter nach fünftägiger Konfrontation von zwei Meerschweinchen. Die erste Messung erfolgte sofort, die anderen nach 3, 72 und 120 Stunden. (Quelle: B. Wallner 1992)[131]

schwerlich »umerziehen« lassen. In der individualisierten Kleingruppe, in der die Menschen mit einfacher Technologie über die längste Zeit ihrer Geschichte gelebt haben (S. 50), war dies höchst vorteilhaft, und es gab keinen Selektionsdruck, der auf eine Begrenzung hingewirkt hätte, denn der einzelne stand unter wirksamer Kontrolle seiner Gefährten, die ihn gut kannten und mit denen er sich wohl überdies persönlich verbunden fühlte.

Außerdem war das Potential an Macht in einer Gesellschaft mit steinzeitlicher Technologie begrenzt. Die Gefahr, daß es sich in besorgniserregender Weise in *einer* Person konzentrierte, war nicht gegeben. In der anonymen Großgesellschaft dagegen sind Aufstiegsmöglichkeiten und Machtmittel ungenügend begrenzt – und der Erfolg blendet. Napoleon hat sich quasi zu Tode gesiegt, berauscht von seinen Erfolgen.

Aber auch in anderer Weise führt die positive Rückkoppelung des Erfolgs zu Fehlleistungen. Das Ansehen hat für jeden von uns einen hohen Stellenwert. Wir sind daher bedacht, erreichte Positionen zu behalten, ja tunlichst weiter aufzusteigen. Aber in der anonymen Großgesellschaft, die sich durch größere Rücksichtslosigkeit auszeichnet, sind wir in diesem Punkt besonders verletzlich. »Nichts errät ein Mensch so schnell wie die innere Unsicherheit eines anderen und fällt darüber her wie eine Katze über einen krabbelnden Käfer«, beobachtete Robert Musil mit scharfem Auge.

In der anonymen Großgesellschaft sind Personen daher besonders auf der Hut und vermeiden es, in der Öffentlichkeit Schwächen zu zeigen. Sie verbergen ihre wirkliche Gemütsstimmung unter einer Maske, und dieses ständige Auf-der-Hut-Sein kann zu einer so festen Gewohnheit werden, daß Menschen zuletzt unfähig sind, sich in ihrem Familienbereich frei zu geben. Sie legen ihre Maske nicht mehr ab und verhalten sich damit kommunikationsgestört. Um wieder kommunikationsfähig zu werden, bedürfen sie der Hilfe des Therapeuten. Ein gewisses Mißtrauen kennzeichnet wohl jede zwischenmenschliche Beziehung – natürlich abgestuft nach dem Grad der Vertrautheit. Das spiegelt sich u.a. in der Tatsache, daß Menschen selbst in freundlichen Begegnungssituationen in den Grußritualen Verhaltensweisen aggressiver Selbstdarstellung mit freundlichen Appellen kombinieren. Welche Appelle des Grußverhaltens in den Vordergrund rücken – imponierende Selbstdarstellung, Signale freundlicher Kontaktbereitschaft oder submissiver Beschwichtigung –, das hängt von der sozialen Distanz und dem Grad persönlicher Verbundenheit ab.

Bei jedem Staatsbesuch können wir beobachten, daß der Gastgeber sich militärisch präsentiert – früher schoß man sogar Salut. Aber mit dieser eher aggressiven Selbstdarstellung verbindet der Gastgeber einen freundlichen Appell: Ein kleines Mädchen überreicht dem Gast Blumen. Vergleichbare Rituale kennen wir aus anderen Kulturen. Man demonstriert Stärke, um etwaige Dominanzbestrebungen des Partners von vornherein abzublokken, und zugleich freundliche Kontaktbereitschaft. Da in einer anonymen Gemeinschaft die Bereitschaft, agonale Dominanzbeziehungen herzustellen, so ausgeprägt ist, ist auch die Angst, das Gesicht zu verlieren, besonders groß. Im öffentlichen Leben führt dies dazu, daß Personen in verantwortlicher Stellung Fehler oft nicht rechtzeitig einsehen und damit die Gelegenheit zu rechtzeitiger Fehlerkorrektur versäumen. Personen des öffentlichen Lebens, die sich aus falscher Einschätzung einer Situation verkalkuliert haben und die ihre Fehler eingestehen, müssen in unserer Gesellschaft mit der Häme ihrer Gegner rechnen, die natürlich alles immer schon besser gewußt haben. Dabei kann heute kein Mensch mehr genauere Prognosen über künftige politische oder wirtschaftliche Entwicklungen machen. Die Bereitschaft zur Fehlerkorrektur sollte daher gefördert und nicht durch Spott behindert werden.

Menschen, die im gesellschaftlichen Leben wenig Chancen haben zu reüssieren, bauen sich die erstaunlichsten Ersatzpyramiden[104], um sich an deren Spitze setzen zu können, etwa als »König« der Taubenzüchter oder Bierfilzsammler. Manche versuchen über recht kuriose Extremleistungen in ein Buch der Rekorde zu kommen. Man muß solche Bedürfnisse des Menschen sicher ernst nehmen, aber auch die Gefahren erkennen, die von diesem Streben nach Prestige ausgehen. Es gibt sogar eine eigene *Prestigeökonomie*. Sie ist harmlos, solange Firmen ein an sich gutes, in der Herstellung nicht übermäßig teures Produkt zu enormen Preisen mit ihrem Firmennamen verkaufen. Daß das Automobil zu solch einem Statussymbol wurde, hat allerdings seine Schattenseiten, da man weniger das Aussehen als die Leistung des Wagens bezahlt und damit die Pferdestärken zum Prestigekriterium geworden sind. Schnelligkeit und Beschleunigungsvermögen werden dementsprechend in der Werbung angepriesen. Das verführt zu aggressivem Fahren. Hinzu kommt, daß wir einander im Auto anonym gegenübertreten, was unsere aggressive Hemmschwelle herabsetzt. Die meisten Autofahrer kennen dies aus Erfahrung.

Wir sind im Auto für uns, von der Umwelt abgeschirmt und

damit effektiv individualisiert, bereit, unserer Umwelt aggressiv gegenüberzutreten. Die meisten von uns kennen aus Erfahrung folgende Situation: Ein Auto überholt und schneidet uns. Wir sind wütend. Im letzten Augenblick des Überholens erkennen wir den Übeltäter: Es handelt sich um einen lieben Bekannten – und so schnell wie der Ärger aufbrauste, verfliegt er wieder. Wir schütteln wohl noch den Kopf, aber grinsen schon dabei. Nur sind es meist eben nicht Freunde, denen wir im Auto begegnen, und die aggressive Bereitschaft ist in dieser Situation bei vielen besonders hoch.

Daß dem menschlichen Machtstreben keine Bremsen in Form abschaltender Mechanismen eingebaut sind, ist mit ein Grund, weshalb vom Menschen geschaffene Organisationen oft eine Eigendynamik entwickeln, mittels der sie sich verselbständigen und zum Selbstzweck werden. Menschen, die man mit bestimmten Aufgaben betraut, sind in durchaus positiver Weise bemüht, ihre Aufgabe bestens zu erfüllen, da ihnen damit ja Anerkennung zuteil wird. Sitzt jemand beispielsweise in der Verwaltung, dann wird er sich im Verwalten durch immer neue Verordnungen als »kreativ« auszuweisen versuchen. Zuletzt kann ein segensvolles Ordnungsgerüst zu einem alles lähmenden Korsett degenerieren. Allzu leicht werden mehr Gesetze erlassen als aufgelöst. Ähnliche Entwicklungen beobachtet man bei Schule oder Militär. Die in solchen Organisationen wirkenden Personen sind natürlich darauf bedacht, ihre Positionen zu erhalten und zu verbessern. Dies führt dazu, daß sich die Organisationen zunehmend über Machtzuwachs verselbständigen, sich der Kontrolle der Allgemeinheit entziehen und zuletzt für sie zur Last, ja Gefahr werden können. In meinem Buch »Der Mensch – das riskierte Wesen« ging ich auf diese systemimmanente Dynamik menschengeschaffener Organisationen näher ein[28]. Das Prestigedenken der mit bestimmten Aufträgen Betrauten erweist sich auch als Bremse für Reformen. Vor allem gegen Einschränkungen werden sie sich zur Wehr setzen, selbst wenn sie diese als notwendig erkennen. Etatkürzungen z. B. in Ministerien sind mit einem vermeintlichen Prestigeverlust verbunden und stoßen daher auf emotionelle Widerstände.

In verschiedenen Veröffentlichungen wies ich bereits darauf hin, daß eine *»Mißtrauensgesellschaft«* wie die unsere die zwischenmenschlichen Beziehungen und damit jeden von uns belastet und auch das Fortbestehen einer freiheitlichen Demokratie bedroht. Die anonyme Gesellschaft fördert einerseits Rücksichtslosigkeit im Aufbau repressiver Dominanzbeziehungen; zugleich bewirkt die unterschwellig aktivierte Angst der Menschen vor ihren Mitmenschen auch Fluchtreaktionen, die man als Infantilisierung deuten kann. So wie Kinder in Angst Schutz bei ihren Eltern suchen, so suchen die verunsicherten Menschen Schutz bei Personen, die ihnen Sicherheit versprechen. Das macht sie anfällig für die Versprechungen von Demagogen und anderen Verkündern von Heilslehren oder Patentrezepten – nicht von ungefähr blüht das Sektenunwesen in den westlichen Industrienationen. Andere versuchen aus der Vereinzelung in der anonymen Gesellschaft wieder auszubrechen. Sie finden sich in überschaubaren, kleineren Solidargemeinschaften zusammen, oft sogar indem sie Kampfgemeinschaften bilden. Gemeinsames Kämpfen verbindet bekanntlich. Hooligans, Hells Angels, Rokker und neuerdings Skinheads sind Beispiele für derartige Gruppierungen. Für die Zunahme der kollektiven Gewalt ist die Orientierungslosigkeit eines Teiles der heutigen Jugend mitverantwortlich. Orientierungslosigkeit macht sie anfällig für die Parolen von Volksverführern.

3.4. Wider die Mißtrauensgesellschaft

Rücksichtslosigkeit und Angst sind Kennzeichen der Mißtrauensgesellschaft, in der wir leben. Beide fördern die zwischenmenschliche Aggressivität bis hin zu Ausbrüchen kollektiver Gewalt und gefährden damit den inneren Zusammenhalt des Gemeinwesens. In einem als »liberal« mißverstandenen Individualismus kapseln sich Individuen und Kleingruppen voneinander ab, um ohne Rücksicht auf die Interessen der größeren Gemeinschaft ihre Eigeninteressen durchzusetzen. In einer solchen Situation besteht auch die Gefahr, daß eine Staatsführung die Aggressionen der Bürger nach außen gegen einen Feind richtet, um den inneren Zusammenhalt zu festigen. Feindattrappen lassen sich relativ leicht aufbauen. Der innere Unfriede gefährdet letztlich somit auch den äußeren Frieden.

Was kann man dagegen unternehmen? Da es sehr viele Faktoren sind, die für diese Situation verantwortlich sind, gibt es nicht nur *ein* Rezept zur Befriedung. Die Aggressionen werden in der anonymen Gesellschaft angeheizt durch die Bindungslosigkeit der Menschen, die sozialen Modelle des Fernsehens, durch die Streitkultur, die oft in Unkultur entgleist, durch Orientierungslosigkeit, Existenzängste, eine unwirtliche Umwelt und vieles andere mehr. Dem kann man sowohl durch eine ansprechende Gestaltung der Lebensumwelt als auch erzieherisch entgegenwirken.

So ist die Orientierungslosigkeit, die zur Vereinzelung in der Masse und zu rücksichtsloserem Auftreten führt, unter anderem auch auf die mangelnde Einbindung in Solidargemeinschaften zurückzuführen. Wir vermissen den Halt, den sie uns bieten. Maßnahmen, die eine Identifikation mit der größeren Gemeinschaft fördern, sind daher sinnvoll. Nun sind wir Menschen, wie gesagt, in verschiedene Gemeinschaften eingebettet. Sie sind einander übergeordnet, können aber auch nebeneinander bestehen. Hierarchisch eingebunden sind wir in Familie, Gemeinde (Lokalgruppe), Stammesgemeinschaft*, Kulturnation, Staat und Kulturenfamilie, aufsteigend und im allgemeinen mit zuneh-

* *Stammesgemeinschaft:* oft durch eigenen Dialekt, Besonderheiten der Tracht und des Brauchtums charakterisiert. Oft geographisch abgegrenzt, im Bergland z. B. als Tälergemeinschaft; bisweilen sich als eigene Ethnie von Stammesverwandten abgrenzend.

Kulturnation: in gleicher Bedeutung oft auch Nation, Volk, Ethnie, Kultur. Historisch gewachsene, sozial-kulturelle Gemeinschaft, ausgezeichnet

mender Verdünnung des emotionellen Engagements. Der Begriff Menschheit ist zum Beispiel schon recht abstrakt und schwerer affektiv zu besetzen. Hans Hass[56] kennzeichnete die Situation recht treffend: »Kein Mensch ist in der Lage, vier Milliarden ihm unbekannter Menschen zu lieben. Dagegen haben wir sehr wohl Grund zu einer kameradschaftlichen Gesinnung, denn sozusagen alles, was unser Menschsein ausmacht, verdanken wir einer anonymen Vielfalt anderer Menschen, die vor uns lebten und deren Leistungsergebnisse uns gleichsam als Geschenk übermacht sind.«

Über diese Gemeinschaften hinaus sind wir Menschen häufig noch in spezielle Interessengruppen wie Vereine, Parteien oder Religionsgemeinschaften eingebunden. Diese Einbindungen wirken abgrenzend, vermitteln dem einzelnen zugleich aber Identität und damit Sicherheit. Wegen der abgrenzenden Wirkung, die auf der Ebene der Nationen insbesondere in den beiden Weltkriegen, aber gegenwärtig auch in Jugoslawien zur Selbstzerfleischung in »Bruderkriegen« führte, meinten manche den Frieden zu fördern, wenn man die Identifikationsebene der Nation zugunsten eines übergeordneten Verfassungspatriotismus aufgeben würde. Aber die geschichtlich gewachsene, durch Sprache und Brauchtum ausgezeichnete sozial-kulturelle Gemeinschaft ist eine Gegebenheit, die sich nicht ohne weiteres aus der Welt schaffen läßt.

unter anderem durch Gemeinsamkeit der Sprache und durch das Bewußtsein der Verbundenheit.

Staat: politisch-geographische Gemeinschaft, die sich nicht mit der sozial-kulturellen Gemeinschaft der Nation decken muß (Beispiel Schweiz). In den meisten europäischen Nationalstaaten setzt sich die Bevölkerung mehrheitlich aus Vertretern *einer* Ethnie zusammen, dem sogenannten »Staatsvolk«. (Im englischen Sprachgebrauch wird der Begriff Nation oft weiter gefaßt. So sprechen z. B. die US-Amerikaner von »ihrer Nation«; jeder amerikanische Staatsbürger gehört zu ihr.)

Kulturenfamilie, Kulturgemeinschaft: Verband verwandter Kulturen, dessen Vertreter sich der übergeordneten historisch-kulturell und biologisch-anthropologisch begründeten Gemeinsamkeit bewußt sind; Beispiel: Europäer.

Traditionelle Kulturen bekämpften einander auf Lokalgruppenebene, ebenso wie auf der Ebene der Tälergemeinschaften und schließlich der Stämme. Viele, so auch wir, haben diese Phasen der Geschichte überwunden und sich zu größeren Gemeinschaften, in denen Friedenspflicht herrscht, zusammengefunden, ohne deshalb ihre besonderen Bindungen an Familie, Lokalgruppe, Stamm oder Tälergemeinschaft aufzugeben. Es ist nicht einzusehen, warum vergleichbare Entwicklungen für Nationen nicht möglich sein sollten. Das Bekenntnis zur je eigenen Nation muß nämlich nicht aggressiv gegen andere absetzen. In Westeuropa hat sich bereits eine Gemeinschaft von Nationen gebildet auf der Basis von Vereinbarungen, die die Furcht vor repressiver Dominanz durch den Nachbarn beseitigen sollen.

Sicherheit ist eine wichtige Voraussetzung für den inneren und äußeren Frieden. Nur wer sich sicher fühlt, kann auch freundlich auftreten. Wer Angst hat, zuckt leicht vor dem anderen zurück. Er zeigt die schon diskutierten Meide- und Abwehrreaktionen. Wichtig ist, daß man das Selbstgefühl abstützende Wir-Gefühl von der Basis her über Familie, Kleingruppe, Stamm und Nation wachsen läßt, denn es ist das familiale Ethos – wie noch einmal betont sei –, das uns emotionell einbindet.

Den Nationalismus bekämpft man nicht, indem man das Bekenntnis zur eigenen Nation abwertet, sondern nach meinem Dafürhalten am besten durch Erziehung zu einem kritischen Patriotismus, einer kritischen Liebe zum eigenen Land (S. 161).

Heimat

Der Mensch benötigt neben der Einbindung in eine größere Gemeinschaft auch die affektive Bindung an einen Ort und eine Landschaft – kurz, er will beheimatet sein. Da oft mißbraucht, ist der Begriff Heimat heute fast ein Negativbegriff geworden. Er sollte es nicht sein, denn es handelt sich um eine durchaus positive Bindung an Menschen und Lokalitäten, die uns Sicherheit gibt, welche wiederum Voraussetzung für freundliches Auftreten ist. Angst löst eher Meidung und Abwehr aus*. In einer uns vertrauten Umgebung finden wir uns zurecht; im Laufe der Kindheit und Jugend erwerben wir eine Orientiertheit, die uns vor Gefahren schützt. Wir wissen, wo wir Schutz finden, wo Gefahren drohen, wo Wasser oder Nahrung zu finden ist und vieles andere mehr. Es ist mit einem Risiko verbunden, eine solche vertraute Umgebung zu verlassen. Die affektiv besetzte Bindung an die Umgebung, in der wir aufwuchsen, hält uns in gewisser Weise fest. Es scheint sich um fast prägungsähnliche Fixierungen zu handeln, die zu einer Verwurzelung führen. Die prägbare Phase dürfte in die Kindheit fallen, und Menschen, die in dieser Zeit allzuviele Ortswechsel erlebt haben, fehlt häufig diese Bindung. Die Wanderjahre sollten daher die der Jugend sein, und mit der beruflichen Niederlassung und eventuellen Familiengründung sollten sie nach Möglichkeit enden. Das wird sicher nicht immer möglich sein. Aber man muß die Gefahren der Entwurzelung vor allem für den heranwachsenden Menschen in seiner prägsamen Phase erkennen. Der moderne Wirtschaftsliberalismus fordert »Mobilität«, doch sollte daraus keine Wanderideologie werden, denn ein Zuviel an Mobilität gefährdet die Bindungen an den Familien- und Freundeskreis und an die Heimat. Wer heimatlich verwurzelt ist, erlebt bei einem längeren Ortswechsel »Heimweh«, und zwar nicht nur in unserer Kultur.

Vor einigen Jahren nahmen wir bei den Bewohnern der Trobriand-Inseln ein Lied auf, das Jugendliche sangen, die, fern von ihrer Heimatinsel, in Neuguinea zur Schule gingen. Der Text belegt die affektive Bindung an ihre Heimat. Er lautet: »Ich

* Der Mensch ist von allen Lebewesen sicherlich auch eines der angstbelastetsten, da er um die Gefahren, die ihn bedrohen, weiß und da er sich auch Sorgen über die Zukunft macht. Das Tier erlebt wohl nur die unmittelbare, konkrete Bedrohung als Gefahr. Vgl. hierzu I. Eibl-Eibesfeldt und Christa Sütterlin: »Im Banne der Angst. Zur Natur- und Kunstgeschichte menschlicher Abwehrsymbolik«[33].

schaute hinauf zu den Bergen/ ich schaute hinunter und sah/ verschwommen mein Dorf, mein Geist war schwer/ schade um die Kameraden/ schade um meine Freunde/ in der Ferne. So lange sind wir zwei schon hier/ ihre Gesichter sind vergessen/ Schulbildung ist sehr gut/ sehr gut für unser Dorf/ aber der Preis dafür ist sehr hoch.«[5]

Im April 1993 berichtete das *Zeit-Magazin* über die Ergebnisse einer Befragung von 140 Jugendlichen in Deutschland im Alter von 18–24 Jahren zum Thema »Heimat«.

Der 19jährige Frank, der sein ganzes Leben auf dem väterlichen Hof im kleinen Dorf Nauden verbracht hat, meinte: »Heimat? Wenn ich nach Hause komme, dann ist da so ein Geruch nach Heu und warmer Milch, nach Obstbäumen und nach Holz, so ganz natürlich eben.« Und weiter: »Nauden, das ist meine Heimat, die Gemeinde, die Familie. Deutschland, das ist das Drumherum.« Semra, die in München geborene Türkin, meinte zum gleichen Thema in bestem Bayerisch: »Mei, Istanbul ist meine Heimat, weil da alle meine Verwandten in der Nähe sind. Familie ist in der Türkei viel wichtiger als in Deutschland. Meine Cousinen sind gleichzeitig Schwestern und Freundinnen für mich.« Zwei Faktoren des Heimatlichen werden in diesen beiden Aussagen vorgestellt: die Bindung an eine Landschaft, die als geruchlich und visuell geschildert wird, und die Einbindung in ein gewachsenes soziales Beziehungsnetz. Für Frank fällt beides zusammen, er kann sich daher mit seinem Dorf als seiner Heimat identifizieren. Semra ist in Bayern aufgewachsen, aber das gewachsene soziale Beziehungsnetz befindet sich für sie in der Türkei, und da sie dieses als wichtiger einschätzt, fühlt sie sich dort beheimatet.

Die Untersuchung des *Zeit-Magazins* berichtet von einer positiv gefühlsbesetzten Beziehung der meisten jungen Deutschen zu ihrer engeren Heimat. Zu Deutschland allerdings, dem Vaterland, hatten nur wenige eine positiv affektive Bindung. Das mögen diejenigen gut finden, die das als Zeichen einer Immunisierung gegen aggressiven Nationalismus interpretieren. Uns scheint, wie gesagt, eine kritische Liebe zum eigenen Land die bessere Absicherung zu sein. Ein solches Bekenntnis zum eigenen Land ist *kein Bekenntnis gegen andere*. Nationalistisch reagieren die meisten Menschen erst dann, wenn man ihnen die Nation ausreden will und sie für ihr Bekenntnis zum eigenen Land als »Nationalisten« diffamiert.

Wolfgang Schäuble sprach sich kürzlich für ein Bekenntnis zur Nation aus. Gunter Hofmann[64] mokierte sich darüber in der *Zeit*: »Für Wolfgang Schäuble werden Staat und Nation immer mehr eins – ›Schicksalsgemeinschaft‹.« Schäubles Hinweis auf »gemeinsame Werte« und die nationale Zusammengehörigkeit bezeichnete Hofmann abwertend als »Worthülsen«. Diskussionen auf diesem Niveau führen zur Polarisierung und dienen damit nicht dem inneren Frieden.

Es ist sicher gut, überkommene Werte von Generation zu Generation zur Diskussion zu stellen. Das ist seit den Griechen gute europäische Tradition, und das hat uns vor fundamentalistischer Einengung und Erstarrung bewahrt. Es wurde auch immer Neues an die Stelle des Alten gesetzt, aber in ausgewogenen Schritten, so daß kaum jemals ein Traditionsabriß eintrat. Da das Neue immer auch Risiken birgt – es muß sich ja erst bewähren –, ist die Verwurzelung im Überkommenen wichtig. Es ist auch unwahrscheinlich, daß von einer Generation auf die andere der gesamte Schatz des kulturellen Erfahrungswissens seine überlebensfördernde Angepaßtheit einbüßte*. Im obengenannten speziellen Fall sehe ich die Gefahr eines Überschießens gutgemeinter, gegen den überheblichen Nationalismus der jüngsten Vergangenheit gerichteter Intentionen. Dies um so mehr, als heute in breiter Front gegen traditionelle Werte angegangen wird.

* Konrad Lorenz wies auf die Gefahr des Traditionsabrisses wiederholt hin in seinem Buch »Die Rückseite des Spiegels«[85].

Auf einen Wert möchte ich hier besonders hinweisen, da er für die Harmonisierung des Zusammenlebens in der anonymen Großgesellschaft wichtig ist. Es handelt sich um den Wert des Schönen. Er ist, wie ich meine, gegenwärtig besonderen Angriffen ausgesetzt. Das Schöne erfreut, und Menschen froh zu stimmen ist eine der wichtigsten Aufgaben in der Mißtrauensgesellschaft. »Schön« hängt sprachlich zusammen mit »Schauen«. Beim Anschauen des Schönen gerät der Mensch in eine freundliche, besinnliche Stimmung. Der bekannte Wiener Maler Arik Brauer[8] schrieb dazu: »Die Freude am Schönen ist keine Modeerscheinung, sondern ein Teil des menschlichen Wesens mit tiefen Wurzeln und konkreten Ursachen. Farben erinnern an Früchte und Blumen, an Sommer und Leben, an lauter angenehme Dinge. Plastisch wirkende Rundungen, rhythmische Wiegungen, gespannte Bögen, Überschneidungen erinnern etwa an erotische Formen und Vorgänge. Spitzen, Zacken, unerwartete Kompositionen, starke Farbkontraste gemahnen an aufregende, die Langeweile überwindende Ereignisse. Angenehm ist also schön. Was dem Körper und dem Geist angenehm ist, ist dem Auge schön.«

Schönheit ist lebensbejahend, Schönheit erfreut, ja man kann sich an ihr »berauschen«. Das Häßliche dagegen aktiviert Ablehnung, Abwehr, also agonistische Verhaltensmuster der Meidung und des Protestes; es irritiert und wird als hassenswert wahrgenommen (was übrigens im Wort »häßlich« auch sprachlich zum Ausdruck kommt).

Rudolf Wachter, der »Bildhauer mit der Motorsäge«, wie ihn die *Süddeutsche Zeitung*[3] charakterisiert hat, übernahm vor einigen Jahren die künstlerische Gestaltung eines kleinen Platzes an der Tegernseer Landstraße in München. Er löste die Aufgabe, indem er als zentrales Element seines Ensembles einen sechseinhalb Meter hohen, zwei Meter dicken Baumstamm schräg in den Boden der Platzanlage rammte (Abb. 7a und b).

Abb. 7a und b: Zwei Ansichten der von Rudolf Wachter vorgenommenen Platzgestaltung. Tote Strukturen herrschen vor. Im Sommer werden sie durch ein Rinnsal mäßig belebt. Der Künstler meinte mit erhobenem Zeigefinger Aha-Erlebnisse vermitteln zu müssen. Ein Platz soll jedoch die Menschen zum Verweilen einladen, sie entspannen und kontaktbereit-freundlich einstimmen. Dieser Aufgabe wird die provokante und nüchterne Gestaltung nicht gerecht. (Photos: I. Eibl-Eibesfeldt)

Die Säule soll nach seinen Aussagen die Autorität repräsentieren, »das alte, patriarchalische Denken«, die Konzentration auf die starke, stabile Mitte. Allerdings ist sie durch die Schräglage etwas aus dem Gleichgewicht gebracht, und das soll die Betrachter beunruhigen. Nach dem *SZ*-Bericht erhofft sich Wachter davon die »kathartische Erkenntnis« im Betrachter, daß er ein selbständiges Wesen sei und sich nicht auf die Autoritäten verlassen solle. Wachter meint, es handle sich vielleicht um seine beste Arbeit, denn sie habe die Menschen erreicht.

Die Anwohner sehen es anders. Die meisten sind verärgert. Sie können die Gedanken Wachters nicht nachvollziehen, für sie ist der Platz verschandelt. Wachter erkennt auch, daß die Leute irritiert sind: »Die Menschen werden unruhig auf diesem Platz, es ist ihnen ja praktisch das genommen worden, was sie sich erwartet haben – eine Mariensäule oder einen Dorfbrunnen.« Wachter wollte sie verstören. Der Künstler übersah, daß Plätze gerade in einer vom Mißtrauen belasteten anonymen Gemeinschaft eine wichtige sozialintegrative Funktion erfüllen sollen, zu der meines Erachtens Künstler entscheidend beitragen können. Menschen sollen hier verweilen, entspannt und freundlich gestimmt den Kontakt zu anderen finden können. Blumen, ein Brunnen, eine Statue, lauschige Plätzchen mit Bänken, eine ästhetisch ansprechende, einladende Umgebung führen Menschen zueinander, und diese prosoziale Wirkung ist gerade für das Leben in der anonymen Gesellschaft, für ihre Pazifizierung und damit Humanisierung von größter Bedeutung.

In Kassel ließen die Stadtoberen auf dem Königsplatz eine überdimensionierte Plattform mit Freitreppe errichten. Als die Bürger gegen das plumpige Gebilde protestierten, ließ es der Oberbürgermeister Wolfram Bauer zum Kunstwerk erklären. Die kultureifrigen Stadtoberen wollten mit dem 1,1 Millionen Mark teuren Gebilde sicher Offenheit für die moderne Kunst demonstrieren. Aber sie demonstrierten mangelndes Verständnis für die Aufgaben eines Platzes und die Bedürfnisse der Bürger ihrer Stadt*.

An diese wird nicht gedacht. Die Scheußlichkeiten eines Hermann Nitsch wandern von Ausstellung zu Ausstellung. In Bregenz schmückten seine Blutbilder bei den Festspielen des Jahres 1992 das Foyer des Theaters. Präsentationen dieser Art sind Zeichen der Verrohung des Geschmacks, und sie tragen wohl auch zur Brutalisierung unseres Alltagslebens bei.

Der Städteplanung, dem Wohnbau und der Gestaltung der Wohnumgebung kommt im Dienste der humanen Stadtgemeinschaft eine außerordentlich große Bedeutung zu. Menschen wollen in eine überschaubare Kleingruppe eingebunden sein. Die einen brauchen Nachbarschaft, die anderen wollen sich in einem Verein zusammenfinden können. Dem muß man entgegenkommen, wenn man zufriedene und friedliche Mitmenschen will. Die ästhetische Stadtgestaltung spielt dabei eine wichtige integrative Rolle. Das gilt auch im Hinblick auf die identifikatorische Einbindung in die lokale Gemeinschaft – die Heimat im engeren Sinne. Um uns mit einer Stadt identifizieren zu können, sollte sie unverwechselbar, einmalig sein. Sie sollte Prachtbauten von hohem künstlerischem Wert besitzen, denn über diese Leistungen stellen wir uns als Kollektiv dar. Es ist *unser* Steffl, auf den wir Wiener stolz sind, und *unser* Belvedere, so wie die Pariser auf *ihren* Louvre oder die Londoner auf *ihren* Big Ben – wie irrational das auch immer klingen mag.

Beim Wohnungs- und Städtebau der Nachkriegszeit gingen die Architekten davon aus, daß der Mensch sich wohl an die von ihnen konstruierte Umwelt anpassen wurde – gemäß dem Dogma der Milieutheorie. Sie bauten autogerecht und vergaßen den Menschen. Daß Straßen und Plätze auch der sozialen Kom-

* Das trug laut *Spiegel* dazu bei, daß sie die Wahl verloren: »Die haben uns einfach satt« (*Der Spiegel* 11/1993, S. 33–37). Der Stimmenanteil der Sozialdemokraten fiel von 50,5 % (1989) auf 29,8 % (1993).

munikation dienen, übersahen sie ebenso wie die Tatsache, daß Kinder im Freien spielen wollen. Sie übernahmen das Corbusiersche Konzept der »Wohnmaschine«, und die Städte wurden unwirtlich, ja menschenfeindlich. Ihre Bewohner fühlten sich in den Wohnungen von anderen isoliert. Sie klagten über die Einsamkeit in der Masse, die sie irritierte. Sie hatten zwar Privatheit, vermißten aber das Eingebettetsein in eine kleinere Gemeinde. Auch vermißten sie Naturnähe, und diese ist offenbar kein eingebildeter Wert oder eine Spinnerei romantischer Seelen. Es handelt sich um ein Grundbedürfnis des Menschen, resultierend aus seiner stammesgeschichtlichen Prägung auf Umweltmerkmale, die den für uns optimalen Lebensraum anzeigen. Das erklärt unter anderem unsere Vorliebe für Pflanzen (S. 57). Straßen und Plätze sollten vom Verkehr entlastet werden. Autos sollten in Garagen, wenn möglich unter der Straße, geparkt werden und so Straßen und Plätze ihrer ursprünglichen Funktion der zwischenmenschlichen Kommunikation zugeführt werden. Begrünung sollte zum Verweilen einladen, und Plätze sollten über solche Verweilzonen zu Bühnen der Begegnung werden, an denen Menschen zusammenfinden, ohne dazu gedrängt zu sein.

Mit dem vom Wiener Bürgermeister Helmut Zilk initiierten Programm »Vollwertiges Wohnen« und mit der Gründung des Ludwig-Boltzmann-Instituts für Stadtethologie leistet Wien einen entscheidenden Beitrag zur Humanisierung der Stadt, der, wie das soziale Wohnbauprogramm nach dem Ersten Weltkrieg, für andere Städte wegweisend sein könnte.

Zusammenfassung

Als aggressiv gelten Verhaltensweisen, durch die Menschen und Tiere gegen den Widerstand anderer ihre Interessen durchzusetzen und damit repressive Dominanz zu erstreben suchen. Aggression gegen Artgenossen (innerartliche Aggression) manifestiert sich in verschiedenen Erscheinungsformen: vom Einsatz physischer Gewalt bis zur ritualisierten Auseinandersetzung durch Drohen, ritualisiertes Kämpfen und beim Menschen schließlich auch den verbalisierten Streit. Instrumental wird aggressives Verhalten eingesetzt, um Hindernisse auf dem Weg zu einem Ziel zu beseitigen. Im übertragenen Sinne »verbeißen« wir uns auch in Aufgaben und »attackieren« Probleme. In solchen Zusammenhängen erfüllt die Aggression durchaus positiv zu bewertende Funktionen. Zu ihren wichtigsten Erscheinungsformen gehört beim Menschen die territoriale Aggression (Revierverteidigung, Abgrenzung, Eroberung), der Wettkampf um Dominanzpositionen, die explorative Aggression und die normerhaltende Aggression.

Mit dem Krieg entwickelte der Mensch kulturell eine Form der Zwischengruppenaggression, die primär auf Vertreibung und Destruktion des Gegners abzielt und die erst in geschichtlicher Zeit durch Konventionen schrittweise entschärft wird. Der Krieg bedient sich der uns angeborenen Motivationen familialer Gruppenverteidigung. Soziale Tötungshemmungen (Mitleid) werden durch Indoktrination kulturell ausgeschaltet. Man erklärt den Gegner zum Nichtmenschen und verschiebt damit die Auseinandersetzung auf ein zwischenartliches Niveau. Der Einsatz schneller und auf größere Entfernung tötender Waffen erlaubt es ferner, auch emotionell »distanziert« zu töten, und nimmt den Gegnern die Möglichkeit, sich durch Demutsverhalten zu unterwerfen.

In der Individualentwicklung aggressiven Verhaltens spielen das Lernen am Vorbild sowie Lernen über den Erfolg der Eigentätigkeit eine große Rolle. Der Mensch ist jedoch auch durch stammesgeschichtliche Anpassungen zu aggressivem Handeln programmiert. Unter anderem bekräftigt ein hormonaler Reflex (Testosteronausschüttung) den Erfolg beim Manne, das Erreichen von Dominanzpositionen sowohl im physischen als auch im geistigen Kampf. Diese positive Rückkoppelung führt dazu, daß das repressive Dominanzstreben mit dem Erfolg zum Eskalieren neigt und damit in der anonymen Großgesellschaft gefährlich werden kann.

Der Aggression stehen als natürliche Gegenspieler unsere prosozial-affiliativen Verhaltensdispositionen gegenüber, die mit der individualisierten Brutpflege in die Welt kamen. Das auf repressiver Dominanz und Unterwerfung basierende Sozialverhalten der Reptilienstufe wurde damit zwar nicht abgelöst, aber doch entscheidend vom Affiliativen überlagert, so daß Freundlichkeit, Sympathie und Liebe die weitere, auch kulturelle Entwicklung des Menschen mitbestimmen. Diese Verhaltensdispositionen liegen unserer Fähigkeit, in Gruppen zu leben, zugrunde. Innerhalb der quasi-familialen Wir-Gruppen, die auf der Basis persönlicher Bekanntschaft verbunden sind, entwickeln sich *fürsorgliche Dominanzbeziehungen.* Fremden gegenüber strebt der Mensch nach *repressiver Dominanz.* Diese ursprünglich gegen Gruppenfremde gemünzte Verhaltenstendenz erschwert das Zusammenleben in der anonymen Großgesellschaft, in der Menschen dazu neigen, Schwächen ihrer Mitmenschen zur Herstellung repressiver Dominanzbeziehungen auszunützen. Aus diesem Grund sind die Menschen in der anonymen Großgesellschaft voreinander auf der Hut.

Natürlich sollte sich niemand auf biologische Aussagen berufen, um seine persönlichen Neigungen zur Gewaltausübung zu rechtfertigen oder zu entschuldigen.

Man kann die modernen Millionengesellschaften als »Mißtrauensgesellschaften« charakterisieren. Die Angst des Menschen vor dem Mitmenschen belastet die zwischenmenschlichen Beziehungen, weckt Aggressionen und gefährdet die freiheitliche Demokratie. Dieser Angst kann man durch städtebauliche Maßnahmen entgegenwirken, die es Menschen gestatten, einander zu begegnen, miteinander bekannt zu werden und so kleine, individualisierte Gemeinschaften zu bilden. Das vermittelt Vertrauen und Sicherheit. Für die freundliche Einstimmung, Entspannung und heimatliche Einbindung spielt auch die ästhetische Gestaltung der Wohnumgebung eine große Rolle.

Schließlich sollte man nicht vergessen, daß es zur Identifikation mit der größeren Solidargemeinschaft des Staates auch einer entsprechenden Erziehung bedarf.

4. Wir und die anderen: Territorialität, Gruppenbildung, Xenophobie und Ethnizität

Abgrenzung beobachten wir auf allen Ebenen des Lebendigen. Jede Zelle grenzt sich ab, und ein höherer Organismus reagiert bekanntlich mit Immunreaktion selbst auf Gewebe der eigenen Art, was Organtransplantationen erschwert. Organismen grenzen sich ebenfalls voneinander ab. Oft verfügen sie für diesen Zweck über besondere Verhaltensweisen der Kommunikation. Der Reviergesang vieler männlicher Singvögel signalisiert Rivalen in unermüdlicher Wiederholung: »Das Gebiet ist besetzt!« Dies erspart das Kämpfen. Territoriale Säuger setzen als chemische Hausschilder »Duftmarken« ab. Der Dachs drückt dazu die Öffnung seiner unter der Schwanzwurzel befindlichen Drüsentasche »stempelnd« auf markante Punkte wie Steine oder Baumstümpfe in seinem Gelände. Territoriales Verhalten ist unter den Wirbeltieren von den Fischen bis hinauf zu den Säugern eine weitverbreitete Methode, mit deren Hilfe sich Tiere ihre Subsistenzbasis sichern: Konkurrenten um die gleichen begrenzten Ressourcen werden so auf Abstand gehalten.

Tiere können ein Revier als Einzelgänger verteidigen, als Junge betreuendes Elternpaar, wie das viele Vögel tun, und schließlich auch als Gruppe. Bei Hausmäusen bleiben die Nachkommen einer Familie unter günstigen Bedingungen beisammen und verteidigen ein gemeinsames Revier. In einem solchen Fall müssen die in einer Gruppe Zusammenlebenden sich auch erkennen. Hausmäuse markieren einander dazu mit ihrem Harn und schaffen so als Gruppenabzeichen einen Gruppengeruch. Auch ihr Gebiet markieren sie so[21].

Die höheren in Gruppen lebenden Primaten sind in der Lage, Gruppenmitglieder individuell an persönlichen Merkmalen zu erkennen und benötigen daher keine Gruppenabzeichen. Die braucht der Mensch erst sekundär wieder, wenn seine Gemeinschaft über die seiner Natur gemäßen Kleinverbände zur anonymen Großgesellschaft heranwächst.

Bei Vögeln beschränken sich die Wir-Gruppen in der Regel auf Familien, die sich meist mit dem Selbständigwerden der Jungen auflösen. Bei monogamen Vögeln leben die verpaarten Eltern oft über mehrere Bruten miteinander, und gelegentlich, wie bei der Graugans, bleiben die Jungtiere auch längere Zeit bei den Eltern und ziehen mit diesen in die Winterquartiere. Sie lernen so den Zugweg. Aber erst bei den Säugern finden wir größere Wir-Gruppen. Bei den uns verwandtschaftlich näherstehenden Schimpansen zählen diese Gruppen 30–70 erwachsene Tiere, die ein gemeinsam verteidigtes Territorium besetzen. Weibchen können bei ihrer ersten Brunst in andere Territorien abwandern, was einen genetischen Austausch zwischen den Gruppen ermöglicht, doch nützen keineswegs alle heranwachsenden Weibchen diese Möglichkeit. Den Männchen sind die Möglichkeiten des Abwanderns verwehrt. Die männliche Nachkommenschaft einer Gruppe bleibt daher in ein und demselben Gebiet, und weil somit alle miteinander nahe verwandt sind, ist die Konkurrenz zwischen ihnen gemildert. Die Männergruppe bildet eine übergeordnete Solidargemeinschaft. Männliche Schimpansen patrouillieren in Gruppen ihre Reviergrenzen und verteidigen das Gebiet gemeinsam in kollektiver Aggression gegen Gruppenfremde[51].

Territorialität des Menschen

Menschen besetzen und verteidigen ebenfalls Territorien, und zwar bereits auf der Stufe der Jäger und Sammler. Das Heim einer Familie ist bereits auf dieser Stufe ein von anderen als Eigentum respektierter und notfalls auch gegen sie verteidigter Privatbezirk. Ferner gibt es Gewohnheitsrechte auf Jagd- und Sammelgebiete einer Familie oder Sippe. Darüber hinaus besitzen

Jäger und Sammler auch Gruppenterritorien. Die verschiedenen Lokalgruppen beanspruchen Rechte auf das Land, von dem sie leben, und verteidigen diese auch. Oft wird der territoriale Anspruch allein über symbolische Marker kundgetan. Verbinden sich diese mit einer Drohung, dann können sie sehr wirksam sein. So führen viele australische Lokalgruppen ihren Anspruch auf ein bestimmtes Gebiet auf Totemahnen zurück, die ihnen das Gebiet übergeben haben und es auch weiterhin schützen. Die sogenannten heiligen Stätten, die durch auffällige Landmarken gekennzeichnet sind und die man als Spuren des Totemahnen deutet, sind symbolisches Zentrum der Territorien und für fremde Männer absolut tabu. Ihnen würde Unheil zustoßen, wagten sie es, diese heiligen Stätten zu betreten.

Über die Fremde abhaltende Drohung hinaus entwickelten die Australier in diesem Zusammenhang zusätzlich ein kooperatives Konzept. Die Totemahnen werden oft als Tiermenschen gedacht, wobei der Tierahn eines Klans eine für das Überleben der Betreffenden wichtige Tierart darstellt. Durch ihre Rituale an den heiligen Stätten fördern Angehörige eines Klans das Gedeihen dieser Tiere, und zwar nicht nur in ihrem Gebiet, sondern auch im Gebiet ihrer Nachbarn: Der Emu-Klan fördert das Gedeihen der Emus, der Honigameisen-Klan das der Honigameisen und so fort. Es wäre daher höchst unzweckmäßig, würde ein Klan einen anderen ausrotten, denn dann würde auch eine geschätzte Nahrungsquelle versiegen. Andere Totemahnen verfügen als Regenmacher über Zauberkräfte, und sicher wäre es selbstmörderisch, den Regenklan zu vernichten. (Wichtig für das Funktionieren solcher symbolischer Regelungen ist natürlich, daß alle daran glauben.)

Menschen zeigen über die Territorialität hinaus auch einen deutlichen Wir-Gruppen-Zusammenhalt. Die Distanzhaltung zu den nicht zur Wir-Gruppe gehörenden Personen wird oft mit Territorialität verwechselt, so wenn verschiedene Autoren von »mobilen Territorien« sprechen, weil wandernde Familien oder größere Gruppen »Individualdistanzen« zu anderen einhalten.

Im Laufe der Geschichte wuchsen die Kleinverbände zu größeren Gemeinschaften heran. Grund für diese Entwicklung war wohl die Tatsache, daß eine Gruppe in Konkurrenz mit anderen Vorteile hat, wenn sie mehr Personen als der Gegner zur Verteidigung oder für Eroberungskriege rekrutieren kann. Wir können diese Prozesse noch heute in Neuguinea und Südamerika verfolgen.

So gibt es in der Sprechergruppe der Eipo, die im Bergland von West-Neuguinea als neusteinzeitliche Pflanzer leben, Täler, in denen die einzelnen Dörfer in wechselnder Allianz oder auch allein auf sich gestellt einander bekriegen, und Täler wie im Eipomek-Tal, in denen das Bestreben deutlich ist, solche Kriege zu verhindern, um Feinden, die in anderen Tälern leben, geschlossener als Talgemeinschaft gegenübertreten zu können.

Zum Aufbau einer Talgemeinschaft bedienen sich die Eipo zunächst des familialen Appells der gemeinsamen Abstammung. Sie betonen, daß ein gemeinsamer Vorfahr als Kulturbringer durch Einfügen der Steine in den morastigen Grund das Land befestigt und bewohnbar gemacht habe. Und immer wenn sie ein Männerhaus bauen und danach die sakrale Pflanze, den Schopfbaum (Cordyline), pflanzen, tanzt einer mit einer Pflanze auch einen Stein heran, den er in den Grund einfügt. Er wiederholt so symbolisch die Tat des Ahnen und singt dabei auch die Geschichte. Der Hinweis auf den gemeinsamen Ahnen bekräftigt ideologisch das Gemeinsamkeitsgefühl, so wie wir es ja auch im Wort Nation betonen*. Des weiteren bemühen sich die Eipo um eine Vernetzung über ein Klansystem. Über ein Dutzend Klane führen sich jeweils auf einen fingierten Vorfahren zurück. Besucht nun einer vom unteren Talende ein Dorf im oberen Tal-

* Nation von lat. *natio*: »das Geborenwerden; das Geschlecht; der Stamm, das Volk«; gehört zu lat. nasci – geboren werden. Das Wort Nation bezeichnet »also eigentlich den natürlichen Verband der durch die ›Geburt‹ im gleichen Lebensraum zusammengewachsenen und zusammengehörenden Menschen« (Duden, Etymologie, Herkunftswörterbuch der deutschen Sprache, [2]1989).

ende, wo er niemanden kennt, dann kann er bei seinem Klan Aufnahme und Hilfe finden, denn dazu sind sie als seine Verwandten verpflichtet.

Schließlich pflegen die Eipo des Eipomek-Tales mehrere Jahrgänge junger Männer des ganzen Tales gemeinsam in einer großen Zeremonie zu initiieren. Das schafft Verbundenheit, die gemeinsam Initiierten betrachten sich als »Brüder«. Wie bei uns ist man auch hier bemüht, das familiale Wir-Gruppen-Gefühl auf eine größere Gruppe zu übertragen. Da solche Tälergemeinschaften zunächst aus kleineren Gruppen Nahverwandter hervorgingen und da man ja innerhalb eines Tales bevorzugt heiratet, sind hier in der Tat näher Verwandte zusammengefaßt.

Häuptlinge, die eine über die Lokalgruppe oder Sippe hinausgehende Autorität besitzen, gibt es auf dieser Stufe noch nicht. Selbst den weiter avancierten Papua-Stämmen der Dani, Medlpa oder Enga fehlen solche. Die dort als *Big Men* auftretenden Personen vertreten ebenfalls nur Lokalgruppen, als deren Sprecher sie die Beziehungen zu anderen regeln.

Ohne besondere kulturell entwickelte Sozialtechniken der Führung können Menschen nur in begrenzter Zahl miteinander auskommen. Die Lokalgruppen der Naturvölker umfassen selten mehr als 100 Personen, dann teilen sich die Gruppen wegen innerer Reibereien. Die Hutteriten (Hutterer) in Nordamerika, die nach einem christlich-marxistischen Ethos mit kollektivem Besitz leben, wissen, daß für diese Art Leben eine Gruppengröße von 150 Personen nicht überschritten werden sollte. Nur in einer kleinen Gruppe funktioniert die persönliche Normenkontrolle. Wird sie größer, dann nimmt die Zahl der die Zusammenarbeit Verweigernden und Abtrünnigen zu. Außerdem ist die kollektive Meinungsbildung erschwert. All dies stört die soziale Gemeinschaft. Dieser Gefahr begegnen die Hutteriten durch Teilung, sobald eine Gruppe auf etwa 150 Personen herangewachsen ist. Ähnlich halten es die Lokalgruppen der Yanomami (in Venezuela), Eipo und andere auf dieser Kulturstufe stehende Völker.

Eine Schlüsselerfindung in der kulturellen Entwicklung ist sicher die *Führungshierarchie*. Erst durch sie wird es möglich, größere Gemeinschaften auf der Basis persönlicher Verbundenheit zu regieren[75]. Die Anführer mehrerer Lokalgruppen, zum Beispiel etwa eines Tales, können einer ihnen übergeordneten Hauptperson unterstehen. Die Hauptmänner der Lokalgruppen kennen die Mitglieder ihrer kleinen Gemeinden, sie kennen sich ferner untereinander, und sie kennen die ihnen übergeordnete Person. Diese kennt als Haupt der mehrere Lokalgruppen umfassenden größeren Gemeinschaft zwar nicht mehr deren Mitglieder persönlich, wohl aber deren Vertreter. Die Hauptmänner solcher Lokalgruppengemeinschaften können ihrerseits mit mehreren ihresgleichen unter einem Oberhauptmann zusammengefaßt sein, der dann zum Beispiel als Stammeshäuptling die größere Gemeinschaft führt. Nach dem gleichen Prinzip können mehrere Stammesgemeinschaften zu noch größeren Gemeinschaften zusammengefaßt werden. Im Prinzip funktioniert das auch in den modernen Staaten so.

Die Zwischengruppenkonkurrenz einerseits, aber auch wirtschaftliche Fortschritte wie die Einführung von ertragreichen Kulturpflanzen brachten es mit sich, daß die sich von anderen abgrenzenden Solidargemeinschaften im Laufe der Geschichte immer volkreicher wurden. Da sie sich von anderen Gemeinschaften über Sprache und Brauchtum abgrenzten und bevorzugt innerhalb der Sprechergruppe heirateten, wurden in ihnen in der Regel näher miteinander Verwandte vereint. Bei zunehmender Größe solcher Gemeinschaften lockerte sich allerdings der innere Zusammenhalt und die Abgrenzung. Der Bevölkerungsaustausch nahm zu, auch weil unterjochte Bevölkerungsgruppen oft in den Verband der Eroberer aufgenommen wurden. Das führte in vielen Fällen zu einem Bevölkerungswandel.

Die heutigen Nationalstaaten Europas sind sprachlich und kulturell noch relativ homogen, biologisch-anthropologisch jedoch heterogen. Allerdings handelt es sich im wesentlichen um Mischungen von Bevölkerungen europäischen Ursprungs, und meist dominiert in den Nationalstaaten eine von ihnen. Dadurch hat jede Nation in Europa ihren eigenen Charakter und trägt damit zur Vielfalt bei.

Antinationale Eiferer argumentieren oft mit dem Hinweis auf die verschiedenen Wurzeln der europäischen Kulturnationen, daß wir schon immer multikulturell gewesen seien, das Konzept der Nation daher ein künstliches sei, dem keine Realität entspreche, und man sie daher ebensogut in einer multikulturellen Immigrationsgesellschaft auflösen oder überwinden könne. Ganz abgesehen davon, daß die Wurzeln der europäischen Nationalstaaten so verschieden nicht sind – die Kelten, Germanen, Slawen, Römer und anderen Mittelmeervölker des Altertums standen einander kulturell und anthropologisch recht nahe –, gibt es nun einmal Menschen, die sich als Basken, Türken, Kurden, Serben, Armenier, Deutsche oder Franzosen bezeichnen und die das auch von anderen respektiert sehen wollen. Die ihr Leben frei tunlichst in ihrem eigenen Staat zu gestalten wünschen und die sich gegen Fremdherrschaft, wie die Geschichte bis in die Gegenwart lehrt, erbittert zur Wehr setzen. Der Hinweis auf die verschiedenen Wurzeln schafft die Nation nicht aus der Welt.

Die Methoden, mit denen die Angehörigen einer Nation zu einer Solidargemeinschaft zusammengefaßt werden, ähneln auch in den modernen Staaten im Prinzip den bereits für Stammeskulturen geschilderten. Das familiale Wir-Gruppen-Gefühl wird dabei auf die größere Gemeinschaft übertragen. Man spricht von den anderen Angehörigen der Nation als seinen Brüdern und Schwestern und betont die Ähnlichkeit, die ja Ausdruck einer Verwandtschaft ist, in Kleidung, Brauchtum, Sprache und durch Berufung auf die gemeinsame Geschichte und Abstammung. Darüber hinaus wird oft in der Religion eine verbindende Ideologie geschaffen, und das Staatsoberhaupt, früher auch als »Landesvater« bezeichnet, wirkt als Identifikationsfigur und symbolische Vaterfigur. Loyalität zu dieser Symbolfigur, vormals dem Fürsten, gilt als besondere Tugend, aber auf sie muß man eingeschworen werden, vor allem wenn im Kriegsfall die Forderung besteht, diese Loyalität höher als jene zur eigenen Familie einzustufen.

Wir wissen, daß der Mensch in der indoktrinierbaren Phase sogar zu extremen nationalistischen Solidaritätsbekundungen in der größeren Gemeinschaft fähig ist, vor allem wenn die Mechanismen der Gruppenverteidigung angesprochen werden. Dieser solidarisierende Effekt kollektiver Aggression* wird von Demagogen häufig dazu genutzt, eine durch innere Unruhen gefährdete Gemeinschaft hinter sich zu »scharen«.

Die Fremdenscheu (Xenophobie)

Für die Wir-Gruppen-Bildung sind die Menschen durch stammesgeschichtliche Anpassungen vorbereitet. Die im Dienste der Gruppenbindung entwickelten prosozialen Anlagen besprachen wir bereits (S. 71). Sehr früh im Säuglingsalter beobachten wir Abgrenzung über die agonistischen Verhaltensmuster Flucht und Abwehr. Während sich Säuglinge in den ersten Monaten nach der Geburt jedem, der sich ihnen nähert, freundlich zuwenden, ändern sie im Alter von sechs bis acht Monaten ihr Verhalten in oft geradezu dramatischer Weise. Sie unterscheiden nunmehr zwischen ihnen bekannten und ihnen fremden Personen. Bekannten wenden sie sich weiterhin vertrauensvoll zu. Fremde Personen lösen dagegen deutlich ambivalentes Verhalten aus. Das Kind pendelt zwischen Verhaltensweisen freundlicher Zuwendung und angstinduzierter Abkehr. Es lächelt beispielsweise den Fremden an und birgt sich danach scheu an der Brust der Mutter. Die Scheu schlägt in Furcht und Abwehr um, wenn sich die fremde Person in freundlicher Absicht um engeren Kontakt bemüht.

Zur Entwicklung der Fremdenscheu bedarf es keinerlei

* Ihre Wurzeln sind familial. Mit der Brutpflege entwickelte sich auch die Bereitschaft, die Familie zu verteidigen.

schlechter Erfahrungen mit Fremden. Auch Kinder, die nie Böses von Fremden erfahren haben, verhalten sich so, und zwar in allen daraufhin untersuchten Kulturen, offenbar aufgrund stammesgeschichtlicher Programmierung. Wohl verursacht durch Reifungsprozesse im Wahrnehmungsbereich, sprechen Kinder ab einem bestimmten Alter auf Merkmale ihrer Mitmenschen an, die Angst auslösen[26]. Der Blickkontakt spielt dabei eine wichtige Rolle, aber nicht allein – taub und blind geborene Kinder unterscheiden fremde Personen von ihnen bekannten geruchlich und zeigen aufgrund dieser Unterscheidung ebenfalls Fremdenscheu. Säuglinge verhalten sich also einem Fremden gegenüber so, als wäre dieser potentiell gefährlich, eine Annahme, die sich offenbar in der Phylogenese bewährt hat. Sie sind allerdings bereit, sich mit dem Fremden anzufreunden. Dazu bedarf es aber einer Zeit der Angewöhnung, die durch das Vorbild der Eltern und anderer Bezugspersonen abgekürzt werden kann. Die Stärke der Fremdenscheu hängt ferner offenbar davon ab, wie ähnlich der Fremde den Bezugspersonen des Kindes ist. Nach Untersuchungen des amerikanischen Psychologen Saul Feinman[38] fürchten sich Kinder von Schwarzafrikanern mehr vor fremden Weißen als vor Fremden der eigenen Rasse. Analog verhält es sich mit der Fremdenscheu weißer Kinder.

Über persönliches Kennenlernen wird die Scheu des Kindes vor Mitmenschen abgebaut, und das Verhalten des Kindes verschiebt sich mit dem Grad der Bekanntheit auf einer gleitenden Skala von Mißtrauen zu Vertrauen. Über ein solches Bekanntwerden entwickelt der Mensch im Laufe seines Lebens Vertrauensbeziehungen zu vielen Mitmenschen. In traditionellen Kulturen sind dies die Mitglieder einer Lokalgruppe oder kleinen Dorfgemeinschaft. Die Vertrauensbeziehungen sind nach Nähe abgestuft. Die Bindungen zu Familie und Sippe sind in derartigen Gesellschaften enger als die zu anderen Gruppenmitgliedern, und wir beobachten eine gewisse Abgrenzung der Familie als engster Solidargemeinschaft. Darüber hinaus grenzt sich aber die Lokalgruppe territorial und über

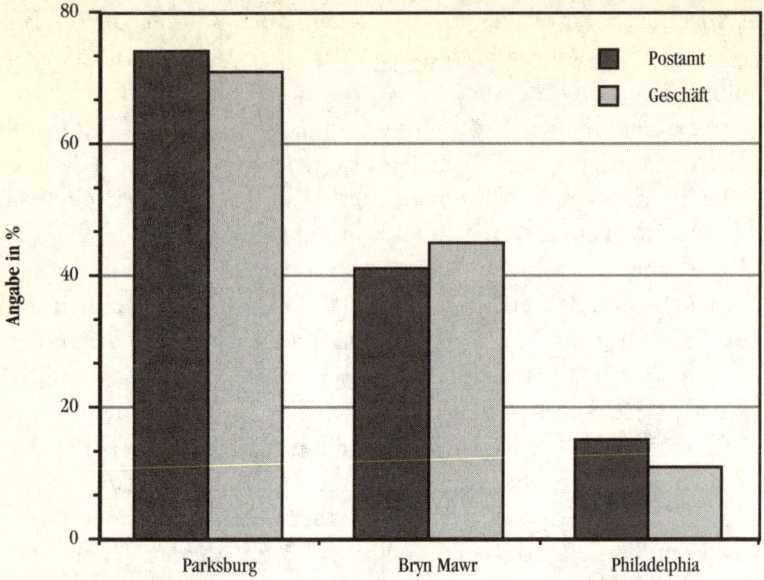

Abb. 8: Prozentsatz der Passanten, die mit einem männlichen Experimentator vor einem Postamt oder vor einem Geschäft in verschieden großen Städten Augenkontakt aufnahmen. Philadelphia ist die viertgrößte Stadt der USA mit 2 Mio. Einwohnern. Bryn Mawr ist ein Vorort von Philadelphia. In der Kleinstadt Parksburg leben 2700 Menschen. Nach J. Newman und C. McCauley (1977)[100].

den quasi-familialen Zusammenhalt von Mitgliedern anderer Gruppen ab, denen sie weniger vertrauensvoll begegnet. Die Fremdenscheu oder *Xenophobie* wirkt auch auf dieser höheren Ebene abgrenzend.

In der anonymen Großgesellschaft wird die Scheu des Menschen vor dem Mitmenschen in verschiedenen Situationen offenkundig. Jeder, der in einer Stadt Menschen in einem Hotelaufzug beobachtet, kann feststellen, daß sie den Blickkontakt meiden. Ervin Goffman[50] beschrieb dieses Phänomen als »polite inattention«. In der Öffentlichkeit maskieren Menschen ihren Ausdruck. Vor allem Anzeichen von Schwäche werden gemieden, denn Menschen neigen dazu, Schwächen ihnen unbekannter Mitmenschen auszunützen (S. 78). Die geringere Kontakt- und Hilfsbereitschaft Fremden gegenüber hat man auch experimentell erforscht. Die amerikanischen Psychologen J. Newman und C. McCauley [100] postierten in Philadelphia, in einem Vorort von Philadelphia und in einer Kleinstadt vor einem Postamt und einem Supermarkt männliche und weibliche Versuchspersonen und zählten aus, wie oft sie mit den vorbeigehenden, ihnen fremden Personen Blickkontakt erhielten. In der Kleinstadt war dies in rund 80% der Begegnungen der Fall, im Vorort von Philadelphia sank der Prozentsatz auf 40% und in der Zweimillionenstadt Philadelphia auf rund 20% (Abb. 8). Selbst in der Solidargemeinschaft einer Nation ist also die Scheu der Menschen vor den Mitmenschen an Äußerungen des Mißtrauens und der Kontaktmeidung offensichtlich. Menschen, die in traditionellen Kleingruppen leben, zeigen ebenfalls ausgeprägte Fremdenscheu, nur brauchen sie nicht mit Fremden in enger Gemeinschaft zu leben. Die !Kung-Buschleute bezeichnen Fremde und eine schlechte Sache mit dem gleichen Ausdruck »dole«.

In der individuellen Entwicklung der Fremdenscheu ist keine Diskontinuität festzustellen, die auf eine getrennte Neuentwicklung der Xenophobie des Erwachsenen hinweisen würde. Die Annahme, daß es sich um eine Weiterentwicklung des persistierenden kindlichen Urmißtrauens handelt, das zunächst der Absicherung der Mutter(Eltern)-Kind-Bindung diente und mit der Evolution der individualisierten quasi-familialen Gruppe nun in den Dienst der Gruppenabgrenzung gestellt wurde, wird durch die Tatsache gestützt, daß auch andere in der Eltern-Kind-Beziehung entwickelte Verhaltensweisen und Motivationen in das Leben des Erwachsenen übernommen wurden (S. 71), z. B. die Motivation, zu betreuen.

Auch die Fähigkeit, persönliche Bindungen über Bekanntwerden einzugehen und anderen zu vertrauen, gehört zu den zunächst in der Eltern-Kind-Beziehung entwickelten Fähigkeiten. Die Engländer kennen für Bekanntwerden den Begriff *familiarization*, der auf den familialen Ursprung dieser Fähigkeit hinweist.

Ist Fremdenhaß angeboren?

Der Bekanntenkreis erweitert sich. Der heranwachsende Mensch erfährt seine Einbettung in eine größere Gemeinschaft, er entwickelt abgestufte Loyalitäten und faßt schließlich auch Zutrauen zu Menschen, die er nicht kennt – aber eben abgestuft. Schon das Du und Sie in unserer Kultur spiegelt das abgestufte Vertrauen wider. Bemerkenswert bleibt das Mißtrauen, das zunächst unser Verhalten gegenüber Fremden kennzeichnet. Dieses Vorurteil schafft die Bereitschaft, vom Fremden vor allem das Negative wahrzunehmen, gewissermaßen als Bestätigung des Vorurteils. Die Bereitschaft, ein Negativbild aufzubauen, muß man kennen, wenn man ihr entgegenwirken will; einfach zu leugnen, daß es so ist, hilft nicht weiter. Es handelt sich bei der Xenophobie *der Erwachsenen* um ein anthropologisches Merkmal des Menschen, das stammesgeschichtlich fundiert ist[110].

Im übrigen beeinflussen individuelle Erfahrungen und kulturelle Traditionen die Angst des Menschen vor dem Mitmenschen in ganz entscheidendem Ausmaß. Eltern benützen diese Angst vor dem Fremden oft erzieherisch, um ihre Kinder zu disziplinieren, und das nicht nur in unserer Kultur. »Wenn du nicht…, dann wird dich dieser Fremde mitnehmen«, habe ich bei den Eipo im Bergland Neuguineas sinngemäß ebenso gehört wie bei den Yanomami, den Buschleuten, den Himba oder Balinesen. Auf diese Weise kann die Fremdenscheu verstärkt und bis zum Fremdenhaß weiterentwickelt werden, der dann das Ergebnis einer Indoktrination ist. Ich betone dies immer, um dem Mißverständnis vorzubeugen, Fremdenhaß sei uns angeboren. Das ist nicht der Fall.

Fremdenhaß ist vielmehr unter anderem das Ergebnis einer

Feindbilder aufbauenden Erziehung. Die aggressive Ablehnung von Immigranten aus uns fernerstehenden Kulturen, die bis zur Gewalt gegen Fremde eskalieren kann, erwächst ferner aus der Tatsache, daß die Fremden oft als Eindringlinge in das eigene Territorium wahrgenommen werden und damit archaische territoriale Abwehrmechanismen zum Ansprechen bringen. Schließlich ergeben sich Konkurrenzsituationen verschiedener Art, und dazu kommt noch die Angst vor Identitätsbedrohung. Der Fremdenhaß speist sich also aus vielen Wurzeln. Die Fremdenscheu dagegen ist ein Mechanismus der Abgrenzung. Man gibt sich dem Fremden gegenüber reserviert, zurückhaltend, aber nicht feindlich, sondern abwartend.

Gegen meine Ableitung der Fremdenscheu der Erwachsenen aus der Fremdenscheu des Kindes führten Kritiker ins Feld, daß dann ja die Schüchternen zugleich auch die am stärksten Xenophoben sein müßten, was offenbar nicht der Fall sei, denn in Wirklichkeit wären das ja die ganz und gar Unschüchternen[139]. Hier wird nach meinem Dafürhalten Fremdenscheu – die Neigung zur Abgrenzung – mit Fremdenfeindlichkeit verwechselt, die sich, wie gesagt, aus verschiedenen Quellen speist.

Eine gewisse Abgrenzung zur Bewahrung der Identität und damit zur Selbsterhaltung ist eine Voraussetzung zur Erhaltung und Weiterentwicklung ethnischer Vielfalt, die als Wert heute ja international anerkannt wird (S. 126). Das bedeutet keineswegs grundsätzliche Ablehnung des Fremden. Kulturen standen stets in einem gegenseitigen Austausch, von denen jede dann profitierte, wenn er so ausgewogen war, daß keine Kultur über die andere dominierte und einen ethnozidalen Kulturabriß herbeiführte. Ethnien mit gestörtem Selbstbewußtsein ließen sich in der Geschichte wiederholt, durch fundamentalistische Missionen, zur kulturellen Selbstaufgabe überreden, und das führte im weiteren Verlauf gelegentlich auch zu einem genetischen Bevölkerungswandel, ja zur genetischen Verdrängung, und zwar auf »friedliche« Weise.

Anstoß nehmen: ein Mittel der Normerhaltung

Zu den Mechanismen, die der Erhaltung der Gruppenidentität dienen, gehören des weiteren Formen der erzieherischen Aggression, die Konformität erzwingen und damit der Erhaltung der jeweiligen kulturellen Gruppennormen dienen. Mitglieder von traditionellen Kleinverbänden, die einander gut kennen, nehmen Anstoß am deutlich abweichenden Aussehen oder Verhalten eines Gruppenmitgliedes. Individualität ist nur innerhalb einer bestimmten Schwankungsbreite erlaubt. Wer von ihr abweicht, wird Objekt kollektiver Aggressionen. Der Außenseiter wird ausgelacht, verspottet, ja sogar angegriffen. Das veranlaßt ihn, sein Verhalten wieder nach der Gruppennorm auszurichten. Vermag er das nicht, dann droht ihm der Ausschluß. Dieses Anstoßnehmen ist als »Außenseiterreaktion« wohlbekannt. Es hat mit der Normangleichung auch eine egalisierende Wirkung. Interessanterweise finden wir vergleichbare Aggressionen im Tierreich. Bereits Hühner bekämpfen Mitglieder ihrer Schar, deren Aussehen man experimentell änderte. Bei Schimpansen löst abweichendes Verhalten von Gruppenmitgliedern Ausstoßreaktionen aus. Durch Kinderlähmung in ihrer Fortbewegung auffällig behinderte Schimpansen des Gombe-Reservats in Tansania lösten bei den gesunden Gruppenmitgliedern Angst und bei Annäherungsversuchen Abwehr aus[51].

Zweierlei Gründe können für die Auslese der konformitätserhaltenden Aggression verantwortlich sein. Zunächst einmal ist Ähnlichkeit Zeichen von Verwandtschaft, und wir wissen aus soziobiologischen Untersuchungen zur Sippenselektion, daß verwandte Tiere einander z. B. an gemeinsamen Geruchsmerkmalen erkennen und abweichend riechende, aber auch anders aussehende Artgenossen angreifen. Daß sich abweichend Verhaltende Angriffe auslösen, mag außerdem damit zu tun haben, daß ihr Verhalten für die anderen schwer voraussagbar ist und damit Angst auslöst. Voraussagbarkeit ist eine Voraussetzung für verläßliche Kommunikation und Kooperation[75].

Weitere Phänomene, die bei der Diskussion der Ethnizität zur Kenntnis genommen werden sollten, sind die Kontrastbetonung, mit der sich Ethnien an den Kontaktzonen voneinander absetzen und zu der es Parallelen im Tierreich gibt. Der Mensch betont den Kontrast zu anderen vor allem kulturell durch Tracht und Sprache. Noch einmal hingewiesen sei in diesem Zusammenhang auf die Bereitschaft, negative Stereotypen von Nachbarn zu entwickeln, die man fürchtet – eine Disposition, auf die uns die schon besprochene Fremdenscheu vorbereitet. Hier wie bei der Außenseiterreaktion kommt auch der solidarisierende Effekt kollektiver Aggression zum Tragen.

Zusammenfassung

Der Mensch lebte über die längste Zeit seiner Geschichte in territorialen Kleingruppen, die sich gegen ihresgleichen abgrenzten. Das geschah sowohl symbolisch über gebietsmarkierende Artefakte als auch durch die Verteidigung des jeweiligen Gebietes. Da Gruppengröße einen Konkurrenzvorteil bedeutet, wuchsen die individualisierten Kleinverbände im Laufe der Geschichte zu Großverbänden, die anders als die Lokalgruppen nicht mehr auf der Basis persönlicher Bekanntheit verbunden waren. Die verschiedenen Stufen dieser kulturellen Entwicklung lassen sich durch den Vergleich mit noch lebenden traditionellen Kulturen, wie jener Neuguineas, verfolgen. Um solche größeren anonymen Gesellschaften zu einer Solidargemeinschaft zu verbinden und damit innerlich zu befrieden, bedarf es besonderer Sozialtechniken. Sie knüpfen interessanterweise in allen uns bekannten Fällen am familialen Kleingruppenethos an, indem sie sich auf Abstammung von gemeinsamen Ahnen berufen, ferner z. B. über Klane fingierte Verwandtschaftsbeziehungen stiften und Jahrgänge von Initianten als Gruppe der Gleichen verbrüdern. Die Methoden wechseln, das Prinzip bleibt dasselbe. Eine Schlüsselerfindung in der soziokulturellen Entwicklung des

Menschen stellt die Ausbildung von Führungshierarchien dar, die ein persönliches Verbundsystem repräsentieren, das die Führung großer anonymer Gesellschaften erst möglich macht.

Da die Verbundenheit der Gruppenmitglieder mit der zunehmenden Größe der Gruppe und der sozialen Distanz der einzelnen voneinander abnimmt, bedarf es einer dauernden Bekräftigung durch die verbindende Ideologie, um die innere Gemeinschaft einer Großgruppe zu erhalten. Das gilt insbesondere für die großen anonymen Solidargemeinschaften der Völker (Ethnien, Nationen), die, durch Sprache, Brauchtum und gemeinsame Geschichte verbunden, in der Regel auch einander genetisch näher Verwandte vereinen. Innerhalb der Großgruppen sind die Bindungen nach Nähe abgestuft.

Die Angst des Menschen vor dem ihm unbekannten Mitmenschen – die Fremdenscheu oder Xenophobie – belastet das Leben in der anonymen Massengesellschaft, die man heute als »Mißtrauensgesellschaft« charakterisieren kann. Die Fremdenscheu dient der Abgrenzung, ist aber nicht mit Fremdenhaß gleichzusetzen. Während wir für erstere genetisch programmiert sind, ist letzterer ein Ergebnis der Indoktrination. Fremdenfeindlichkeit kann ferner durch territoriale Invasion aktiviert werden. Man muß beim Menschen außerdem mit archaischen Reaktionen des Anstoßnehmens rechnen, einer Form der erzieherischen Aggression, die die Angleichung aller Gruppenmitglieder an die Gruppennorm erzwingt.

5. Nationalstaat oder multikulturelle Immigrationsgesellschaft?

5.1. *Das Immigrationsproblem*

Die westlichen Industriestaaten Europas leben mit einem gewissen Wohlstand in einer zunehmend übervölkerten Welt, aus deren Armutsgebieten immer mehr Menschen als Immigranten Aufnahme suchen. In den 60er Jahren waren die Einwanderer als Arbeitskräfte willkommen. Anwerber bemühten sich sogar um ihre Rekrutierung aus der Türkei und den ärmeren Gebieten des Mittelmeerraumes. Den Gastarbeitern folgten in zunehmender Zahl Asylbewerber und Flüchtlinge, und nun kämpfen die Nationalstaaten Westeuropas mit Schwierigkeiten: Das Migrationsproblem droht ihnen über den Kopf zu wachsen.

Der stetige Zustrom von Immigranten veränderte in vielen Großstädten die Zusammensetzung der Bevölkerung. In manchen deutschen Stadtvierteln, etwa im Berliner Bezirk Kreuzberg, bestimmt mittlerweile die türkische Bevölkerung das Straßenbild. Vergleichbare Entwicklungen beobachtet man in Frankreich, wo nordafrikanische Moslems Stadtbezirke in verschiedenen Großstädten majorisieren. Abweichendes Brauchtum und Auftreten im Alltag, die zunehmende Beanspruchung von Schulen, Kindergärten und anderen öffentlichen Einrichtungen bewirken Irritationen und Überfremdungsängste bei jenen Bevölkerungsschichten, die in enger Nachbarschaft mit den Immigranten leben.

Verschärfend kommt hinzu, daß die Politiker die einheimische Bevölkerung lange Zeit im Glauben ließen, es würde sich bei den angeworbenen »Gastarbeitern« um Gäste handeln, die nach Erfüllung ihrer Kontrakte wieder in ihre Heimat zurückkehren würden. Diese Erwartung erfüllte sich jedoch nicht. Aus Gastarbeitern wurden Immigranten, die ihre Familien ins Land holten. Nur ein Teil assimilierte sich. Die Majorität grenzte sich jedoch auf ethnischer Basis in eigenen Solidargemeinschaften von der übrigen Bevölkerung ab. In einer Situation zunehmender Verknappung konkurrieren sie nun um Arbeitsplätze und Sozialleistungen, was das Konfliktpotential erhöht.

Die Problematik wurde bereits in der ersten Ölkrise vor zwanzig Jahren erkennbar, und man diskutierte Rückführungsprogramme. Mit der vorübergehenden Erholung, der allerdings bald die zweite Ölkrise folgte, ließen die Politiker in Deutschland, ebenso wie in anderen Ländern, die Dinge wieder treiben. In endlosen Debatten blockierten die Parteien einander. Mit dem Absinken größerer Anteile der einheimischen Bevölkerung an und unter die Armutsgrenze wächst ein generelles Ressentiment gegen Immigranten, das sich zunehmend auch gegen Asylbewerber richtet, die ohne Gegenleistung eine immer größer werdende finanzielle Belastung für den Staat darstellen. Da es zugleich offensichtlich ist, daß viele von ihnen die Hilfe des Gastlandes zu Unrecht beanspruchen, und da ferner in Krisenzeiten Menschen dazu neigen, nach Sündenböcken für die Misere zu suchen, sehen sich die Ausländer heute mit einer zunehmenden Ablehnung seitens der ortsansässigen Bevölkerung konfrontiert. Erscheinungen des Ausländerhasses und Gewalttätigkeiten gegen Ausländer sind mittlerweile in Deutschland, England, Frankreich, Italien und der Schweiz an der Tagesordnung. Selbst in so toleranten Ländern wie den Niederlanden und den skandinavischen Ländern eskaliert die Gewalt. Der innere Friede scheint ernsthaft gefährdet. Was können wir tun, um ihn wiederherzustellen und zu sichern?

Wir sehen uns heute mit zwei Hauptproblemen konfrontiert:

1. Wie soll sich das künftige Miteinander mit den bereits Eingewanderten gestalten? Sollen sich die Gastländer um deren vollständige Assimilation bemühen oder sie dazu ermuntern, ihre Kultur beizubehalten? Welche Voraussetzungen sollen die Einwanderer erfüllen, damit sie die Staatsbürgerschaft des Gastlandes erhalten?

2. Wie sollen sich die Staaten Westeuropas künftig dem noch zunehmenden Immigrationsdruck aus Osteuropa und aus den Ländern der Dritten Welt gegenüber verhalten? »Eine offene Gesellschaft braucht offene Grenzen«, lautet eine Parole. Könnte Europa das verkraften?

Um diese und andere mit dem Migrationsproblem zusammenhängende Fragen zu beantworten und Vorschläge zu erarbeiten, müssen wir uns mit Phänomenen wie Ethnizität, Nation und Xenophobie befassen und versuchen, ihr stammes- und kulturgeschichtliches Zustandekommen auch unter funktionellen und damit selektionistischen Gesichtspunkten zu verstehen. Wir müssen uns ferner bemühen, die ideologischen und sozioökonomischen Beweggründe aufzudecken, die den unterschiedlichen politischen Zielsetzungen zugrunde liegen.

Die Frage, wie die europäischen Nationalstaaten das Zusammenleben mit Immigranten gestalten sollen, war in den letzten 15 Jahren insbesondere in Deutschland und Österreich Gegenstand heftiger Diskussionen. Eine lautstarke Fraktion setzte sich für den Aufbau einer multikulturellen Immigrationsgesellschaft ein. Sie trat für eine liberale Öffnung der Länder ein und befürwortete dies mit humanitären, wirtschaftlichen und demographischen Argumenten. Nach ihrer Ansicht sollen die Einwanderer ermuntert werden, ihre eigene Kultur im jeweiligen Gastland zu pflegen. Ein »Verfassungspatriotismus« soll die verschiedenen Völker verbinden: »An die Stelle der völkisch-nationalen Identität als Grund oder zumindest wichtiger Teilgrund des Selbstverständnisses unseres Staates sollte der gemeinschaftsstiftende Charakter der Grund- und Freiheitsrechte treten, ein ›Verfassungspatriotismus‹, wie ihn Dolf Sternberger einmal genannt hat, der Stolz der Bürger auf ihre freiheitliche Ordnung und die damit verbundenen politischen Erfolge ... Der Verfassungspatriotismus ist in einer Epoche, in der die Völker zusammenwachsen, die Konzeption der Zukunft. Ein Staat, der sich in erster Linie als Nationalstaat definiert, in dem Bürgerschaft durch völkische Zugehörigkeit begründet wird, ist in seinem

Selbstverständnis in die Vergangenheit gerichtet.« So Heiner Geißler[44], der meint, das enge Zusammenleben in einer solchen Gesellschaft würde helfen, ethnische und rassistische Vorurteile abzubauen. »Assimilation, völkisch-kulturelle Integration werden weitgehend der Vergangenheit angehören«, schreibt er im Hinblick auf Deutschland. »Türken und Jugoslawen, Italiener und Spanier, Marokkaner und Japaner, Tamilen und Inder, Iraner und Libanesen kann man nicht zu Germanen machen.« Wer für den Nationalstaat ist, ist für Geißler ein »kultureller Chauvinist«. Extremer äußern sich Lutz Hoffmann und Herbert Even[63], denen zufolge Deutsche bereits ausländerfeindlich handeln, wenn sie von Deutschland und den Deutschen reden.

Antinationale Strömungen

Die Befürworter der multikulturellen Immigrationsgesellschaft sehen im Nationalbewußtsein der einheimischen Bevölkerung ein Hindernis für die Verwirklichung ihrer Pläne. Sie versuchen es daher zu bekämpfen. Dabei knüpfen die Deutschen an das gestörte nationale Selbstgefühl an, das sich nach dem Zweiten Weltkrieg als Reaktion auf den übersteigerten Nationalismus des »Dritten Reiches« ausgebildet hatte. Schon in den beiden Jahrhunderten zuvor hatten sich die Völker Europas in Verfolgung ihrer nationalen Interessen in eine Serie verheerender Bruderkriege verstrickt. Zuletzt dann im Zweiten Weltkrieg, der ein nie gekanntes Maß an Zerstörung und Not über den traditionsreichen Kontinent gebracht und im irrational-mystisch begründeten Antisemitismus zum millionenfachen, organisierten Massenmord führte. Begreiflich, daß man dem Nationalismus abschwor, ja jeder Form eines Patriotismus zunächst ablehnend gegenüberstand. Der Verbrüderung der europäischen Völker und dem Aufbau der europäischen Gemeinschaft galt das Interesse der Westdeutschen, die ihre Vergangenheit so »bewältigen« wollten. Die Nation wurde für viele zum Sündenbock. Man belud sie mit Schuld, schickte sie in die Wüste und stand entlastet da. Alles durchaus verständliche Verhaltensweisen*.

Nur fragt es sich, ob die nationale Selbstverleugnung, bei der sich die Deutschen und Österreicher besonders hervortun, für diese beiden Länder und Europa auf die Dauer zum inneren und damit auch zum äußeren Frieden beiträgt. Wir wiesen schon darauf hin, daß eine ohne Einbindung in eine größere Gemeinschaft und deren Wertsystem orientierungslos gelassene Jugend besonders ideologieanfällig ist und manche sogar den solidarisierenden Effekt kollektiver Aggression nutzen, um Wir-Gruppen mit eigenem Wertesystem aufzubauen. Des weiteren dürfte das Bemühen um den Aufbau einer multikulturellen Immigrationsgesellschaft in Kontrastbetonung, die der Identitätsverteidigung dient, einen aggressiven Nationalismus provozieren.

Davor warnten übrigens bereits kurz nach dem Kriege namhafte Publizisten, die meinten, man möge die Läuterung vom bösen Geist des Nationalismus nicht so weit treiben, daß dabei auch das Bekenntnis zur Nation zerstört werde**. Gerhard Ritter[112], einer der führenden Historiker der Nachkriegszeit, der den Männern des Widerstandes um Carl Goerdeler nahegestanden hatte, schrieb 1946, daß ein Volk, das grundsätzlich auf »Nationalbewußtsein« verzichtet, dadurch sich selbst fallenläßt und damit sittlich nicht besser, sondern schlechter wird. Der Journalist Ernst Friedländer[41], der nach langer Emigration sich ab 1946 als Leitartikler der *Zeit* einen Namen machte, setzte sich für die geistige Erneuerung Deutschlands ein, meinte aber, der berechtigte Antinationalismus sollte nicht gegen die Nation und das Volk Sturm laufen. Er plädierte für ein »gesundes Nationalbewußtsein« und schrieb unter anderem: »Wir haben keinen

* In anderen europäischen Staaten wie in Frankreich und England entwickelten sich vergleichbare antinationale Bewegungen.

** Der Historiker Peter Alter[2] hat die Bewußtseinslage der Deutschen nach dem Kriege und ihren eiligen Abschied von der Nation in einem lesenswerten Beitrag zu Harm Kluetings Buch »Nation, Nationalismus, Postnation«[72] beschrieben.

Grund, einer von nationaler Selbstangst und nationalem Selbsthaß gepeinigten Minderheit unter uns zuzustimmen, die am liebsten Deutschland verschwinden lassen möchte, die einverstanden wäre, wenn es zugunsten aller seiner Nachbarn aufgeteilt würde... Es ist überhaupt weder gut noch gesund, wenn wir in unserer jetzigen Notgemeinschaft nicht nur mit physiologischen, sondern gerade auch mit nationalen Kalorien unterernährt werden. Denn auch das führt zu Mangelerscheinungen. Und daraus können sich Verkrampfungen ergeben, die alles andere sind, als die erstrebte Umerziehung.«

Und Konrad Adenauer[1] vertrat in Bern 1949: »Man kann das Wiedererwachen eines gesunden, sich in den richtigen Bahnen haltenden Nationalgefühls nur begrüßen, denn ein Volk, das kein Nationalgefühl mehr besitzt, gibt sich selbst auf.« Adenauer war ohne jeden Zweifel ein überzeugter Gegner des Nationalismus.

Die Problematik ist heute so aktuell wie damals kurz nach dem Kriege. Nur ist mittlerweile aus dem anständigen Bemühen um die Bewältigung der schrecklichen Vergangenheit eine gedankenlose und damit gefährliche Bußübung geworden, ein Ritual, mit dem sich Dauerbüßer wie Günter Grass moralistisch zu profilieren suchen, in einem Spiele, das in Polarisierung nationalistische Gegenpositionen weckt.

Im Zusammenhang mit der antinationalen Bewegung wird oft auch das Selbstbestimmungsrecht der Völker in Frage gestellt. Ralf Dahrendorf[17] spricht von ihm als einem »barbarischen Recht«. Nur Menschen hätten Rechte, nicht aber Völker. So hätten die Armenier keineswegs Rechte auf einen eigenen Staat, wohl aber hätte der einzelne das Recht, seine Kultur zu pflegen, seine Sprache zu sprechen oder seinen religiösen Praktiken zu folgen. Die Praxis lehrt jedoch, daß dies nur über das Selbstbestimmungsrecht und dessen Garantie durch internationale Vereinbarungen einigermaßen gesichert werden kann. Mehrere Ethnien mögen sich darüber hinaus durchaus zu größeren politischen und wirtschaftlichen Einheiten verbinden, wie das in der

Schweiz oder heute in Westeuropa der Fall ist. Man kann an mehrere Integrationsebenen denken, und wir wollen beim Hinweis auf die Schweiz auch keineswegs ein Modell idealisieren – aber es funktioniert und kann sicher noch verbessert werden. Mit solchen Modellen wäre auch der Einwand entkräftet, eine Weltgemeinschaft, in der jede Ethnie mit einer Stimme spräche, wäre unregierbar. Vor der UNO spricht nicht jeder Schweizer Kanton.

Kritische Stimmen machten auf die Gefahr einer Polarisierung der Standpunkte immer wieder aufmerksam. So 1970 der Historiker Hans Rothfels[115]: »Diese Situation ist nicht ohne Paradoxien. Zunächst muß man feststellen, daß hier ein Extrem das andere treibt. Wenn es in der Bundesrepublik eine Chance zu einem ressentimentgeladenen Renationalisierungsprozeß, ja zu einem exzessiven Nationalismus gibt, so hat dieser Möglichkeit die erklärte Mißachtung aller nationalen Empfindungen sehr wesentlich auf den Weg geholfen. Wie berechtigt und notwendig auch immer es für Deutsche war, aus eigener Erkenntnis sich von der unseligsten Phase deutscher Geschichte in scharfer Wendung abzusetzen, so hat doch nicht nur die Kollektivschuldthese von außen, sondern auch von innen her ein Flagellantentum, das gegen jeden Ansatz ruhiger Selbstachtung und gegen jede Berufung auf historisch gegründete Werte der Vergangenheit anging, Gegenkräfte geweckt, die aus neonazistischen Restbeständen allein nicht zu erklären sind.«

Daß die Beziehung der Deutschen zu ihrer Nation geradezu neurotische Züge aufweise, vermerken Elisabeth Noelle-Neumann und Renate Köcher[101] sowie Anton Peisl und Armin Mohler[105]. Je mehr die Deutschen sich im Ritual fortdauernder Vergangenheitsbewältigung auf Kosten der Nation ergehen, desto weniger werden sie sie bewältigen, desto mehr werden sie in ihrem tugendhaften Bemühen, an ihrem Wesen wieder einmal die Welt genesen zu lassen, genau das erreichen, was sie vermeiden wollen, nämlich eine Renaissance des aggressiven Nationalismus mit allen bösen Folgen.

Bevor man dem Nationalstaat pauschal den Kampf ansagt und

unbesonnen von multikulturellen Experimenten schwärmt, sollte man doch das Phänomen Nation und Ethnizität erst einmal hinterfragen. Was bedeutet eigentlich die Vielzahl der Völker, die wir auf dieser Erde antreffen? Sind sie nur ein Beiprodukt der Geschichte, lästig für jene, die eine bessere Welt wollen? In aller Welt grenzen sich Menschengruppen über Sprache, Brauchtum und Glauben von anderen ab, auf der Stufe der Naturvölker ebenso wie auf der Stufe staatlich organisierter Zivilisationen. Und alle, ob sie sich nun in kleineren oder größeren Solidargemeinschaften, als durch Dialekt gekennzeichnete Tälergemeinschaften oder sprachlich definierte Ethnien von anderen abgrenzen, verteidigen ihr Land ebenso wie ihre Identität, wann immer Gefahr droht.

An Manifestationen dieser Art Solidarität mangelt es ja gegenwärtig nicht. Und wir akzeptieren auch, daß Esten, Letten und Litauer sich gegen die Dominanz anderer wehren, erwarten allerdings auch, daß sie ihre neuen Minoritäten nicht ihrerseits unterdrücken. Wir erschrecken allerdings über die Gewalttätigkeiten im ehemaligen Jugoslawien. Ein neuer Begriff hat sich da eingebürgert, hinter dem sich tausendfaches unsägliches Leid verschleiert. Man spricht von »ethnischer Säuberung«. Wir empören uns über die wechselseitigen Gewalttätigkeiten der Serben, Kroaten und Bosnier, über die Gemetzel zwischen Aserbaidschanern und Armeniern, über den Ausbruch von Haß und Gewalt in der zu Georgien gehörenden Abchasischen Republik. Wie erklärt sich dieser Gruppenhaß? Und wie erklärt sich vor allem die offenbar dahinterstehende ethnische Vielfalt, die ja erst über Abgrenzung zustande kam?

5.2. *Vielfalt – Basisstrategie des Lebens*

Das Leben ist ein energetischer Prozeß, der über organismische Strukturen abläuft und positive Energiebilanzen erwirtschaftet[55]. Organismen als Träger des Lebensstromes treten in großer

Vielfalt auf. In mehreren Millionen Arten und Unterarten bevölkern sie als Tiere, Pflanzen, Einzeller und Mehrzeller gegenwärtig unsere Erde. Millionen und Abermillionen von Arten lebten vor ihnen und endeten als blinde Äste der Evolution mit ihrem Aussterben. Aber dank der Vielfalt wurden selbst bei kosmischen Katastrophen, die zu verschiedenen Zeiten unseren Planeten heimsuchten, nie alle Arten vernichtet. Dazu hatte sich das Leben in viel zu viele Nischen eingenistet: in den schlammigen Grund der Tiefsee ebenso wie auf die höchsten Berggipfel, in Regenwälder, eisige Meere der Arktis ebenso wie in Wüsten und Steppen, und zwar stets mit aus zahlreichen Arten und Unterarten zusammengesetzten Lebensgemeinschaften. Selbst so große Katastrophen, wie sie der Meteoreinschlag vor 65 Millionen Jahren im Gebiet von Yucatán verursachte, vernichteten das Leben nicht. Es starben damals zwar die Dinosaurier und eine Vielzahl anderer Tiergruppen aus, aber schnell erblühte das Leben zu neuer Vielfalt.

Vielfalt ist eine Strategie des Lebens zum Überleben. Sie hat sich an der Selektion bewährt. Jede bunte Wiese belegt ihr Wirken, und es entstehen immer neue Varianten quasi als Speerspitzen der Evolution. Das kann über Mutationen, Neukombinationen, aber auch durch individuelle Änderungen von Gewohnheiten geschehen. Wir wissen von manchen Singvögeln, daß sie ihren Gesang lernen. Dabei entstehen wahrscheinlich auch durch Kopierfehler und individuelle Variation Dialekte. Das Interessante ist nun, daß die Vögel, die einen Dialekt singen, einander auch bevorzugt als Geschlechtspartner wählen[132]. So grenzen sich Populationen über Verhaltenseigentümlichkeiten ab und gehen eigene Wege der Entwicklung. Verhaltensweisen sind in solchem Falle Schrittmacher der Evolution. Auch wenn ein Vogel aus irgendeinem Grunde ein neues Biotop zum Brüten aufsucht, etwa eine freie Wiesenfläche statt des bisher von seinen Eltern und Artgenossen bevorzugten Gebüsches, ist dies der Fall. Und sollten die Nachkommen bei dieser neuen Präferenz bleiben, dann würde dies eine ganze Reihe von Folgen haben, denn auf der freien Wiesenfläche herrschen ganz andere Selektionsbedingungen als im Gebüsch.

Kulturelle Pseudospeziation

Beim heutigen Menschen bleibt nun die Evolution nicht stehen. Er mag sich zwar selbstherrlich als »Krone der Schöpfung« bezeichnen, aber wir sind Werdende mit guten Chancen oder, wie Konrad Lorenz[85] es auszudrücken pflegte, »das missing link auf dem Weg zum wahrhaft humanen Menschen«. Und auf diesem Weg experimentieren wir. Wir tun dies zunächst auf der kulturellen Ebene, indem sich Gruppen teilen, über neue Bräuche, Ideologien und Dialekte voneinander abgrenzen und eigene Wege gehen. Der amerikanische Psychoanalytiker Erik Erikson[35] beschrieb diesen Prozeß als »kulturelle Pseudospeziation« (d.h. Pseudo-Artenbildung). Kulturen experimentieren mit unterschiedlichen Praktiken der Alltagsbewältigung, mit unterschiedlichen Formen der politischen Führung und unterschiedlichen Zielsetzungen und werden so zu Wegbereitern der Evolution. Sie tragen damit über die Schaffung von Vielfalt zur Absicherung des Lebens auf der humanen Ebene sowie zur Weiterentwicklung bei. Kultur fungiert dabei als Schrittmacher.

Ethnische Vielfalt ist somit durchaus als positiv zu bewerten. Mit ihr entstanden allerdings auch die Mechanismen der territorialen und identitätsbewahrenden Abgrenzung, ohne die es keine Vielfalt gäbe (S. 113). Und mit ihnen muß man ebenso rechnen wie mit der Tatsache, daß Ethnien als Solidargemeinschaften auftreten, die zunächst einmal ihr Eigeninteresse vertreten, das zugleich ihr Überlebensinteresse ist. Völker und Nationen konkurrieren um begrenzte Lebensgrundlagen, heute vor allem wirtschaftlich, und sie sind gerüstet und durchaus auch bereit, zu den Waffen zu greifen, wenn vitale Interessen gefährdet scheinen. Wie aber können die vielen miteinander konkurrierenden Ethnien dann friedlich koexistieren? Die Fähigkeit zur Allianz zwischen Gruppen wurde meist zu militärischen Zwekken genutzt. Gemeinsam erlebte Bedrohung, wie in der Zeit des Kalten Krieges, förderte solche Entwicklungen. Selbst Völker, die sich noch kurze Zeit zuvor heftig bekämpft hatten, schlossen sich in der westeuropäischen Gemeinschaft zusammen. Pessimisten sagen: Hätten wir doch Feinde aus dem All, wie schnell würden wir als Menschheit zusammenstehen! Ich meine allerdings, gemeinsame Aufgaben könnten das ebenfalls bewirken.

Man sagt im allgemeinen, Nationen hätten keine Freunde, sondern nur gemeinsame Interessen. Aus diesem Ist folgt nicht, daß es so bleiben muß. Nationen pflegen auch kollektive Gefühle und Meinungen über andere. Diese sind aus geschichtlicher Erfahrung selbst zwischen verbündeten Ländern von einem gewissen Mißtrauen belastet. Daher bemüht sich jede Nation, aus einer Position der Stärke zu agieren. Und jede legt insbesondere Wert darauf, vor anderen ihr Gesicht zu wahren. Wir setzen dabei bemerkenswerterweise die im persönlichen Verkehr entwickelten Strategien sozialen Umgangs ein, was nicht wundert, denn es sind Personen, die Staaten vertreten, und sie sind von den archaischen und daher allen Menschen in prinzipgleicher Weise angeborenen Umgangsformen geprägt[26]. Wenn Staaten sich beleidigt geben, dann verwenden sie die Strategie der Androhung eines Kontaktabbruches, so wie das schmollende Kinder in aller Welt praktizieren. Aus der Tatsache, daß wir unentwegt die für die Face-to-face-Interaktion entwickelten Verhaltensmuster im internationalen Verkehr einsetzen, folgt, daß sich dies natürlich nicht nur auf den agonistischen Bereich beschränken muß, sondern ebenso Möglichkeiten prosozialen – freundlichen – Umgangs zwischen Staaten eröffnet. Staaten werden ja durch Menschen vertreten, die Freude, Leid und Ärger erleben so wie jeder andere und deren Handeln natürlich nicht nur von distanziert-sachlichen Erwägungen bestimmt wird.

Wie stark Gefühlsregungen die Beziehungen mitbestimmen, zeigte sich kürzlich beim Staatsbesuch, den Rußlands Präsident

Boris Jelzin in Japan machte. Als Zeichen der Versöhnung und Entschuldigung übergab er dem japanischen Premierminister Morihiro Hosokawa eine Photographie von dessen mütterlichem Onkel, der in einem sowjetischen Kriegsgefangenenlager gestorben war. Der japanische Premierminister war zu Tränen bewegt*.

Ein Volk kann ein anderes hassen, aber es kann auch für ein anderes Sympathien entwickeln. Bisher war oft beides der Fall. So wurde das Verhältnis der Deutschen zu den Franzosen lange Zeit als »Haßliebe« charakterisiert. Hochachtung vor den Kulturleistungen und Bezauberung durch den Charme und schließlich sicher auch das verbindende geschichtliche und kulturelle Erbe schufen eine emotionell positiv getönte Verbundenheit, die von beiden Seiten nur durch die geschichtliche Erfahrung gegenseitiger Bedrohung getrübt wurde.

In den vergangenen Jahrhunderten vertraten die Staaten Europas ihr Eigeninteresse auch durch Angriffskriege. Heute wissen wir, daß es Bruderkriege waren, und dieses Wissen müssen wir weitergeben, indem wir unsere Jugend durch Pflege persönlicher Kontakte miteinander bekannt machen und sie mit den kulturellen Leistungen des Nachbarn vertraut machen.

Samuel Huntington[68], der amerikanische Politikwissenschaftler an der Harvard-Universität, vertritt die Ansicht, daß sich die künftigen weltpolitischen Spannungen nicht mehr zwischen Staaten, sondern zwischen den größeren Zivilisationen entwikkeln werden. Er spricht von den sich aufbauenden Spannungen zwischen dem vom Christentum bestimmten Europa und dem Islam, vom Zusammenprall der Moslems mit den Hindus in Indien, von den Grenzstreitigkeiten Chinas mit seinen Nachbarn

* James Walsh, »The Territorial Imperative«, *Time Magazine* vom 25. 10. 1993, S. 37: »Confessing that he had been moved to tears by Yeltsin's personal gift, the Prime Minister described his guest's apologies to Japan as ›extremely important in building a foundation for the spiritual and psychological reconciliation of the two peoples‹.«

und den zunehmenden handelswirtschaftlichen Spannungen zwischen Japan und den USA. Huntington weist darauf hin, daß der Westen derzeit international alle politischen Bündnisse und Sicherheitsgremien und – gemeinsam mit Japan – alle wirtschaftlichen Institutionen dominiere. Wie die nichtwestlichen Kulturen darauf antworten, bleibe offen.

Huntingtons Visionen sind schrecklich. Kriegerische Konflikte zwischen den großen Zivilisationen würden das gesamte Ökosystem der Erde in Mitleidenschaft ziehen und damit die weitere Existenz der Menschheit auf zivilisatorischer Ebene bedrohen. Zum Glück vertreten alle Zivilisationen der Erde heute auch hohe ethische Werte, gleich ob es sich um die von Buddhisten, Moslems, Christen oder Hindus handelt. Es sind eher die fundamentalistischen Fraktionen unter ihnen, die ein Konfliktpotential darstellen. So bleibt die Hoffnung, daß die großen Zivilisationen als solche Wege der Zusammenarbeit finden. Religiöse Weltanschauungen sind zwar Marker der Identität, in Zeiten des Wohlstandes behindern sie aber nicht notwendigerweise ein friedliches Miteinander. Dasselbe gilt im Grunde für alle Zivilisationen. Eine Entwicklung zum partnerschaftlichen Umgang wird gegenwärtig jedoch durch Angst und Not gebremst, und die ist leider begründet, denn unser Planet ist übervölkert, und der Wettstreit geht um die begrenzt zur Verfügung stehenden Ressourcen dieser Erde.

Gemeinsame Anliegen wie etwa der Kampf gegen zunehmende Umweltzerstörung, Übervölkerung und Not könnten durchaus die Menschheit einen, ohne daß man deshalb auf ethnische Vielfalt verzichten müßte. Voraussetzung für eine friedliche Koexistenz ist allerdings, daß keine Ethnie repressive Dominanz durch andere befürchten muß. Dies setzt Verträge zur Achtung der territorialen Integrität und der ethnischen Identität voraus, die wiederum Selbstverwaltung zur Bedingung hat und im nachbarlichen Umgang auch gewisse Selbsteinschränkungen. Unter anderem sollten die Völker ihre Bevölkerungszahl auf die Tragekapazität des ihnen zur Verfügung stehenden Landes abstimmen, sonst kommt es früher oder später zur Übervölkerung und damit zu einem Auswanderungsdruck, der andere Ethnien in Bedrängnis bringt. Wir kommen darauf noch einmal zurück.

Unter Beachtung dieser Bedingungen können eingesessene und territorial verwurzelte Völker durchaus friedlich miteinander in einem Staatsverband zusammenleben. Die Schweiz ist ein gutes Beispiel für einen über gemeinsame Interessen bei gegenseitiger Respektierung gebundenen Mehrvölkerstaat. Mit dem wachsenden Vertrauen zwischen den westeuropäischen Staaten bahnt sich eine ähnliche Entwicklung für die Europäische Union an. Eine multiethnische Gesellschaft ist hier im Werden.

Sie ist allerdings nicht mit der multiethnischen Gesellschaft gleichzusetzen, die einigen Utopisten vorschwebt. Kommt nämlich der Aufbau von Minoritäten durch Immigration in einem bereits von einer Ethnie bewohnten Land zustande, dann ergibt das eine ganz andere Situation: Die Einwanderer nehmen mit ihrer Niederlassung auf Dauer die kostbarste Ressource in Anspruch, die einem Volk zur Verfügung steht, nämlich deren Land. Sie werden daher als Eindringlinge wahrgenommen, und das löst geradezu automatisch territoriale Abwehrreaktionen aus, und zwar dann, wenn die Gruppen sich voneinander abgrenzen, was kulturell einander Fernerstehende ja auch zu tun pflegen. Gestattet ein Volk anderen den Aufbau von Minoritäten im eigenen Lande, dann tritt es praktisch Land ab und belastet sich innerhalb der eigenen Grenzen mit zwischenethnischer Konkurrenz. In wirtschaftlich schwierigen Zeiten kommt es dann fast unvermeidlich zu Konflikten, unter denen die Schwächeren zu leiden haben, und das sind in der Regel die Minoritäten. Denn über eines dürfen wir uns nicht hinwegtäuschen: Jede Solidargemeinschaft wird in erster Linie ihre Eigeninteressen vertreten. Darauf sind wir nun einmal durch eine lange Stammesgeschichte programmiert. Jene, die diese Interessen nicht vertraten, gehören nicht zu unseren Vorfahren.

5.3. *Das Problem unterschiedlichen Bevölkerungswachstums*

Das zwischenethnische Zusammenleben wird von einer Reihe von Faktoren bestimmt, die wir zur Kenntnis nehmen müssen, wenn wir ein friedliches Miteinander auf Dauer anstreben. In der öffentlichen Diskussion wird allerdings der Hinweis auf manche Zusammenhänge oft geradezu peinlich gemieden. Als Reaktion auf die Auswüchse eines übertriebenen Nationalismus vergangener Epochen entwickelte sich ein ebenso übertriebener Philanthropismus, der meint, jeden, der auch das Eigeninteresse seiner Ethnie in vernünftiger Weise vertritt, als Ethnozentriker oder, noch schlimmer, als Fremdenfeind oder Rassisten diffamieren zu dürfen. Das geschieht vielleicht guten Willens, aber die so agitieren, übersehen in einer Art dogmatischer Verblendung, daß sie gerade damit dem Rechtsextremismus, den sie bekämpfen wollen, Vorschub leisten.

Einen wichtigen Faktor, den man bei allen Überlegungen zur Immigrationsproblematik in Rechnung stellen muß, ist die *Möglichkeit* eines unterschiedlichen Reproduktionsverhaltens im gleichen Lande lebender, sich voneinander sozial, aber nicht territorial abgrenzender Ethnien. Heiraten Einwanderer bevorzugt untereinander, was bei sich abgrenzenden Ethnien ja der Fall zu sein pflegt, und bekommen sie im Durchschnitt stets mehr Kinder als die angestammte Bevölkerung, dann kann dies im Laufe einiger Generationen sogar zu einer Majorisierung der autochthonen Bevölkerung führen. So gewannen die auf die Fidschi-Inseln eingewanderten Inder vor einigen Jahren die zahlenmäßige Oberhand über die ortsansässige Bevölkerung und beanspruchen nun Landrechte, die ihnen bisher vorenthalten waren. Die Abdrängung der Polynesier in die Minorität erfolgte im übrigen durchaus friedlich. Ein ähnlicher Prozeß spielt sich in den Vereinigten Staaten von Amerika ab. Nach einer Hochrechnung im *Time Magazine* vom 9. April 1990 werden dort in der zweiten Hälfte des 21. Jahrhunderts die Weißen in der Minderzahl sein.

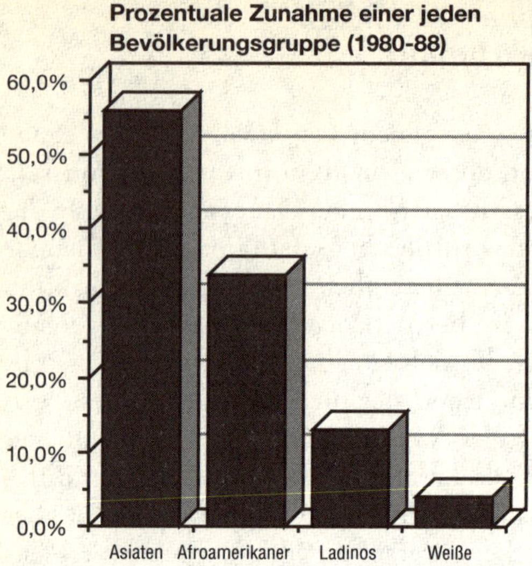

Abb. 9: Die prozentuale Zunahme der verschiedenen Bevölkerungsgruppen der Vereinigten Staaten von Amerika in den Jahren 1980–1988 durch Einwanderung und Geburtenzuwachs (nach Angaben des *Time Magazine* vom 9.4.1990).

Gründe dafür sind sowohl ein unterschiedliches Reproduktionsverhalten als auch die vermehrte Zuwanderung aus außereuropäischen Bereichen (Abb. 9–11). Der Umschlagpunkt, an dem die Afroamerikaner, Asiaten und Mittelamerikaner (Ladinos) die Weißen überrunden, wird in etwa 70 Jahren erwartet.

Weist man auf solche Entwicklungen hin, dann hört man oft die beschwichtigende Aussage, die Einwanderer würden sich schließlich in ihrem Reproduktionsverhalten dem Verhalten der Eingesessenen angleichen, dann nämlich, wenn sie deren Lebensstandard erreicht hätten. Das kann zwar so kommen, muß aber nicht so kommen. Daniel Vining[128] stellte zwar in den USA fest, daß Weiße und Schwarze mit steigendem Intelligenzquotienten und Einkommen heute weniger Kinder bekommen. Bei gleichem Trend bleibt aber ein Unterschied zugunsten der

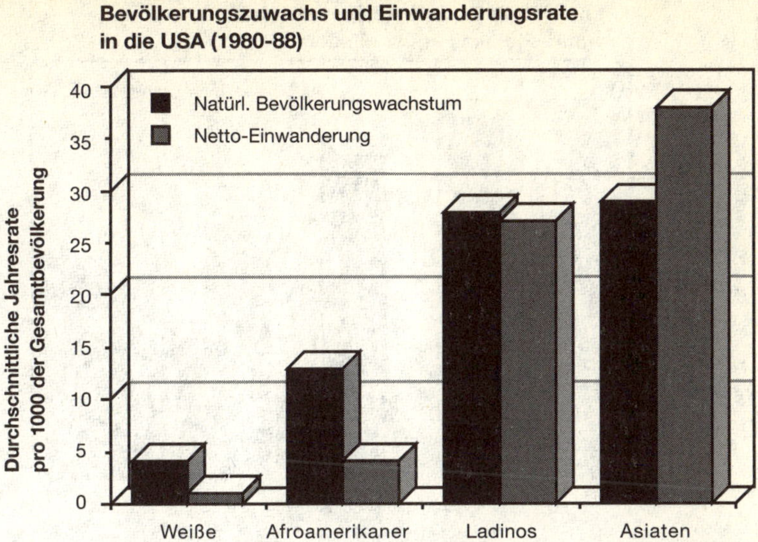

Abb. 10: Der Bevölkerungszuwachs der verschiedenen Bevölkerungsgruppen der Vereinigten Staaten von Amerika in den Jahren 1980–1988, aufgeschlüsselt nach Geburtenzuwachs (natürliches Bevölkerungswachstum) und Netto-Einwanderung (nach Angaben des *Time Magazine* vom 9.4.1990).

Afroamerikaner, der auf genetischen Unterschieden beruhen könnte. Es ist fast anzunehmen, daß es in diesem Bereich genetische Unterschiede gibt, denn welcher Selektionsdruck sollte ausgerechnet einen so wichtigen Konkurrenzfaktor wie Kinderzahl gleichschalten? Schließlich ist es für eine Immigrantenpopulation vorteilhaft, wenn sie mehr Kinder zur Welt bringt als die autochthone Ethnie, vorausgesetzt, sie kann diese auch aufziehen. Für eine Minorität wäre es sicher nicht zweckmäßig, sich in ihrer Vermehrung einzuschränken, denn je mehr Personen sie zählt, desto besser kann sie ihre Existenz absichern und desto mehr Stimmengewicht bekommt sie in einer demokratischen Gesellschaft. Wer sagt außerdem, daß es allen Immigranten gelingt, wirtschaftlich mit den Autochthonen gleichzuziehen?

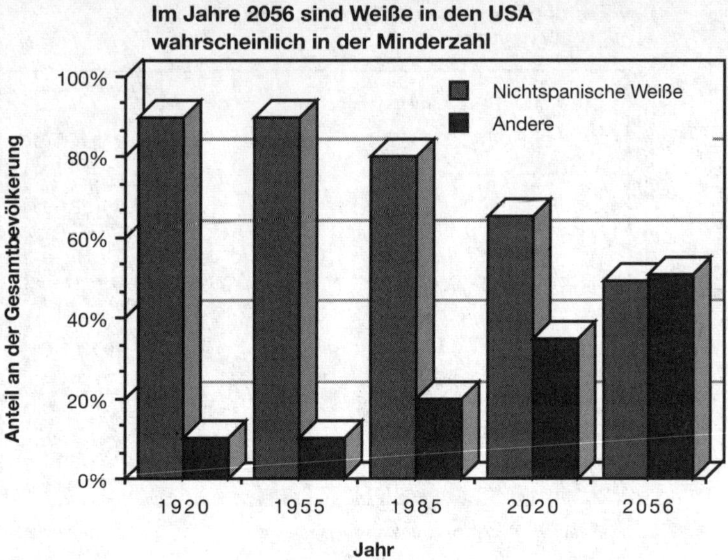

Abb. 11: Prognostizierte Bevölkerungsentwicklung der USA, aufgeschlüsselt nach nichtspanischen Weißen und anderen, bei Anhalten des in den achtziger Jahren festgestellten Trends. Im Jahre 2056 – in einem Menschenalter – befindet sich die weiße Bevölkerung in der Minorität (nach Angaben des *Time Magazine* vom 9.4.1990).

Zu dem Hinweis auf einen möglichen Bevölkerungswandel durch Immigration und unterschiedliches Fortpflanzungsverhalten hört man nicht selten: »Na, und wenn schon, was liegt daran, ob wir (oder: die Europäer) weiterleben? Was ist an uns schon so besonders? Es gibt ohnedies genug Menschen auf dieser Erde.« Oft hört man den Zusatz, wir würden ja in der Menschheit überleben. Es komme daher nicht darauf an, eigene Nachkommen in die Welt zu setzen. – Aber in der Menschheit überlebt unser europäischer Bevölkerungstypus nur, wenn er eigene Nachkommen produziert. Das ist eine so triviale Tatsache, daß man sie eigentlich nicht zu erwähnen braucht. Pflanzen wir Europäer uns nicht fort, dann treten wir ab. Das mag einzelne nicht stören, aber in Wort und Schrift zu verbreiten, daß es darauf nicht ankomme, zeugt entweder von einer Naivität, die an Dummheit grenzt, vielleicht aber auch von einer Selbstdestruktivität, die andere in den Selbsthaß einbeziehen und mitreißen möchte. Das Phänomen verdient auf jeden Fall unsere besondere Aufmerksamkeit. Lebensentsagung, Lebensüberdruß und der Wunsch nach Auslöschung, der im Extremfall zum Selbstmord führen kann, sind ja zu allen Zeiten verbreitet, und es sieht so aus, als würden diese Erscheinungen zu gewissen Zeiten massenpsychotisch von Populationen Besitz ergreifen. Daran mag in der gegenwärtigen Situation des Europäers der Gedrängefaktor durch Übervölkerung, zusammen mit einer durch die vielen Belastungen der Neuzeit (S. 55) verursachten Verdrossenheit, eine Rolle spielen. Der Wunsch nach einer besseren Welt, unerfüllte Erwartungen, Angst und Schuldgefühle kommen hinzu und bewirken eine Art Weltflucht. Ergreift diese in einer Art Massenhysterie eine Bevölkerung, dann scheint es mir geboten, dem durch Aufklärung entgegenzuwirken. Der Mensch ist erstaunlich indoktrinierbar. Das macht ihn besonders verletzbar. Denn durch Propaganda lassen sich in seinem Hirn Strukturen aufbauen, die ihn dazu bringen, gegen seine vitalen Eigeninteressen zu handeln. Und eine gewisse Neigung zu Weltschmerz und Weltverneinung ist diesem mitfühlsamen und reflektierenden Geschöpf gegeben, das sich so sehr um eine Sinndeutung bemüht und an ihr allzuleicht verzweifelt. Die Entsagungsideologie der indischen Religionen, die im Nirwana der endgültigen Auslöschung aus der Kette der Wiedergeburten ihr Ziel sieht, legt dafür Zeugnis ab.

Zur Frage schließlich, ob es denn darauf ankomme, daß wir Europäer überleben, was denn an uns so besonders erhaltenswert wäre, ist zu sagen, daß es sicher kein wie immer geartetes Interesse der Natur an irgendeinem Volk auf dieser Welt gibt. Noch können wir dergleichen aus dem bisherigen Evolutionsgeschehen für irgendeine andere Art Lebewesen feststellen. Das Weltall stürzt gewiß nicht zusammen, sollte einmal ein Planetoid unsere Erde zertrümmern. Ablesen können wir aus dem Evolutionsgeschehen nur, daß jene Arten, die heute leben, dies den erfolgreichen Reproduktionsstrategien ihrer Vorfahren verdanken. Alle Lebewesen, so auch unsere Vorfahren, haben bisher erfolgreich ein Überlebensinteresse als Eigeninteresse vertreten, und das kann keiner dem anderen absprechen.

Wir Menschen können unserem Leben allerdings einen Sinn zuweisen. In dem Bemühen um eine sinnvolle Gestaltung unseres Daseins erreichen wir eine neue Seinsstufe. Aber wir haben auf dem Wege zum wahren Menschen noch eine gute Strecke vor uns. Aus Einsicht in die Mühen, die ungezählte Generationen vor uns in uns investierten, erwächst uns wohl die Verpflichtung, unseren Kindern und Enkeln ein reiches Leben zu weiterer Entfaltung zu ermöglichen. Ich sehe darin so etwas wie einen Generationenkontrakt. Natürlich muß nicht jeder diese Verantwortlichkeit empfinden, und ob ein Mensch Kinder in die Welt setzt oder nicht, sollte ihm selbst vorbehalten bleiben. Aber als meinungsformender Politiker oder Publizist den Angehörigen des eigenen Volkes einzureden, es komme nicht auf das Überleben in eigenen Nachkommen an, erscheint mir unverantwortlich, da es nach meinem Dafürhalten dem Versuch einer Überredung zum Ethnosuizid gleichkommt.

Politiker, die dies tun, verstoßen überdies, wie mir weiterhin scheint, zumindest in Deutschland gegen ihre Verpflichtung, die Interessen des eigenen Volkes wahrzunehmen. Es bedarf wohl keiner umständlichen Begründung, um einsichtig zu machen, daß die Verdrängung einer Ethnie durch eine andere nicht gerade im Interesse der Verdrängten ist, auch wenn dieser Prozeß »friedlich« über Immigration herbeigeführt werden sollte. Darauf hört man dann schnell die Beschwichtigung: »Aber soweit ist es ja noch gar nicht, die paar Millionen gefährden uns doch nicht.« Ja und nein! Zunächst einmal belasten sie die Gemeinschaft durch ihre Konzentration an bestimmten Orten. Dort bilden sich Konfliktzonen. Das ist traurige Wirklichkeit. Des weiteren müssen wir über längere Zeit vorausdenken. Können wir wünschen, daß die Entwicklung in unseren Ländern nach dem

US-amerikanischen Muster abläuft, mit brennenden Stadtbezirken, Verslumung, zunehmender Kriminalität und der Aussicht, allmählich von kulturfernen* Zuwanderern in die Minorität gedrängt zu werden? Das muß nicht so kommen, es kann aber durchaus in diese Richtung gehen – und ist keinem Volk dieser Erde zu wünschen.

Noch vor nicht allzulanger Zeit schwärmte man in Frankreich von der Buntheit, die die Nordafrikaner mit ihren fliegenden Läden in die französischen Städte trügen. Angesichts der sich mittlerweile häufig aggressiv abgrenzenden Ghettos und der zunehmenden Kriminalität ist vielen die Schwärmerei vergangen. Man erkennt, daß man es mit einer Solidargemeinschaft zu tun hat, die zwar französisch spricht, aber arabisch denkt und fühlt, und das ist nicht weiter verwunderlich. Oder glaubte jemand ernsthaft, sie würden sich alle mit der Geschichte Frankreichs identifizieren und einmal Karl den Großen als symbolischen Staatsgründer und Stammvater verehren?

Türken und Deutsche

In der Bundesrepublik Deutschland bilden die Türken eine Bevölkerungsgruppe, die sich außerhalb ihrer Gemeinschaft leicht in die ortsansässige Gemeinschaft integriert. Viele Türken der zweiten Generation sind kulturell bereits Deutsche. Da die Türken allerdings binnen weniger Jahre in großer Zahl einwanderten, kam es in den großen Städten zur Bildung sich abgrenzender türkischer Minoritäten. Bereits 1982 wies der SPD-Kommunalexperte Martin Neuffer[98, 99] auf die daraus erwachsenden Probleme hin: »Die schwerstwiegenden Probleme sind bei den Türken entstanden. Sie bilden die größte ständige Einwanderungsgruppe. Im Gegensatz zur ursprünglichen Gastarbeitersituation

* »Kulturfern« ist aus europäischer Sicht ohne Wertung zu verstehen als: nicht dem europäischen Kulturbereich angehörend.

sind sie inzwischen ganz auf ständige Niederlassung eingestellt. Ihre Zahl ist ständig bis auf gegenwärtig 1,5 Mio. angewachsen und steigt weiter. Das entspricht jetzt schon der Einwohnerzahl von 15 Großstädten mit je 100000 Einwohnern.«

Heute nähert sich die Zahl der Türken der Zweimillionengrenze (türkische Wohnbevölkerung in der BRD Ende 1992: 1,85 Mio.). Nun hoben wir bereits hervor, daß Türken sich durchaus assimilieren können, vorausgesetzt, sie wollen es. Wohnen sie allerdings in größeren Gruppen, dann setzen sie sich ethnisch ab und widersetzen sich so der Assimilation. Schließlich sind sie die Vertreter einer selbstbewußten, hohen Kultur.

Assimilationswillige Türken, die in deutscher Nachbarschaft leben, werden wegen ihres Fleißes trotz ihres zunächst in vielem fremdartig anmutenden Verhaltens relativ schnell von der Bevölkerung akzeptiert. Sie lernen Deutsch, und ihre Kinder unterscheiden sich schließlich nur noch wenig von ihren deutschen Nachbarkindern. Ich erinnere mich, daß ich als Mitglied der Jury für die Verleihung des Literaturpreises des Pen-Clubs Liechtenstein an einer Diskussion teilnahm, bei der ausgezeichnete Gedichte einer in Deutschland geborenen jungen Türkin verlesen wurden.

Edgar Piel[107] machte mich mit den von ihm durchgeführten Erhebungen des Allensbacher Instituts bekannt, die in diesem Zusammenhang interessant sind, weil sie zeigen, daß die in Deutschland lebende türkische Minorität heute deutlich besser bewertet wird als vor zehn Jahren (vgl. Abb.12). Im Kontrast dazu wird der Zustrom von Asylanten zunehmend als »bereits ... nicht mehr erträglich« empfunden (vgl. Abb. 13).

Dies spricht dafür, daß es gelingen könnte, ein verträgliches Miteinander zwischen Türken und Deutschen zu gestalten, mit dem Ziel einer völligen Assimilation. Sie setzt allerdings die Bereitwilligkeit der Eingewanderten voraus, sich anzugleichen, und die weitere Akzeptanz durch die einheimische Bevölkerung und sicher auch eine Entspannung des Arbeitsmarktes. In Krisensituationen wird eine Minorität bekanntlich leicht zum Sün-

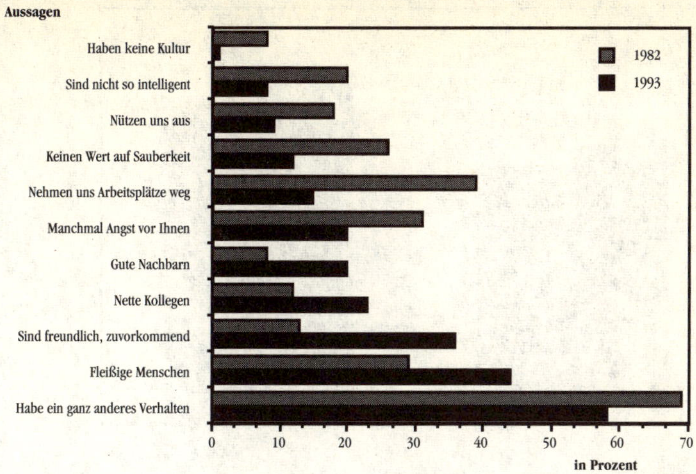

Abb. 12: Veränderte Einstellung zu Türken 1982–1993. Positive Aussagen sind deutlich häufiger, negative Aussagen deutlich seltener geworden. (Quelle: Allensbacher Archiv[107])

denbock, was dann zur weiteren Abgrenzung führen könnte – eine Entwicklung, die katastrophal wäre. Erschwert wird die Situation durch die Tatsache, daß die türkische Bevölkerung, dem durchaus natürlichen Wunsch nach Einbettung in ihre Gemeinschaft folgend, türkische Gemeinden bildete, in denen heute mancherorts, vor allem in den Schulen, Moslemfundamentalisten und Nationalisten tätig sind, deren Agitation sich gegen Assimilationsbestrebungen richtet.

Auf einer Anhörung in Bonn meinte der türkische Botschafter Omar Öymen, die in Deutschland lebenden Türken seien keine Ausländer, sondern »Deutschland-Türken«, vergleichbar den Rußland-Deutschen. Das könnte als Wunsch nach Beibehaltung des türkischen Volkstums in Deutschland interpretiert werden. Die Situation ist jedoch nicht mit der der Rußland-Deutschen vergleichbar, denen man einst unbesiedeltes Land zur Kultivierung überlassen hatte. Für eine Türkenrepublik ist hier sicher kein Platz. Wie hoch der Prozentsatz assimilationswilliger Tür-

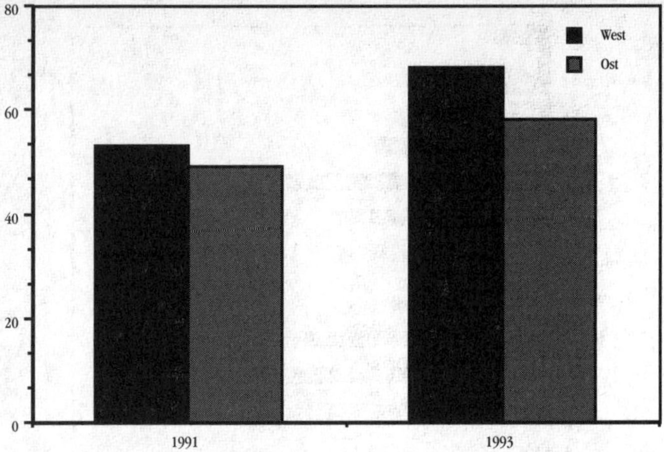

Abb. 13: Frage: »Halten Sie die Probleme, die in der Bundesrepublik durch den Zustrom von Asylanten entstanden sind, alles in allem noch für erträglich oder bereits für nicht mehr erträglich?« Die Säulen geben den Prozentsatz der Befragten wieder, die den Zustrom als »nicht mehr erträglich« einstuften. (Quelle: Allensbacher Archiv[107], zuletzt Mai/Juni 1993)

ken im Verhältnis zu den Traditionellen ist, konnte ich nicht erfahren. Aber verweigert ein großer Prozentsatz die Angleichung und grenzt er sich als eigene Solidargemeinschaft ab, dann kann dies problematisch werden. Besonders dann, wenn die sich abgrenzende Gemeinschaft der Immigranten sich schneller vermehrt als die einheimische Bevölkerung.

Ein Bevölkerungswandel kann relativ schnell erfolgen[60]. In der beigefügten Graphik (Abb. 14) ist die Zahl der Lebendgeborenen für Westberlin von 1960–1992 aufgezeichnet. Ein deutliches Absinken der Zahl von Inländerkindern und eine deutliche Zunahme der Ausländerkinder ist ohne weiteres abzulesen.

Dem neuen Jahrbuch 1993 des Statistischen Bundesamtes in Wiesbaden entnehme ich für Deutschland folgende Angaben:

1991	**Bevölkerungszahl**	**Geburten**
Deutsche	74 102 000	739 226
Türken	1 779 586	45 304

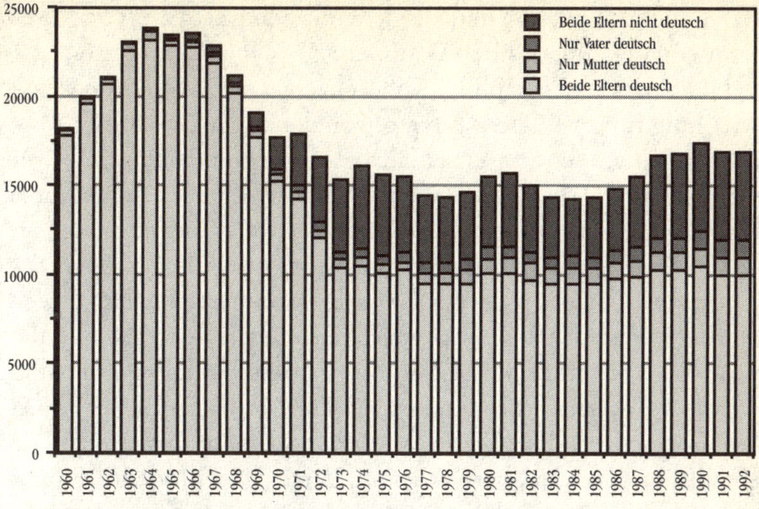

Abb. 14: Lebendgeborene in Berlin (West) von 1960–1992 nach der Staatsangehörigkeit der Eltern. (Graphik vom Verfasser)

Auf 100 Deutsche kommen demnach in Deutschland 1 Baby pro Jahr, auf 100 Türken 2,5 Babies. Dazu ist noch anzumerken, daß etwas über 40% der türkischen Bevölkerung in Deutschland unter 21 Jahre alt sind.

Von den am 31.12.1992 in Deutschland lebenden 1854945 Türken waren 1023833 männlichen Geschlechts*, 831112 weiblichen Geschlechts. 765826 waren unter 21 Jahre alt (41,3%). Die Altersklasse der 21–50jährigen macht mit 863401 Personen 46,5% aus. Aus den nichteuropäischen Ländern lebten zu diesem Zeitpunkt ferner 283901 Afrikaner, 596763 Asiaten und 253179 nicht näher Ausgewiesene (»übrige Staaten«) in Deutschland. Sie ergeben einen Block kulturferner Immigranten von 1133843 Personen. Aus dem ehemaligen Jugoslawien sind 118056 Personen registriert, aus Osteuropa 725855, aus den

* Viele der überzähligen jungen Männer holen ihre Heiratspartner aus der Türkei.

EU-Ländern 1 507 339 und aus dem übrigen Europa 255 754. Gesamtzahl der aufgezählten Gruppen: 5 595 792 Personen.

Die beigefügte Graphik (Abb. 15) zeigt die Bevölkerungsentwicklung für zwei Populationen, von denen die eine mit 75 Millionen Individuen mit einer jährlichen Verminderungsrate von −0,5 % startet, die andere mit 1,8 Millionen Personen, aber mit einer Wachstumsrate von 2 % und einer Nettozuwanderung von 50 000 Personen jährlich. Dies entspricht sowohl nach Bevölkerungszahl als auch nach der Geburtenrate ungefähr den gegenwärtigen Verhältnissen in Deutschland für die deutsche und die türkische Bevölkerung. Über die Familienzusammenführung wandern jährlich ferner rund 50 000 Türken zu. Für beide Populationen wurde die gleiche Sterberate angenommen; auch sie entspricht etwa jener in unserem Land. Die Modellrechnung zeigt, daß beide Populationen nach 120 Jahren den gleichen Bevölkerungsstand erreichen. Ab diesem Zeitpunkt wächst die bisherige Minorität rapide zur Majorität heran. (Das Modell ist sicher vereinfacht. Es soll die Entwicklung zweier Populationen mit unterschiedlichen Reproduktionsstrategien veranschaulichen*.) Es kann durchaus sein, daß sich die türkische Bevölkerung in ihrem Reproduktionsverhalten dem der Deutschen weiter angleicht, was einen allgemeinen sozialen Aufstieg zur Voraussetzung hätte. Aber die Angleichung muß ja nicht erfolgen. Auch kann weitere Zuwanderung ausbleiben und eine völlige Assimilation stattfinden, womit das Problem gelöst wäre.

* Wenn Biologen von *Strategien* sprechen, dann meinen sie keineswegs nur bewußt verfolgte, einsichtig geplante und auf ein bestimmtes Ziel ausgerichtete Handlungsfolgen, sondern ganz allgemein Verhaltensmuster, deren Folgen die Eignung der Akteure fördern. In dieser Hinsicht »angepaßtes« Verhalten kann auch das Ergebnis stammesgeschichtlicher Entwicklung und damit genetischer Programmierung sein. Es liegt auch keine Bewertung vor. Eine Minorität, die sich in einem Gastland stärker vermehrt als dessen angestammte Population, handelt nicht verwerflich, sondern aus ihrer Sicht und den Lebensgesetzen entsprechend durchaus angepaßt. Fehlangepaßt handeln dagegen Populationen, die sich freiwillig das Verdrängungsrisiko aufbürden.

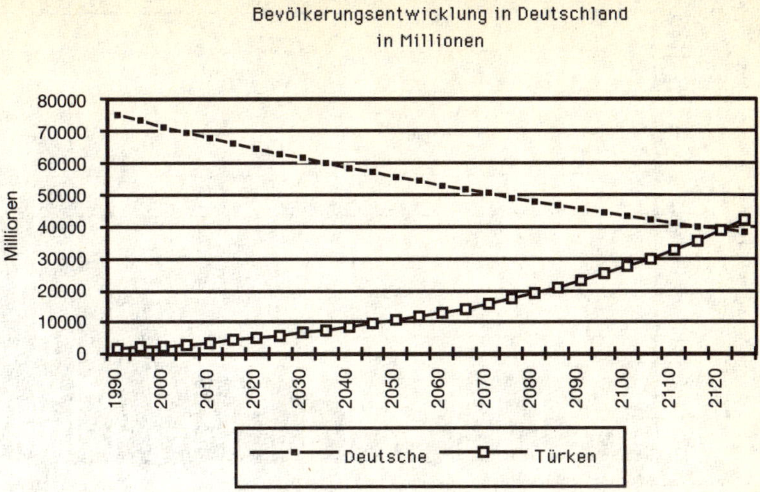

Abb. 15: Berechnung der Bevölkerungsentwicklung in Deutschland bei Fortdauer des gegenwärtigen Trends (Modellrechnung, keine Prognose).
Bevölkerungsgröße 1990: rd. 75 Mio. Deutsche, rd. 1,8 Mio Türken.
Jährliche Wachstumsraten: Deutsche −0,5 %, Türken 2 %.
Nettozuwanderung von 50000 Türken jährlich.
Geschlechterverhältnis: identisch. Sterblichkeit: identisch.
Weitere Erläuterungen im Text. (Graphik von Joseph Schmid, Universität Bamberg, auf Bitte des Verfassers angefertigt.)

Wie das Beispiel der Vereinigten Staaten lehrt, kann es aber relativ schnell auch anders kommen. Daher ist es geboten, die Situation zu überdenken. Änderungen der Gesetze über die Familienzusammenführung sollten erwogen werden. Zumal auch aus Afrika, Indien und anderen außereuropäischen Regionen Immigranten als Asylbewerber, Arbeitsuchende und Flüchtlinge herandrängen und diese uns kulturell noch viel ferner stehenden Einwanderer mittlerweile auch eine Million überschreiten. Allein 1992 hatte Deutschland eine Zuwanderung von 438000 Asylbewerbern zu verkraften, von denen viele aus kulturfernen Ethnien stammen. Da jeder Asylbewerber an offenen Kosten 15000 DM pro Person verursacht, bedeutet allein die Zuwanderung in diesem Jahr eine zusätzliche Belastung von

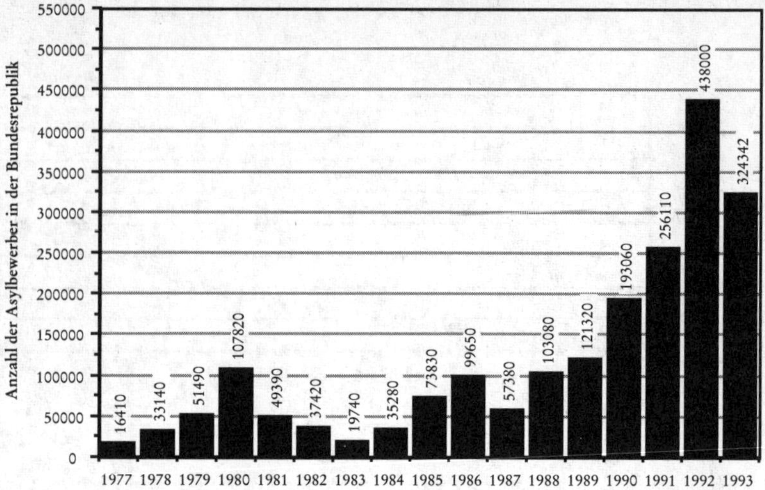

Abb. 16: Magnet Deutschland: Anzahl der Asylbewerber in der Bundesrepublik 1977–1993 (nach Helga Herrmann[61] in *Information zur politischen Bildung*, ergänzt vom Verfasser). Trotz der strengeren Siebung der Asylbewerber im zweiten Halbjahr 1993 wanderten noch nahezu 100 000 zu. Das Problem ist somit keineswegs gelöst.

6,57 Milliarden DM*. Über Herkunft und Zahl der Asylbewerber von 1979–1991 informiert ein Buch von Heinrich Lummer[86], der die Situation ungeschminkt darstellt. Abb. 16 veranschaulicht die Entwicklung des Asylantenproblems von 1977 bis 1993.

Viele der Asylbewerber bleiben auch nach Ablehnung ihres Antrags hier. Zwar haben rechtskräftig abgelehnte Asylbewerber Deutschland zu verlassen, aber etwa 30 bis 40% können bleiben, weil ihnen im Heitmatland angeblich Gefahr an Leib und Leben droht. Auch wenn das Asylverfahren extrem lange

* Gegenwärtig liegt die Belastung bei 10–12 Milliarden DM pro Jahr. Hinzu kommen nicht unerhebliche weitere Ausgaben. So haben Asylbewerber, deren Antrag positiv beschieden wurde, Anspruch auf eine Sozialwohnung. Auch die importierte Kriminalität verursacht Kosten.

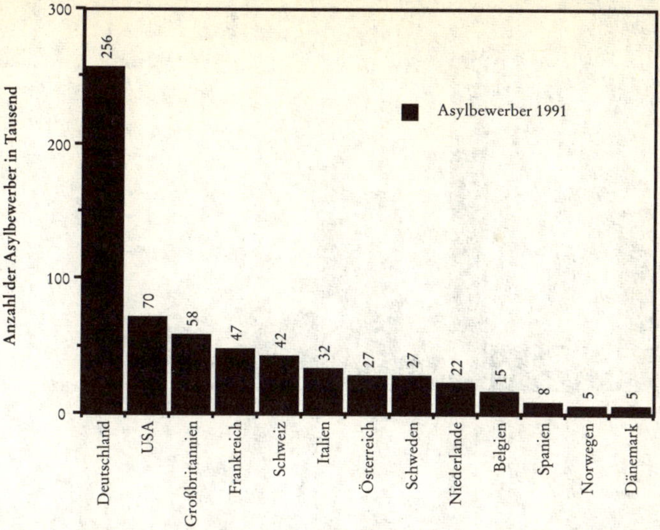

Abb. 17: Auf der Suche nach Asyl: Asylbewerber 1991 in 1000 (nach Helga Herrmann[61] in *Information zur politischen Bildung*).

dauerte, wird aus humanitären Gründen nicht abgeschoben, und schließlich taucht ein Teil der Abgelehnten unter und bleibt illegal in Deutschland, das übrigens mehr Asylbewerber aufnimmt als jedes andere Land, mit Ausnahme von Österreich und der Schweiz, die 1991 pro 100000 Einwohner mehr Asylbewerber als jedes andere Land aufnahmen (Abb. 17 und 18).

Die Situation sollte von den Politikern aller Parteien ohne Zorn und Eifer überdacht werden. »Wir kriegen einen Aufstand«, meinte der ehemalige Oberbürgermeister Georg Kronawitter (SPD) im *Spiegel*-Streitgespräch[125] mit dem niedersächsischen Minister Jürgen Trittin (Grüne) über die Asylpolitik. Das Gespräch beginnt mit der Feststellung Kronawitters, in München gebe es 10000 Obdachlose, rund 50000 Sozialhilfeempfänger und 120000 an der Armutsgrenze lebende Menschen, und kaum ein Arbeitnehmer könne sich wegen der hohen Mieten eine

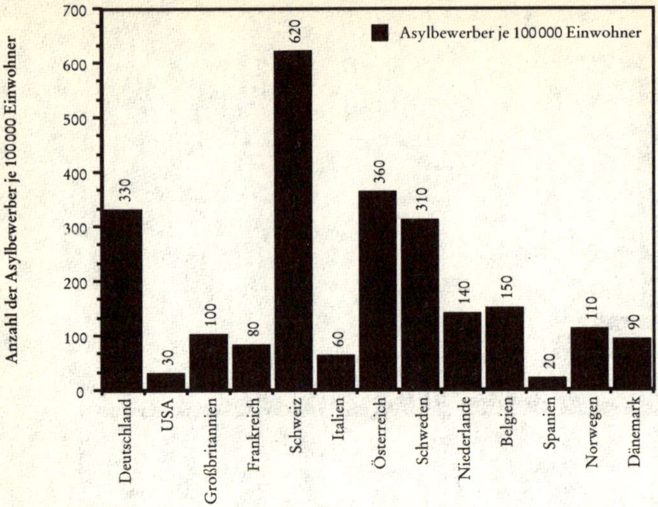

Abb. 18: Auf der Suche nach Asyl: Asylbewerber 1991 je 100000 Einwohner (nach Helga Herrmann[61] in *Information zur politischen Bildung*).

Wohnung leisten. Da mache es in München böses Blut, wenn 8000 Asylbewerber kostenlos untergebracht würden und noch Sozialhilfe ausbezahlt bekämen. Trittin meint dazu, man könne ja die Asylbewerber in Wohnheime einquartieren, dort, gut betreut, würden sie schon von der Bevölkerung akzeptiert (Ref.: als würde das nichts kosten!). Das Gespräch entzündet sich dann an der Forderung Trittins, auch von den abgewiesenen Asylbewerbern 40 – 60 % das Bleiberecht zu gewähren.

Darauf *Kronawitter:* Nehmen Sie die Fakten nicht zur Kenntnis? Nur 0,2 Prozent der Rumänen werden als Asylanten anerkannt, nur 0,2 % der Bulgaren, nur 0,6 % der Polen. Aber Sie wollen 60 % der Zuwanderer ein Bleiberecht gewähren.

Trittin: So ist die Rechtslage…

Kronawitter: Und ich sage Ihnen, wir können uns das nicht mehr leisten. Wir schaffen es nicht, das Auffangbecken für alle Armen in der Dritten Welt zu sein. Das sind nämlich eine Milliarde Menschen und mehr.

Trittin: Machen Sie sich doch nichts vor, Herr Kronawitter. Alles Gerede führt nicht daran vorbei: Wir befinden uns mitten in einer neuen Völkerwanderung. Deutschland ist längst zu einem Einwanderungsland geworden. Ob wir die Zuwanderung wollen oder nicht… es gibt sie, damit müssen wir leben.

Kronawitter: Natürlich. Aber wie lange, glauben Sie, wird es dauern, bis 10 oder 20 Millionen bei uns sind? 100 Millionen würden gern zu uns kommen, wenn wir sie nicht legal abwehren können.

Trittin: Halten wir den Ausgangspunkt fest: Es geht nicht darum, ob wir Zuwanderung wollen, sondern wie wir sie gestalten.

Kronawitter: Moment. Ich sage, es gibt eine totale Überlastung. Wenn wir Ihnen folgen würden, Herr Trittin, dann wären bald zehn Millionen Leute bei uns. Die brauchen nur »Asyl, Asyl« zu sagen, und schon sind sie im Verfahren. Das können wir unseren Bürgern nicht zumuten. Wir würden eine Volksaufstand kriegen.

Trittin: Sie betreiben doch eine gezielte Verängstigung der Leute.

Kronawitter: Treffen Sie eigentlich noch mit Normalbürgern zusammen, oder sitzen Sie abgekapselt in Ihrem Ministerium?

Das Gespräch ist typisch für die inhaltsleere Phrasendrescherei radikaler Immigrationsbefürworter. Es wiederholt sich immer das gleiche. Nach dem »Wir sind schon ein Immigrationsland« – als müsse es dann auch so bleiben, Fehlerkorrektur ausgeschlossen – kommt: Es gehe nicht darum, ob wir Zuwanderung wollen, sondern wie wir sie gestalten – eine Leerformel. Und in die Enge getrieben, kommt schließlich der Vorwurf, der Gesprächspartner würde Verängstigung der Leute betreiben. Die Anklage wird im Verlauf des Gesprächs übrigens noch einmal wiederholt. Auf die Feststellung Kronawitters, wir könnten nicht der Lastesel für die Armen der Welt sein, erwidert Trittin: »Sie wissen, daß Sie mit dem Gerede über ›Scheinasylanten‹ und ›Wirtschaftsflüchtlinge‹ nur neue Feindbilder aufbauen und die Stimmung anheizen.«

Es fehlt nur noch der sonst übliche Vorwurf, der Gesprächspartner würde »Wasser auf die Mühlen der Rechtsextremen gießen« oder gar »ausländerfeindlich« oder »rassistisch« argumentieren, eine Methode der Diffamierung, der man sich auch in anderen Ländern gerne bedient. In einer Kritik antireduktionistischer Argumentation schreibt die Amerikanerin Ullica Segerstråle[122]: »Etwas als rassistisch hinzustellen ist wahrscheinlich die Strategie, die sich am besten bewährt, wird sie doch die größte moralische Entrüstung bewirken und dabei dem Anschuldiger zugleich maximale moralische Anerkennung geben.«*

Bereits vor Jahren warnte Herbert Wehner: »Wenn wir uns weiterhin einer Steuerung des Asylproblems versagen, dann werden wir eines Tages von den Wählern, auch unseren eigenen, weggefegt. Dann werden wir zu Prügelknaben gemacht.« So Herbert Wehner, SPD-Fraktionsvorsitzender, am 15. Februar 1982 im Deutschen Bundestag. Viel Zeit verstrich seither ungenützt, und das hat allein an Ausgaben für die Asylbewerber Milliarden gekostet. Sicher, was das Volk nicht erfährt, nimmt es hin. Aber die Bürger sind nicht blind, und überdies besteht in einer Demokratie die Pflicht, sie aufzuklären, und nicht, das Problem zu verschleiern.

In *Die Zeit* vom 6. November 1992 wurden Stimmen für und wider das »Hamburger Manifest« veröffentlicht, das sich gegen die Änderung des Artikels 16 zum Asylrecht aussprach. Marcel Reich-Ranicki lehnte es ab, das Dokument zu unterzeichnen, weil er es für ein »wirres, bestenfalls weltfremdes Dokument« hielt. Es gebe zwar vor, das Interesse politisch Verfolgter, denen das Grundgesetz Asyl zusichert, zu verteidigen, in Wirklichkeit

* »To construe something as ›racist‹ is probably the strategy that will work best, in the sense that it will create the most moral outrage – and thereby also give maximal moral recognition to the accuser« (S. 208).

aber diene dieses Manifest keineswegs der Sache der politisch Verfolgten. Denn es gehe ja nicht um das vom Artikel 16 garantierte Asylrecht, dessen Existenz und Notwendigkeit kein anständiger Mensch bezweifle, sondern um dessen Mißbrauch.

Reich-Ranicki: »Wenn allein in den verstrichenen zehn Monaten diesen Jahres Hunderttausende, vom Elend getrieben, nach Deutschland gekommen sind, ohne politisch verfolgt zu sein, dann muß man verblendet sein, um nicht zu sehen, daß es sich hier um einen Mißbrauch handelt. Jawohl, man muß sich der ›fortschreitenden Aushöhlung unserer Verfassung‹ widersetzen, nur wird das Grundgesetz nicht durch eine etwaige Änderung des Artikels 16 ausgehöhlt, sondern durch dessen falsche Auslegung und großzügige Anwendung... Wer damit einverstanden ist, daß auch diejenigen in den Genuß des Asylrechts kommen, die keineswegs politisch verfolgt sind, handelt eben nicht im Sinne der Verfassung« (*Die Zeit*, Feuilleton vom 6.11.1992).

Reich-Ranicki warnt vor einer »Heiligsprechung« der Verfassung und plädiert für eine Präzisierung des Artikels 16, so daß Mißbrauch verhindert wird. Nicht Pathos oder pompöse Rhetorik wie die Berufung auf »historische Schuld«, »historische Verantwortung« oder »Versprechen an die Weltgemeinschaft« würden gebraucht, sondern Nüchternheit und Sachlichkeit. Human wären nur solche Lösungen, die das Interesse beider Seiten berücksichtigen – jener, die hierherkommen wollen, und auch jener, die hier leben.

Man handelt nicht gut, wenn man die Überlebenschancen seiner Kindeskinder einschränkt und damit gefährdet, noch hilft man den Bewohnern der Dritten Welt, indem man ihnen das Land öffnet. Denn wir könnten aus Afrika und Indien mehrere hundert Millionen einwandern lassen, ohne daß sich dort auch nur das geringste ändern würde.

Möglich sogar, daß sich als Antwort auf die Herausforderung durch die friedliche Unterwanderung das reproduktive Verhalten der einheimischen Bevölkerung ändert. Das liefe dann auf einen »Kampf der Wiegen« hinaus, eine Entwicklung, die man nicht wünschen kann, denn sie würde in die ökologische Katastrophe führen. Die Tragekapazität unserer Länder ist, wie jeder mittlerweile weiß, überschritten. Ein Gesundschrumpfen der Gesamtbevölkerung wäre durchaus wünschenswert, doch darf dieser Prozeß sich nicht nur auf die einheimische Bevölkerung erstrecken, und er muß auch auf einem optimalen Niveau zum Stillstand kommen.

5.4. *Erhöhte Straffälligkeit*

Das Thema Ausländerkriminalität gilt als »heißes Eisen«. Im Interesse aller Beteiligten ist es sicher wichtig, die Bildung von generalisierenden Vorurteilen gegen eingewanderte Bevölkerungsgruppen zu verhindern. Diese gute Absicht darf aber nicht dazu führen, daß man ein Problem in seiner Bedeutung herabspielt und in der öffentlichen Diskussion verschleiert. Schließlich ist ja die Bevölkerung mit der Realität, etwa der zunehmenden Drogenkriminalität, den Eigentumsdelikten und Gewalttaten in manchen Regionen ihrer Großstädte, konfrontiert. Bei Fehlinformation kann sie das Vertrauen in die Glaubwürdigkeit der öffentlichen Meinungsbildner verlieren und erst recht zu verallgemeinernden Fehlurteilen gelangen. Nicht Pauschalurteile, sondern eine differenzierte Sicht ist deshalb geboten.

Grundsätzlich gilt, daß Menschen, die sich nicht nahestehen, dazu neigen, einander auszunützen. Das belastet das Leben in der anonymen Großgesellschaft, selbst wenn alle ihre Mitglieder der gleichen Ethnie angehören. In einer Gemeinschaft, in der jeder jeden kennt, benehmen wir uns dagegen meist recht anständig. Lag ein Dorf nicht gerade an einer Durchgangsstraße, dann ließ man hierzulande früher die Tore unversperrt.

Nun stehen Immigranten den Bewohnern des Landes ihrer Wahl noch fremder gegenüber als diese einander als Mitglieder der anonymen Gemeinschaft einer Nation. Die Hemmschwelle gegenüber den ihnen fremden und überdies wohlhabend erscheinenden Bewohnern des Gastlandes ist daher geringer als gegenüber den Mitgliedern der jeweils eigenen Solidargemeinschaft. Und da ein Teil der Eingewanderten arm ist, besteht für diesen wohl mehr als für andere die Versuchung, das eigene Los durch Eigentumsdelikte zu verbessern.

Man muß ferner in Rechnung stellen, daß ein wohlhabendes Land auch Personen anzieht, die von vornherein darauf aus sind, als Einzeltäter oder im Rahmen der organisierten Kriminalität die Situation auszunützen. Die Kriminalität der *arbeitenden* Ausländerbevölkerung ist deutlich niedriger als die der Asylbewerber. So ist die Kriminalitätsrate der in Deutschland arbeitenden Türken relativ niedrig. Sie liegt zwischen der der in Deutschland lebenden Schweizer und Briten (vgl. Fußnote S. 152f.)

Eine Auswertung der Kriminalstatistik des Bundeskriminalamtes vom Jahre 1991 zeigt, daß die Kriminalität in der Bundesrepublik ununterbrochen wächst: von 1789319 Straftaten im Jahre 1965 auf 4750175 (alte Bundesländer) im Jahre 1991. Der prozentuale Anteil nicht-deutscher *Tatverdächtiger* an den gesamten registrierten Straftaten (alte Bundesländer einschließlich Berlin) belief sich 1991 auf 28,9 %. Jeder vierte Tatverdächtige ist also Ausländer. Der Anteil der *tatverdächtigen Asylbewerber* beträgt 9,5 %. Allerdings sind 29 % aller von den Asylbewerbern begangenen Delikte Verstöße gegen das Ausländergesetz und Ausländerverfahrensgesetz, mithin als geringfügig einzuschätzen. Zieht man diese auf die Gesamtsumme der Ausländerkriminalität bezogenen 2,6 % ab, so bleibt doch noch ein hoher Anteil der Ausländer an den in Deutschland begangenen Straftaten (26,3 %). Besonders hoch ist der Ausländeranteil bei folgenden Delikten (Stand 1991): Taschendiebstahl (77,3 %), Straßenraub (40,9 %), Drogenschmuggel und -handel (39,2 %), Mord, Raubmord, Totschlag und Erpressung (je 31 %). Nach Heinrich Lummer[86] gibt es kaum ein Delikt der Schwer- und Schwerstkriminalität, an dem Ausländer nicht mindestens viermal häufiger beteiligt sind, als es ihrem Bevölkerungsanteil entspricht.

Nach den Erkenntnissen des nordrhein-westfälischen Innenministeriums stieg die Kriminalität unter den Asylbewerbern 1990 und 1991 für dieses Bundesland dramatisch an. Während nur jeder 50. deutsche Einwohner und jeder 20. Ausländer in NRW nach der Statistik straffällig wurde, stieg 1991 bei Asylbewerbern der Anteil der Tatverdächtigen auf 21,7 %: Jeder fünftc Asylbewerber wurde hier 1991 von der Polizei wegen eines Vergehens oder Verbrechens registriert*. Angesichts dieser Daten versteht man nicht ganz, wie Thomas Münster unter der Überschrift »Ausländerkriminalität – nur griffiges Schlagwort« behaupten kann: »Ausländische Mitbürger sind laut Statistik nicht krimineller als Einheimische« (*Süddeutsche Zeitung* vom 10. 11. 1992).

Auch in anderen europäischen Ländern ist die Ausländerkriminalität deutlich höher als die der Einheimischen[7]. In Schweden ist sie zum Beispiel doppelt so hoch. Das erklärt sich nach Per O. Wikström[135] vor allem durch die niedrige Kriminalitätsrate der Schweden und weniger durch eine besonders hohe der Ausländer. So ergebe sich die hohe Zahl für Vergewaltigungen aus der »normalen Rate« unter den Ausländern, gemessen

* Nach einem Bericht des Innenministers Herbert Schnoor (SPD) an den Innenausschuß des Landtags (aus *Die Welt* vom 14. 5. 1992; vgl. auch Kriminalstatistik der Bundesregierung 1990 und 1991).

Bezieht man die Zahl der *Tatverdächtigen* einer Nationalität auf die Zahl der im Jahresdurchschnitt in Deutschland lebenden Staatsangehörigen, dann ergibt sich für 1991 nach Lummer[86] folgendes Bild:

Portugiesen 2,2 %; Spanier 2,4 %; Griechen 2,7 %; Österreicher 2,9 %; Niederländer 3,1 %; Italiener 3,9 %; Schweizer 4,7 %; Türken 4,9 %; Briten 5 %; Franzosen 5,7 %; Chinesen 5,8 %; Jugoslawen 7,3 %; Afghanen 7,5 %; Ungarn 8,2 %; Iraner 8,4 %; Tunesier 8,5 %; US-Amerikaner 8,9 %; Syrer und Äthiopier ca. 9 %, Marokkaner 9,1 %, Ägypter ca. 10 %, Pakistani 10,4 %, Srilanker 11,9 %, Polen 13,9 % (1990: 23,4 %), Inder 16,2 %, Sowjetbürger ca. 22 %, Libanesen 22,9 %, Tschechoslowaken 26,9 %, Bulgaren ca. 28 %. An der Spitze der Kriminalitätsskala stehen die Rumänen mit 52,4 %. Bemerkenswert ist auch der hohe Prozentsatz Verdächtiger bei den Schwarzafrikanern: Er betrug 1990 für Ghanesen 34 %, Nigerianer 39 %, Angolaner 35 %, Zairer 34,5 %, Somalier 27,1 % und Gambier 76,8 %.

gegen die äußerst niedrige Rate der Schweden. Diese Erklärung ist wohl abwiegelnd gemeint, aber kaum wirklich dazu angetan, die Gemüter zu beruhigen. In den Niederlanden erreichen die marokkanischen und türkischen männlichen Jugendlichen jeweils hohe Kriminalitätsraten, insbesondere bei Eigentumsdelikten und »Aggression gegen Einzelpersonen«. Es fällt auf, daß es hier vor allem die zweite Generation der Einwanderer ist, die Probleme schafft. Diese Generation hat es schwer, ihre Identität zu finden. Sie steht verunsichert zwischen den Kulturen. Dazu kommen noch Frustrationen der verschiedensten Art. In einer solchen Situation neigen junge Männer dazu, sich über aggressive Akte mit ihresgleichen zu solidarisieren[26].

Schließlich wären noch die eingeschleppten politischen Konflikte zu erwähnen. Etwa 50000 der in Deutschland lebenden Ausländer gehören laut Verfassungsschutzbericht extremistischen Organisationen an. Viele tragen die Konflikte ihrer Herkunftsländer in Deutschland aus: Kurden, Palästinenser, Tamilen und andere. Die Aktivitäten beschränken sich nicht nur auf Demonstrationen wie jene am 4. März 1989, auf der in Bonn die

Für 1992 liegen folgende Angaben vor:

Gesamtzahl der Straftaten in der BRD 6291519, davon Delikte der Gewaltkriminalität 150678, Anteil der Ausländer an allen Tatverdächtigen: 30,0%, davon ein Viertel wegen Verstoßes gegen Ausländer-/Asylgesetz, bleiben netto ca. 24% ausländische Tatverdächtige.

Aufschlüsselung nach Delikten:

– Taschendiebstahl	74,1% aller Tatverdächtigen Ausländer;
– bandenmäßige Rauschgiftherstellung, -handel	65,8%;
– Kokaineinfuhr in nicht geringer Menge	57,1%;
– Menschenhandel	55,6%;
– Vergewaltigung durch Gruppen	53,4%;

33,9% aller Tatverdächtigen waren Asylbewerber. Nach Abzug der Verstöße gegen das Ausländer-/Asylverfahrensgesetz blieb »netto« immerhin noch ein Gesamtanteil der Asylbewerber von 24% der ausländischen Tatverdächtigen. Da ihr Anteil an der ausländischen Bevölkerung nur 9% beträgt, ist das ein relativ hoher Prozentsatz an Tatverdächtigen.

Ermordung des Schriftstellers Salman Rushdie gefordert wurde. Sie war als Demonstration gegen die »Satanischen Verse« angemeldet, aber es wurde offen die Ermordung Rushdies gefordert (Transparent: »Salman Rushdie muß weg!«) (nach Lummer[86], dort auch weitere Angaben zu diesem Thema). 1990 gab es in der Bundesrepublik Deutschland 19 Brandanschläge und 2 Bombenanschläge, die auf das Konto ausländischer Extremistenorganisationen gingen.

Bei der Bewertung der Ausländerkriminalität sind viele Faktoren in Rechnung zu stellen. In der Diskussion um das Für und Wider der Öffnung eines Landes für Immigranten muß aufgrund der bisherigen Erfahrungen wohl zur Kenntnis genommen werden, daß jede Immigration von einer sozialen Desintegration und damit einer Störung des sozialen Friedens begleitet ist, was sich unter anderem auch in einer erhöhten Kriminalitätsrate bemerkbar macht. Bestimmte Gruppen von Einwanderern erweisen sich dabei als besonders anfällig für bestimmte Delikte. Was immer auch die Ursachen dafür sein mögen – kulturelle Distanz ist sicher ein Faktor, den man in Rechnung stellen muß –, wir müssen zunächst einmal die Gegebenheit akzeptieren und in unsere Erwägungen einbeziehen.

Wir müssen ferner daran denken, daß sich in wirtschaftlichen Krisenzeiten die Situation dramatisch verschärfen kann. Wir tun allzuoft so, als gäbe es nicht das Wechselbad von wirtschaftlichen Konjunkturen und Rezessionen, Zeiten des ökonomischen Aufschwungs wie des Niedergangs.

5.5. Möglichkeiten und Grenzen multiethnischen Zusammenlebens

Ich darf in Erinnerung bringen, daß wir Menschen gegenüber unseresgleichen sowohl von freundlichen Beweggründen als auch von Ängstlichkeit und Dominanzstreben motiviert werden. Letztere bilden das archaische Altwirbeltiererbe, dem sich die Prosozialität überlagert hat[23, 26, 29]. Die Entwicklung der fürsorglichen Verhaltensdispositionen bedeutete einen Qualitätssprung in der sozialen Entwicklung der höheren Wirbeltiere. Sie ist die Voraussetzung für die Fähigkeit, uns mit anderen Menschen auf quasi-familialer Basis verbunden zu fühlen. Mit zunehmender Kommunikation, zu der Reisen und Fernsehen beitragen, werden wir auch mit Menschen ferner Länder bekannt. Wir erfahren von ihren Sorgen und Nöten. Ihr Leid macht uns betroffen, und wir freuen uns mit ihnen, wenn wir sie bei Spiel und Tanz und mit ihren Kindern erleben. Die offensichtlich gleiche Gefühlsausstattung wie die unsrige läßt Sympathie anklingen, und die nähere Bekanntschaft mit den Kulturschöpfungen anderer Völker fördert Wertschätzung. Selbst die für unsere Begriffe einfachen Kulturen der Naturvölker haben höchst bemerkenswerte Leistungen hervorgebracht. All das fördert unsere Achtung und die Wertschätzung kultureller Vielfalt, deren Bedeutung wir über das Ästhetische hinaus auch biologisch als lebensabsichernd unterstreichen konnten.

Die Utopie der multikulturellen Immigrationsgesellschaft wird wohl ebenfalls von der Wertschätzung und Sympathie und dem Wunsch zu helfen motiviert. Aus unseren bisherigen Ausführungen dürfte aber wohl deutlich geworden sein, daß der Aufbau einer multikulturellen Immigrationsgesellschaft in einem relativ homogenen Nationalstaat problematisch und eigentlich nicht zu verantworten ist. Man darf nicht »Experimente mit Menschen« anstellen, die den inneren Frieden und damit den Fortbestand der freiheitlichen Demokratie gefährden. Es ist ferner höchst widersprüchlich, wenn man auf längere Sicht die eigene ethnische Identität aufs Spiel setzt und zugleich für kulturelle Vielfalt eintritt, denn auch durch die Pflege der eigenen Kultur trägt man ja zur Erhaltung der Vielfalt bei.

In der gegenwärtigen Situation scheint es mir daher das beste, jenen Immigranten, die sich auf Dauer in unseren Ländern Europas niederlassen wollen, die volle Assimilation nahezulegen.

Sie sollte die Voraussetzung für die Verleihung der Staatsbürgerschaft sein. Jenen, die sich nicht in die Solidargemeinschaft des Aufnahmelandes eingliedern wollen, sollte man die Heimkehr in ihr jeweiliges Mutterland durch großzügige finanzielle Hilfe erleichtern. Die gegenwärtig oft diskutierte doppelte Staatsbürgerschaft trägt eher dazu bei, den Minoritätenstatus zu fixieren. Ich würde auch nicht empfehlen, außereuropäischen Einwanderern das Gemeindewahlrecht zu gewähren, da es sich doch um eine entscheidende Form der Mitbestimmung handelt. Schließlich werden auf dieser Ebene Bebauungspläne, öffentliche Einrichtungen, Naturschutzfragen und dergleichen mehr diskutiert und beschlossen. Um darüber zu bestimmen, sollte man voll integriertes Mitglied der Gemeinde sein. Für Assimilation der Einwanderer tritt auch Friedrich Heckmann[58] in seinem Beitrag zum »Manifest der 60« ein, da die multikulturelle Immigrationsgesellschaft ihm ebenfalls zu konfliktträchtig erscheint: »Eine Politik der ethnischen Toleranz sollte einhergehen mit Akkulturationsstrategien, die vor allem auf die zweite Generation der Einwanderer gerichtet sind. Die Befestigung ethnischer Heterogenität würde die Wahrscheinlichkeit interethnischer Konflikte beträchtlich erhöhen.« Heckmann wendet sich gegen Jürgen Habermas[52], der Akkulturation nur im Rahmen der politischen Kultur für legitim hält, »nicht aber eine über die gemeinsame Kultur hinausgehende Assimilation zugunsten der Selbstbehauptung einer im Lande vorherrschenden kulturellen Lebensform«.

Die Problematik zwischenethnischen Zusammenlebens in einer Immigrationsgesellschaft haben übrigens die Bürgermeister vieler deutscher Großstädte klar erkannt (S. 145). So neuerdings auch der Hamburger Bürgermeister Henning Voscherau (SPD), der den Vorschlag machte, bestimmte Stadtviertel durch Zuzugsstopp zu schützen, wenn dort der ausländische Bevölkerungsanteil 50 % überschritten habe. Wie zu erwarten, lehnte die Ausländerbeauftragte der Bundesregierung, Cornelia Schmalz-Jacobsen, diesen Vorschlag, der dem Interesse der Hamburger Bürger gedient hätte, ab. Sie sprach von »Propaganda mit ausländerfeindlichem Tenor« (*Süddeutsche Zeitung* vom 14. 12. 1993).

Ein friedliches Zusammenleben von Völkern ist am besten gewährleistet, wenn jedes Volk über ein eigenes Land verfügt und sich in diesem Gebiet nach eigenem Gutdünken selbst verwalten und kulturell entfalten kann. Eine weitere Voraussetzung ist, daß keiner seinen Nachbarn fürchten muß, was über internationale Verträge mit wechselseitiger Absicherung wohl erreicht werden kann. In solchen Vereinbarungen müßte auch festgelegt werden, daß jedes Volk sein reproduktives Verhalten auf die Tragekapazität seines Landes abzustimmen hat, sonst kommt es früher oder später zu Übervölkerung und damit zu einem Migrationsdruck, der andere in Bedrängnis bringen kann. Wir werden uns dazu noch ausführlicher im folgenden Kapitel äußern.

Werden diese Voraussetzungen beachtet, dann können sich zwischen verschiedenen Ländern durchaus freundliche Beziehungen entwickeln. Städtepartnerschaften mit gegenseitigen Besuchen und Festveranstaltungen, Erziehungs- und Jugendaustausch können solche Entwicklungen fördern. Sicherlich verfolgen Nationen in erster Linie nur ihre eigenen Interessen. Das war wohl über lange Strecken der Geschichte so, aber die Neigung zu repressiver Dominanz wird zunehmend durch prosoziale Umgangsmuster auch im zwischenstaatlichen Bereich abgelöst, und zwar in dem Maße, in dem die Angst vor dem anderen abgebaut wird.

Im Grunde möchten alle Menschen lieber freundliche als feindliche Beziehungen mit anderen pflegen. Es ist das Mißtrauen, das sie scheu und ablehnend macht, und dieses gilt es auch auf der internationalen Ebene abzubauen.

Nationen verkehren durchaus auch auf gefühlsmäßiger Basis miteinander, und zwar über deren jeweilige politische Vertreter, die ja einander persönlich gegenübertreten. Nationen pflegen ferner auch kollektive Gefühle und Meinungen über andere. Diese sind aus geschichtlicher Erfahrung selbst zwischen den heute befreundeten Ländern Westeuropas noch von einem gewissen Mißtrauen belastet. Daher bemüht sich jede der Nationen, aus einer Position der Stärke zu agieren. Und jede legt insbesondere Wert darauf, vor anderen ihr Gesicht zu wahren. Nationen setzen dabei, wie schon früher gesagt, die im persönlichen Verkehr entwickelten Strategien sozialen Umgangs ein (S. 127).

Koexistenz in freundlicher Nachbarschaft dürfte bei gegenseitiger Rücksichtnahme und Achtung durchaus erreichbar sein. Einer multiethnischen Weltgemeinschaft steht nichts Grundsätzliches entgegen. Wir sind sogar trotz mancher Rückschläge auf dem Wege dorthin schon ein gutes Stück vorangekommen. Anders schätze ich aufgrund unseres Wissens um die Gesetze der Evolution und unsere Menschennatur die Aussichten für eine friedliche Koexistenz einer multiethnischen Immigrationsgesellschaft ein.

Da wir in aller Welt – in den USA, in Frankreich, England, aber vor allem auch vor unserer eigenen Haustür – zwischenethnische Konflikte der grausamsten Art erleben und das Scheitern des Verfassungspatriotismus in der Sowjetunion mitverfolgen konnten, rate ich von so hochrisikobehafteten Experimenten wie dem Aufbau einer multikulturellen Immigrationsgesellschaft in aller Eindringlichkeit ab.

Gestattet ein Volk anderen den Aufbau von Minoritäten im eigenen Lande, dann halst es sich im eigenen Haus zwischenethnische Konkurrenz auf. In wirtschaftlich schwierigen Zeiten sind Konflikte fast unvermeidbar. Auch auf die aus differentieller Fortpflanzung erwachsende Problematik sei noch einmal hingewiesen. Wir müssen lernen, weiter vorauszudenken, und sorgfältig überlegen, welche Folgen eine heute eingeleitete Entwicklung in fünfzig, hundert oder auch mehr Jahren hat.

Peter Glotz[49], der meint, das »reiche Westeuropa« könne und dürfe sich nicht gegen Einwanderer aus der Dritten Welt abschotten, zieht die Möglichkeit einer Afrikanisierung und Islamisierung als Folge in Betracht. Das sei gewiß nicht problemlos: »Eine multiethnische Gesellschaft kann nicht auf der naiven Hoffnung aufgebaut werden, daß die deutsche Arbeiterschaft Hammelfleisch lieben lernt und die französische Bourgeoisie sich für die Kultur des Maghreb begeistert.« – Schwer verständlich, daß er dennoch für dies risikoreiche Experiment eintritt.

In einem *Stern*-Streitgespräch[126] zwischen Daniel Cohn-Bendit und mir meinte Cohn-Bendit zur Problematik der multikulturellen Gesellschaft: »Jede gesellschaftliche Entwicklung ist ein Pulverfaß.« Für mich stellt sich nur die Frage, ob man sich auf ein solches unbedingt setzen muß. Cohn-Bendit meinte dazu, wir hätten nun einmal die multikulturelle Gesellschaft, diese Tatsache müßten wir akzeptieren, »das Positive daran aufgreifen und die Schwierigkeiten gelassen meistern«. Allerdings schwärmte Cohn-Bendit nicht von der friedlichen Utopie einer multikulturellen Gesellschaft, und er meinte im weiteren Verlauf unseres Gesprächs: »Mir wäre es auch lieber, wenn dieser Wanderungsdruck aufhören würde. Das erfordert eine vernünftige Weltpolitik und Zeit – 10, 15, 20 Jahre. Und in dieser Zeit müssen wir die Einwanderung politisch strukturieren.« Cohn-Bendit[14] sprach sich dazu für ein Einwanderungsgesetz aus.

Ich halte ein solches Gesetz für keines der Länder Europas für empfehlenswert. Wir sollten erkennen, daß wir bei der bisherigen Handhabung des Immigrationsproblems Fehler gemacht haben. Das betrifft insbesondere die Verschleppung der Problematik. Zur Gastarbeitersituation in Österreich bemerkt Franz Löschnak[82] (S. 16), daß es sicher falsch war, den Arbeitgebern und den Gesetzen des freien Arbeitsmarktes nicht rechtzeitig entgegengetreten zu sein. Bereits in der ersten Ölkrise wurde klar, daß mit den Gastarbeitern Probleme importiert werden, wenn man sie nicht von vornherein *als Gäste* einstuft. Man gab zwar vor, sie würden wieder in ihre Heimat zurückkehren, dort mit dem hier verdienten Geld eine Existenz aufbauen und so ihrem Lande nützen. Aber man fügte keine entsprechenden Sicherungen in die Verträge ein und gewährte die Familienzusammenführung. Das einzige, was man nach der Ölkrise durchsetzte, war ein Anwerbestopp. Als sich schließlich auch das

Asylantenproblem durch den massenhaften Mißbrauch des Asylrechts aufbaute, dauerte es wieder Jahre und kostete die Steuerzahler viele Milliarden, bis man sich auf Maßnahmen zur Einschränkung des Zustromes einigen konnte. Sie scheinen weit davon entfernt, wirksam zu sein, denn 1993 waren immerhin noch 322842 Neuzugänge zu verzeichnen. Kein Land hält dies auf Dauer aus.

Man hört jetzt oft, wir müßten in den Ländern, aus denen politisch Verfolgte zu uns kommen, die Fluchtursachen beseitigen. Wie denn, bitte schön? Es bleibt bei Phrasendrescherei, denn Handel und rüstungspolitische Interessen haben in der Regel Prioriät vor den humanitären Anliegen.

In der gegenwärtigen Situation sollte der Zuzug aus kulturfernen Regionen in die Länder Europas auf Einzelfälle beschränkt bleiben. Eine Quotenlösung würde nur dazu führen, daß über das Gesetz zur Familienzusammenführung praktisch unlösbare Probleme entstünden. Unter anderem geht es auch um die ökologische und kulturelle Tragekapazität der europäischen Länder.

In den letzten Jahren entzündete sich die Diskussion um das Staatsbürgerschaftsgesetz, das sich in Deutschland, Österreich, der Schweiz und vielen anderen Ländern wie Israel nach der ethnischen Abstammung richtet (ius sanguinis). Die ethnische Nation, heißt es, sei kein Modell für die Zukunft, zumal Deutschland keineswegs nur eine Abstammungsgesellschaft sei*. Man möge daher das ius sanguinis aufgeben und sich an das Vorbild der Franzosen halten, bei denen das Bodenprinzip (ius soli) gelte. Wer im Lande geboren werde, habe dort Anspruch auf die Staatsbürgerschaft. Ganz abgesehen davon, daß die Franzosen mit diesem Gesetz offenbar in Schwierigkeiten gerieten und es aus diesem Grunde reformierten, würde die Aufgabe des auf Abstammung begründeten Rechtes unsere kulturell und anthropologisch doch durchaus noch erkennbaren nationalen Identitäten

* Siehe z. B. die Diskussion »Blut oder Heimat« in *Die Zeit*, Nr. 32, 6. August 1993.

gefährden. Deutsche stellen heute sicher nicht nur eine Abstammungsgemeinschaft dar, aber sie sind dies doch zu einem erheblichen Prozentsatz, und es ist nicht einzusehen, weshalb man das nun partout zerstören sollte. Würden diese Länder das ius soli einführen, dann könnte das den Immigrationsdruck verstärken.

5.6. Für einen kritischen Patriotismus

Die Diskussion um den Aufbau einer multikulturellen Gesellschaft wird oft von schrillen antinationalen Tönen begleitet. Ich fürchte, wie schon gesagt, daß sie gerade das Gegenteil von dem bewirken könnten, was die Gegner des Patriotismus bezwecken. Insbesondere in den deutschen Medien wird gegenwärtig häufig die Meinung vertreten, die »Nation« sei überholt. Allerdings äußert sich manch einer auch besorgt über den Selbsthaß der Deutschen, der sich in manchen dieser Äußerungen ausdrückt. Daß es sich um einen solchen handelt, wird dann ebenso schnell bestritten, aber es scheint doch etwas daran zu sein. Wie sonst sollte man sich erklären, daß in der Diskussion um das Immigrantenproblem zwar *für* die Aufnahme von Immigranten aus aller Welt plädiert wird, gleichzeitig aber *gegen* die Aufnahme von deutschen Aussiedlern polemisiert wird? Nur jene, die unter nachweisbarem Vertreibungsdruck stehen, sollen nach Peter Glotz[49] aufgenommen werden. Deutschstämmigkeit soll dagegen bei der Auswahl keine Rolle mehr spielen. Noch ungeschminkter formuliert es Helmut Rittstieg[113], der sich zu der Behauptung versteigt, die wahren Ausländer seien die Deutschen aus den neuen Bundesländern und aus Osteuropa. Sie würden die wirklichen Inländer, wie die türkischen und süd- und außereuropäischen Gastarbeiter, verdrängen.

In diesem Zusammenhang wird dann auch versucht, dem Leser oder Zuhörer zu suggerieren, daß die Deutschen eigentlich gar keine homogene Nation verkörpern würden, sie wären ja schon seit jeher multikulturell. Schließlich hätten sich Kelten,

Römer und Germanen hier zu einer Mischpopulation vereint, in die in neuerer Zeit Hugenotten, Polen, Italiener, Juden und viele andere mehr zuwanderten. Das stimmt, aber das waren alles Europäer, die sich voll der Solidargemeinschaft des deutschen Volkes in Sprache und Kultur anschlossen und damit zu Deutschen wurden. Deutsche mit tschechischen, polnischen, französischen oder italienischen Namen, die seit Generationen hier ansässig sind, würden es als Beleidigung empfinden, würde man ihnen das Deutschtum absprechen. Und daß viele deutsche Juden deutsche Patrioten waren, haben sie im Ersten Weltkrieg bewiesen, ganz abgesehen von ihren aus der deutschen Kulturgeschichte nicht wegzudenkenden Leistungen. Daß heute viele der Nachfahren jener, die die »Katastrophe« (Michael Wolffsohn) überlebten, wohl auch Schwierigkeiten haben, Deutschland zu lieben, mit dessen Kultur sie sich verbunden fühlen, kann ihnen keiner verdenken.

Die Nationalstaaten Europas sind durch Sprache, Brauchtum, kurz, eine gemeinsame Kultur, eine gemeinsame Geschichte und schließlich als Europäer biologisch-anthropologisch charakterisiert. Innerhalb der Europäer gibt es offensichtlich auch verschiedene Bevölkerungstypen. Eine skandinavische Bevölkerung unterscheidet sich von einer spanischen aber nur in der statistischen Häufigkeit bestimmter körperlicher Merkmale.

Die europäischen Nationen tragen mit ihrer Buntheit zum kulturellen Erbe der Menschheit bei. Nicht die Nation, sondern den elitär-überheblichen Nationalismus gilt es daher zu überwinden. Und das geschieht gewiß nicht durch Abwertung der eigenen Nation. Im Gegenteil! Wer eine solche Politik verfolgt, und seien die Motive noch so lauter, weckt eher jenen Nationalismus, den er bekämpfen möchte.

Wer mit der europäischen Geschichte vertraut ist, den wird es ferner zum Widerspruch reizen, wenn er lesen muß, daß der französische Nationalstaat verklärt, der deutsche dagegen abgewertet wird: »Die nationale Idee hat im Westen Erfolg gehabt. Der französische Nationalstaat ist ein erfolgreiches, geglücktes historisches Gebilde. In Mitteleuropa hat der Nationalismus zerstörerisch gewütet. Für die Zukunft kommt es darauf an, ihn zu bekämpfen, wo immer er auftritt, und ihn nicht zu verklären und zu einer Art Naturrecht aufzuwerten« (Peter Glotz in *Die Zeit*, 1988, No. 49). Hätte Peter Glotz in den Jahrzehnten nach den Napoleonischen Kriegen gelebt, wäre sein Urteil vermutlich anders ausgefallen.

Was die Deutschen betrifft, so ist die Annahme, daß sie auf Grund spezieller Erbanlagen besonders aggressiv seien, sicher absurd. Über lange Zeit der Geschichte waren sie eher verträglicher als ihre Nachbarn. Das Heilige Römische Reich Deutscher Nation war kein zentralistischer Staat, sondern eine Konföderation von im übrigen weitgehend unabhängigen Fürstentümern. Deshalb dauerten ja manche Fürstentage so lange. Keinem römisch-deutschen Kaiser wäre es übrigens eingefallen, den Bewohnern der Fürstentümer anderer Ethnizität die deutsche Sprache aufzuzwingen, und sie gebärdeten sich militärisch weniger expansiv als ihre Nachbarn, was die Verschiebung der Grenze Frankreichs nach Osten immerhin belegt. Erst als das Reich unter den Schlägen Napoleons zerbrach, nahm Deutschland sich den französischen Nationalstaat zum Vorbild und wurde damit schließlich zu einer Macht im Zentrum Europas. Dies hatte den Konflikt mit den um ihre Vormachtstellung bangenden Nachbarn geradezu automatisch zur Folge. Denn nun begann auch Deutschland, Kolonien zu gründen, als erste 1884 Deutsch-Südwestafrika.

Österreich führte als Vielvölkerstaat die Tradition des alten Reiches fort, doch bahnte sich der Zerfall durch den aufkommenden Nationalismus seiner Völker an. Der Erste Weltkrieg besiegelte dann das Schicksal der österreichisch-ungarischen Monarchie.

Die Geschichte lehrt, daß unter bestimmten historischen Konstellationen fast jedes Volk Europas als Eroberer auftrat, die Schweden ebenso wie die Polen, Dänen, Spanier, Franzosen, Engländer, Deutschen oder Russen. Nationaler und religiöser

Fanatismus sind seit langem eine Plage der Menschheit, die es zu überwinden gilt. Dazu müssen wir jene allgemeinmenschlichen Eigenschaften verstehen wie die Indoktrinierbarkeit des Menschen, sein Machtstreben und die Neigung zum Ethnozentrismus, um Eskalationen ins Destruktive zu vermeiden.

Sind in einem Staat zu viele miteinander konkurrierende Interessengruppen »vereint«, dann können die inneren Rivalitäten die größere Gemeinschaft schwächen. Traditionelle Nationalstaaten sollten daher eher bestrebt sein, ihre ethnische Einheitlichkeit zu erhalten. Die Schwächung des eigenen Staates anzustreben wäre unvernünftig.

Nun wird nicht selten argumentiert, der Nationalstaat sei wegen seines geschlossenen Auftretens und wegen seiner Neigung zum Ethnozentrismus auch gefährlich, da potentiell kriegerisch. Aber sind multiethnische Staaten friedlicher? Die USA und die Sowjetunion unterschieden sich in diesem Punkt nicht von den Nationalstaaten Europas. Und in Zeiten wirtschaftlicher Not könnten multiethnische Staaten sogar eher verführt sein, ihr Glück im kriegerischen Abenteuer zu suchen, denn kollektive Aggression hat einen solidarisierenden Effekt und bindet eine vom Zerfall bedrohte Gemeinschaft. In dieser Hinsicht könnten viele europäische Staaten sich geradezu glücklich schätzen, Nationalstaaten zu sein.

Das Bekenntnis zur eigenen Nation sollte allerdings ein kritisches sein, eine kritische Liebe zum eigenen Land. Michael Wolffsohn[137] definiert Patriotismus als »die Identifizierung mit dem Lebens- und Liebenswerten in einem Land, oder das Bemühen, dieses Land lebens- und liebenswert zu machen, weil es das eigene Land ist«. Und er schreibt weiter: »Ohne diesen nach innen orientierten Nationalismus, ohne diesen Patriotismus, ist eine Nation denaturiert, sie ist verletzt. Und Deutschland ist eine ›verletzte‹ Nation. Elisabeth Noelle-Neumann hat das in der ihr eigenen Klarheit so formuliert und in einem höchst lesenswerten Buch mit empirischen Daten belegt ... Wenn Deutschland nicht zu einem natürlichen, innenorientierten Nationalismus zurückfindet, sich selbst nicht findet, wird es seinen inneren Frieden nicht finden. Wer aber seinen inneren Frieden nicht findet, kann den äußeren Frieden langfristig nicht sichern oder stiften.«

Europa braucht ein innerlich gefestigtes Deutschland. Das wird auch von anderer Seite betont. Luigi Vittorio Ferraris[39], der acht Jahre als Botschafter Italiens in Bonn wirkte und den man einen Freund Deutschlands nennen darf, schrieb dazu: »Die jüngste Vergangenheit Deutschlands (aber auch Europas) ist sehr gegenwärtig, und das zu Recht. Es ist eine Vergangenheit, die für uns alle in unserem Gewissen schwer zu bewältigen und fast unmöglich zu überwinden ist, wenigstens für eine gewisse Zeitspanne. Ihrerseits versäumen die Deutschen aber keine Gelegenheit, durch fortwährendes Sich-selbst-Zerreißen diese Atmosphäre des Mißtrauens noch zu untermauern.« Und Jean-Marie Soutou, ein Mann der Résistance und Generalsekretär im französischen Außenministerium, schrieb 1985: »Wir alle brauchen ein Nationalbewußtsein der Deutschen, das stabil sein sollte, aufrecht, rein, selbstsicher, ohne Befangenheit wie ohne Arroganz, von ruhiger Klarheit.«[127] Dies sei unter anderem eine Voraussetzung für ein vertragliches Miteinander in einem europäischen Haus.

Im *Time*-Essay vom 21. März 1994 stellt Gerd Behrens die Frage, warum der Nationalismus* eine so erstaunliche Renaissance erlebe, und meint: »Es liegt im Blut.« Als Ergebnis einer gemeinsamen Abstammung oder erworbener Verwandtschaft würden Personen das Gefühl der Zusammengehörigkeit entwikkeln. »Auf die Geschichte, Helden und Symbole, seine Sprache, Kultur und Religion stolz zu sein ist ein basaler menschlicher Instinkt« (S. 64, Übersetzung vom Ref.). Die Wiedergeburt des Nationalismus sei durch die »Eine-Kultur-paßt-allen-Bewegung« gefördert worden. Der Nationalismus sei im übrigen we-

* Der Begriff Nationalismus wird hier frei verwendet. Für uns ist er geschichtlich belastet. Wir könnten einen neuen Begriff brauchen.

der links noch rechts angesiedelt und weder gut noch böse, sondern janusgesichtig, wie die Religion, die eine Mutter Theresa ebenso wie die Inquisition geboren habe. Und eines müsse klar sein: »Die Hölle hat keinen Schrecken, der sich mit dem Zorn einer Nation vergleicht, die sich herabgesetzt fühlt« (S. 64). Der Nationalismus sei die Ideologie der Unterdrückten. »Warum also ihn als Tabu behandeln, wie die Viktorianer den Sex? Keines von beiden kann man fortwünschen, beide sind Fakten des Lebens« (S. 64). Das ist sehr pragmatisch gedacht und weniger theoretisch, aber immerhin bemerkenswert.

Die Liberalen und Sozialisten als Kinder der Aufklärung meinen, Verstand und Logik allein reichten aus, um alle Übel der Welt zu kurieren. Sie setzen das Nicht-Rationale mit dem Irrationalen gleich und geben den Nationalismus oft als beschränkten Mumpitz, ja als Übel aus und ordnen ihn gerne der Rechten zu. Dabei vergessen sie, wie Behrens betont, daß europäische Nationalstaaten die Demokratie aus der Taufe gehoben haben.

Mittlerweile sehen auch führende Liberale und Sozialisten die Notwendigkeit, auf die Nationalgefühle der Menschen Rücksicht zu nehmen. Bemerkenswert fand ich Günther Nennings[96] Ausführungen zu diesem Thema. »Es gibt eine Rechte«, schreibt er, »die ist nicht faschistisch. Sie ist in dieser historischen Stunde* wichtig und interessant. Das Ergebnis der osteuropäischen Revolutionen ist, daß die scheinbar untergegangenen Nationen wieder lebendig sind... Die Nationalgefühle, die wieder da sind, müssen sich einbetten in freie, gleiche, friedliche Buntheit und Liebe unter gemeinsamem Dach – von dieser historischen Aufgabe darf sich die Linke nicht absentieren, wenn sie wieder eine Linke sein will... In Agonie liegt eine geschichts- und hilflose Linke, die Nationalgefühl für identisch hält mit Nazismus, der alles Deutsche verdächtig ist und die in der endlichen Nationwerdung der Deutschen nichts als ein Un-

* Er schrieb dies in den Tagen der deutschen Wiedervereinigung.

glück sieht.« Und weiter ausholend kommt Nenning zu dem Schluß: »Die wiedererwachten europäischen Nationen sind ebenso viele kleinteilige Widerstandsnester gegen die Verwandlung des Erdteils in einen großökonomischen Einheitsbrei, der Natur und Seelen mordet... Wer dieses neue Europa der wimmelnden Nationen und Natiönchen nicht mag, soll gefälligst ehrlich dazu seufzen: ›Unterm Stalin hätt's das alles nicht gegeben.‹«

Das Idealbild der weltumspannenden offenen Gesellschaft, in der globale Wir-Gefühle die nationalen überwinden, erwies sich als weltfremde Utopie. Der Soziologe Karl-Otto Hondrich[66] erkannte ganz richtig, daß der Nationalismus nicht von den Plänen einzelner Nationalisten lebt, »die man kaltstellen könnte«, sondern von seiner Funktion, gerade die modernsten Errungenschaften eines Gemeinwesens zu sichern: »Wie jede Kultur sind diese Erfolge in Grenzen gewachsen: Sie würden im Grenzenlosen sogleich verdampfen.«

»Aber warum müssen solche Grenzen ausgerechnet die eines Nationalstaates sein? Die Antwort ist so einfach wie ernüchternd: weil es keine anderen Grenzen gibt, die annähernd dasselbe leisten, nämlich den Geltungsbereich des staatlichen Gewaltmonopols und den der Zusammengehörigkeitsgefühle zur Deckung zu bringen. Ohne das Unterfutter sind Staaten nur willkürlich konstruierte Gewalthülsen, die unter Belastung zerfallen.«[66]

Der Politologe Dieter Oberndörfer[102] antwortet Hondrich darauf mit dem reichlich abgedroschenen Hinweis, daß wir schon immer multikulturell gewesen seien, die Zuwanderung bräuchten und daß die Benachteiligung von Ausländern mit der republikanischen Wertesubstanz des Grundgesetzes unvereinbar sei. (Demzufolge dürfte es dann allerdings auch unsere Erbgesetze nicht geben, die deutlich nach dem Abstammungsgesetz »diskriminieren«; Ref.) Oberndörfer spricht ferner in gewohnter demagogischer Diktion vom »völkischen Wahn« und wirft Hondrich »politische Brandstiftung« vor. Das dem Artikel beigefügte Bild zeigt eine antirassistische Schülerdemonstration – vielleicht ein Versuch, die Assoziation zu stiften, der Meinungsgegner stehe den Rassisten nahe.

Ich halte Antinationalismusstrategien dieser Art für gefährlich, da sie extreme Gegenpositionen geradezu provozieren, und stimme mit Wolfgang Kowalsky[76] überein, der diesbezüglich feststellt: »Daß Nation eine Heimat sein kann, mag eine im alten Denken befangene Altlinke nicht zugeben, was vor dem Hintergrund linker Dezentralisierungsabsichten und Kiez-Aktivitäten schwer einsehbar ist. Nur ideologische Borniertheit bringt es mit sich, daß das Kind nicht beim Namen genannt wird. Die Gleichung ›Heimat gleich Blut und Boden gleich braun‹ spukt noch in zu vielen Köpfen herum, obwohl sie längst obsolet ist. Damit wird ungewollt das Terrain den Rechten und den Rechtsextremisten überlassen, die nicht davor zurückschrecken, Heimat und Nation mit ihren eigenen, ausgrenzenden Inhalten zu erfüllen.«

Auch den so häufig gebrauchten Hinweis auf eine aus der Schuld vergangener Generationen erwachsene Verpflichtung zur nationalen Selbstaufgabe, den Günter Grass so eifrig strapaziert, halte ich in diesem Zusammenhang für kontraindiziert. Dieter Zimmer[142] bemerkt dazu treffend: »Die Scham als Lebensform persönlicher Wahl in Ehren: Dieses Motto mutet dem Volk zu, was es nicht leisten wird, und eine Linke, die es zum Programm erhebt, hat keinerlei Zukunft. Ein ganzes Volk kann und wird nicht im Zustand der Selbstverachtung leben.«

Sehr ausführlich und im gleichen Sinne äußerte sich dazu Michael Wolffsohn und neuerdings in einem *Spiegel*-Gespräch bemerkenswerterweise Daniel Cohn-Bendit: »Man kann keinem zehnjährigen Kind sagen: Dein Pech ist es, daß du Deutscher bist. Du mußt dein Leben lang mit einem schlechten Gewissen leben. Wenn also Walser und andere erklären, daß Deutschland nicht permanent in antifaschistischer Zwangsquarantäne gehalten werden dürfe, dann stimme ich zu« (S. 131).

Bassam Tibi[128a], in Damaskus geborener Professor für Internationale Politik in Göttingen, wendet sich gegen die Gleichsetzung von Ausländerfeindlichkeit und Antisemitismus. Die deutschen Juden waren und sind kulturell Deutsche. Ihre Leistungen sind aus der deutschen Kulturgeschichte nicht wegzudenken*. Sie bildeten keine sich über die Sprache abgrenzende Minorität. Selbst die religiös in einer Glaubensgemeinschaft verbundenen Juden waren voll in das deutsche Volk integriert. Bassam Tibi ist der Meinung, »daß die Bildung von ethnischen ausländischen Kollektiven in Deutschland eher der Verstärkung der Ausländerfeindlichkeit dienen als zur Überwindung ... beitragen würde« (S. 146). Man dürfe den Wunsch der Mehrheit der Deutschen nach einer Beschränkung der Zuwanderung nicht mit Ausländerfeindlichkeit gleichsetzen. Die deutsche Angst vor »dem Fremden« könne nicht durch eine verordnete überbordende gesinnungsethische »Fremdenliebe« und durch Selbstanklagen bewältigt werden (S. 148). Er wendet sich gegen die deutsche Gesinnungsethik (»innerweltliche Weltfrömmigkeit«), die Fremdenliebe als Medizin gegen Fremdenhaß verschreibe und Selbsthaß verordne: »Voraussetzung zu einer unproblematischen Beziehung zu den Fremden ist stets die Selbstliebe. Ein Deutscher, der sich selbst und sein Land haßt, kann mich als einen Fremden gewiß nicht lieben. Ähnlich wie der Philosemitismus Ausdruck eines unbewältigten Antisemitismus ist, so ist die überbordende Fremdenliebe nur ein Ausdruck unverarbeiteter Ausländerfeindlichkeit« (S. 152).

Günther Nenning[96] schließlich meint: »Die deutsche Linksintelligenz ist in Panik. Ihr fällt nix ein außer Untergang der Welt durch braune Magie. Dabei handelt es sich nur um ihren eigenen Untergang durch eigene Unfähigkeit« (S. 63). Und weiter: »Daß

* Mit den außerordentlichen kulturellen Leistungen der deutschen Juden in Kunst und Wissenschaft wird die Schuljugend und die Öffentlichkeit viel zu wenig bekannt gemacht. Ich würde in solchen Bemühungen einen wichtigen Beitrag zur positiven Gestaltung der durch unsere Geschichte so ungeheuer belasteten Beziehung sehen.

das deutsche Volk ein Volk von Verbrechern seit Anbeginn und daß es die Aufgabe der deutschen Intellektuellen ist, den übrigen Völkern das klarzumachen, halte ich für übertriebene deutsche Gründlichkeit. Ich glaubs nicht, und vor allem glaubts das deutsche Volk nicht. Neurose ist die Qualitätsmarke des deutschen Intellektuellen. Also haßt euch mal richtig kreativ, ihr Schrumpfintellektuellen, die ihr nur noch aus einer Nazi-Riechnase besteht« (S. 63).

In einem *Time*-Essay fragt James O. Jackson[70], was man heute wohl mit den Worten Xenophobie, Neonazi und Skinhead assoziiere. Die Antwort würde prompt »Deutschland« lauten. Die Weltpresse stelle Deutschland als fremdenfeindlich, unsensibel für die Probleme der Flüchtlinge und als bereit zur Gewalttätigkeit hin. Man assoziiere mit Deutschland brennende Ausländerheime, Hakenkreuzschmierereien und glatzköpfige Neonazis. Und Jackson betont, daß dieses häßliche Bild unfair und ausgesprochen falsch sei. In anderen Ländern sei die Situation nicht viel anders. Im übrigen nehme Deutschland mehr Asylanten auf (S. 146) und versorge sie auch großzügiger als andere Länder.

Zur Antinationalismus-Strategie gehört auch die Diffamierung Andersdenkender und die Unterdrückung der Verbreitung gesicherten Wissens. Argumenten werden Bekenntnisse entgegengehalten, und es wird dem Meinungsgegner nahegelegt, über gewisse Sachverhalte zu schweigen, mit der Begründung, das Wissen könne mißbraucht werden. Stempelhaft erscheint in diesem Zusammenhang der Vorwurf, mit dem Hinweis auf Schwierigkeiten würde jemand »Wasser auf die Mühlen der Rechtsradikalen« leiten. Ich halte das Schweigen für gefährlicher. Jedes Wissen kann mißbraucht werden, vor allem dann, wenn es diejenigen, die es angeht, nicht gebrauchen.

Der Mißbrauch besteht ferner insbesondere darin, daß einzelne aus dem Zusammenhang gegriffene und in schöpferischer Kollage neu zusammengefügte Sätze zitiert werden, sei es zur Stütze extremer Thesen, sei es, um über eine durch Kürzungen oder andere Wortwahl vergröberte Aussage jemanden als Simpel hinzustellen. Dagegen kann man sich kaum schützen. Eben flatterte mir ein Zeitungsbericht über einen kürzlich von mir in Baden-Baden gehaltenen Vortrag auf den Tisch. Überschrift: »Mensch nicht geeignet für die Großgesellschaft«, und unter dem beigefügten Photo von mir lautet die Unterschrift: »Kein Freund der multikulturellen Gesellschaft«. Beides ist, wie der Leser wohl aus dem Bisherigen entnommen haben wird, falsch. Ich trete *für* die Erhaltung der kulturellen Vielfalt und *gegen* einen überheblichen Nationalismus ein. Bedenken äußere ich gegen die multikulturelle *Immigrationsgesellschaft*. Das entscheidende »Immigrations-« ging leider verloren. Ich habe auch nicht behauptet, daß der Mensch für die Großgesellschaft grundsätzlich nicht geeignet sei, sondern daß er stammesgeschichtlich an das Leben in Kleingruppen angepaßt ist und daher mit Anpassungsschwierigkeiten zu kämpfen hat. Ich sprach von mangelnder stammesgeschichtlicher »Angepaßtheit« an die Großgesellschaft und nicht von »Ungeeignetheit« und von der Notwendigkeit der kulturellen Neuanpassung, da ein Zurück zur Kleingesellschaft weder möglich noch wünschenswert sei. Schließlich würde uns erst die Großgesellschaft Hochkultur ermöglichen.

Flüchtiges Lesen, flüchtiges Zuhören, die Hektik des Alltags, die ein Nachlesen verhindert – das führt zur Nachlässigkeit der Wiedergabe und damit zur Entstellung. Oft scheinen die Reporter es sich einfach zu machen: Sie kommen mit einer vorgefaßten Meinung über die Ansichten einer Person und glauben, sie wüßten, was diese etwa als Biologe vertritt, und sparen sich das Lesen oder Zuhören (gewiß nicht immer in böser Absicht).

Es gibt aber auch die Verleumdung über das Hörensagen. So wird mir immer wieder unterstellt, ich würde behaupten, der Fremdenhaß sei biologisch begründet und damit unabwendbar; des weiteren, ich würde einem brutalen Überlebenskampf die Argumente liefern, und dergleichen Unsinn mehr. Ich scheine vielen meiner Gegner nur aus den Schlagworten anderer Gegner bekannt*. Daß man sich nicht mehr sorgfältig informiert und meint, man müsse gar nicht mehr mit dem Meinungsgegner sprechen, ist symptomatisch. »Wer die Wahrheit in seinem Besitz wähnt«, schrieb Ulrich Greiner in *Der Zeit***, »kann sich mit Debatten nicht aufhalten. Und wer außerdem die Wurzel gegenwärtiger Übelstände erkannt zu haben glaubt (wahlweise Sexismus oder Faschismus oder Kapitalismus) – hat der nicht im Sinne eines übergeordneten Notstands das Recht, ja die Pflicht, den Anfängen zu wehren, und sei es mit Gewalt? Das letzte weltliche System, das Wahrheit total und frei Haus lieferte, war der Kommunismus mit seiner geschichtsphilosophischen, eschatologischen Glücksverheißung. Das System ist zerbrochen, und an die Stelle der Verheißung sind die katastrophalen Visionen getreten. Wahrheit erscheint jetzt negativ und weckt eine hysterische Angstbereitschaft. Wenn es fünf Minuten vor Zwölf ist, fehlt einfach die Zeit für Diskussionen.«

Schon vor einigen Jahren warnte ich vor der Neigung des Menschen, Tugenden zu übertreiben. Mittlerweile hat sich das zu einer Art Tugendterror ausgewachsen, der die Meinungsfreiheit bedroht. In den Vereinigten Staaten bestimmen selbsternannte Tugendhüter, wie man zu sprechen habe (S. 224), und bei uns ist es mittlerweile auch soweit. Jene, die offensichtlich meinen, ein »Mehr« sei immer besser, möchte ich an dieser Stelle darauf hinweisen, daß biologische Normen nicht linear

* Ulrich Greiner: »Tugendterror«, *Die Zeit*, Nr. 7, 11. Februar 1994, S. 47.

** Auf einer Podiumsdiskussion während des Münchener Kirchentages 1993 versuchte mich eine Antifa-Gruppe am Sprechen zu hindern. Ich fand die jungen Leute sympathisch, weil für Positives engagiert. Hätten sie zugehört, dann hätten sie schnell herausgefunden, daß ich keine rechtsextremen Standpunkte vertrete. In den *Nachrichten der Evangelischen Studentengemeinde* erschienen dazu zwei Artikel: Irmgard Pinn: Mit Vordenkern des Rechtsextremismus diskutieren?, *Esg-Nachrichten* 4 (1993), S. 5–7, und eine Schrift zu meiner Verteidigung von Helmut Falkenstörfer: Man schlägt den Boten. Noch einmal: Irenäus Eibl-Eibesfeldt, *Esg-Nachrichten* 6 (1993), S. 2–4.

an dem Prinzip »je mehr, um so besser«, sondern an einem Optimum ausgerichtet sind. Man kann auch ein Zuviel des Guten wollen[28].

Zusammenfassung

Die Nationalstaaten Europas sind gegenwärtig einer schweren Belastungsprobe ausgesetzt. Sie stehen einerseits unter einem starken Immigrationsdruck, der in zunehmendem Maße auch durch Zuwanderer aus kulturfernen Bereichen verursacht wird. Des weiteren belastet sie eine ideologische Auseinandersetzung, die den traditionellen Nationalstaat in Frage stellt und ihn durch den Aufbau einer multikulturellen Immigrationsgesellschaft ablösen will. Für die sich abzeichnenden Schwierigkeiten im Zusammenleben mit Immigranten, die sich als eigene Solidargemeinschaft abgrenzen, werden vereinfachend fremdenfeindliche Agitatoren verantwortlich gemacht.

Zieht man die Biologie zu Rate, dann wird man die ethnische Vielfalt durchaus bejahen. Sie ist Ausdruck der Dynamik des Lebens, das die verschiedensten Möglichkeiten auslotet und kulturell verschiedene Formen politischen, wirtschaftlichen und ideologischen Strebens erprobt, wobei Kultur zum Schrittmacher auch der weiteren biologischen Evolution auf der Ebene sich abgrenzender Menschenpopulationen wird. Über Vielfalt sichert der Lebensstrom im ganzen Organismenreich sein Überleben ab. Mit der Vielfalt entwickelten sich auch Einrichtungen zu deren Erhaltung. Für uns Menschen sind hier vor allem Gruppenterritorialität und Xenophobie (Fremdenscheu) zu nennen. Eine verantwortliche Immigrationspolitik muß beides in Rechnung stellen. Auf Einwanderer, die in großer Zahl kommen und sich in einem bereits bewohnten Land als eigene Solidargemeinschaft niederlassen und abgrenzen, wird die ansässige Bevölkerung dann ablehnend reagieren, wenn sie ihre eigene Identität bedroht fühlt (»Überfremdungsangst«), ferner wenn die Konkurrenz um begrenzte Überlebensgüter (Wohnungen, Arbeitsplätze, Sozialleistungen) spürbar wird, was insbesondere in Krisenzeiten der Fall ist.

Die Prognosen für ein friedliches Miteinander in einer multikulturellen Immigrationsgesellschaft sind deshalb ungünstig. Die Situation wird darüber hinaus noch verschärft, wenn die sich abgrenzende Population der Eingewanderten auch nach einem offiziellen Immigrationsstopp über Familienzusammenführung und höhere Reproduktionsraten schneller wächst als die Bevölkerung des aufnehmenden Landes. Daß man mit solchen Möglichkeiten rechnen muß, zeigt die Entwicklung des Bevölkerungswandels in den Vereinigten Staaten.

Das Bemühen der Politiker sollte deshalb auf eine Assimilation der bereits eingewanderten und lange ansässigen Immigranten abzielen. Staatsbürgerschaft und damit auch Wahlrechte sollten für nicht der Europäischen Union angehörende Ausländer nur bei völliger Assimilation gewährt werden. Ein verträgliches, auf Kooperation begründetes Miteinander verschiedener Ethnien ist jedoch möglich, wenn jede Ethnie frei über ihr Land verfügen und dort ohne Bevormundung durch andere ihre eigenen Angelegenheiten regeln kann. Das setzt entsprechende internationale Vereinbarungen voraus. Nimmt man einer Ethnie die Angst vor anderen, dann nimmt man auch dem Ethnozentrismus den Stachel.

Die Zerstörung der Nationen ist keine Vorbedingung für den Weltfrieden. Vielmehr rufen bereits Versuche in dieser Richtung Widerstände hervor, die unsere freiheitliche Demokratie gefährden können.

6. Die Migrationsfrage unter ökologischen, wirtschaftlichen und ideologischen Gesichtspunkten

6.1. *Brauchen wir Immigranten?*

In den Industrieländern klagt die Bevölkerung über die Vergiftung der Luft, die die Wälder sterben läßt und den Menschen in den Ballungsgebieten den Atem nimmt. Ausufernder Straßenbau, Verkehrslärm, Zersiedelung der Landschaft, unerschwingliche Baugrundpreise, Vergiftung des Grundwassers, die Müllawine und andere Entsorgungsprobleme – das alles wurde und wird in zahlreichen Veröffentlichungen behandelt, so daß heute eigentlich allgemein bekannt sein dürfte: Westeuropa ist übervölkert! Die Bevölkerung kann ihren relativ hohen Lebensstandard nur so lange halten, wie ihr importierte fossile Energieträger, vor allem Öl, nach Bedarf zur Verfügung stehen. Die ersten beiden Ölkrisen haben uns zwar gezeigt, daß dies eine höchst verletzliche Situation ist – nur gelernt haben wir nichts daraus. Ohne jede Reservebildung setzen wir weiter auf unbegrenztes wildes wirtschaftliches Wachstum. Obgleich im zyklischen Wechsel von Konjunktur und Krise jeder Wachstumsgipfel der Weltwirtschaft nach dem Zweiten Weltkrieg niedriger war als der vorhergehende, nahmen wir auch dies nicht zur Kenntnis[28]. Ein rücksichtsloser Wirtschaftsliberalismus förderte die Immigration von Niedriglohnarbeitern. Wachstum gilt – nicht Absicherung der Zukunft. Die Probleme, die daraus erwuchsen, wurden aufgezeigt.

Zur ökologischen Umweltzerstörung kommt, wie Gerhard Pfreundschuh[106] es treffend nennt, die kulturelle Umweltzerstörung: die Zerstörung der geordneten Beziehungen der Menschen, ihrer gesellschaftlichen, sittlichen, wirtschaftlichen und rechtlichen Leistungen. »Kulturelle Umweltzerstörung bringt zerfallende Städte und Slums, organisiertes Verbrechen und Mob, Alkohol und Drogen, Bindungslosigkeit und Proletarisierung, Vereinzelung und Vereinsamung, neue Armut, Asylanten und Flüchtlingsströme.«

Die vom Bevölkerungsschwund betroffenen Länder Europas täten gut daran, auf das Absinken ihrer Bevölkerung nicht gleich mit Panik zu reagieren und über Immigrationsförderung einen vorschnellen Ausgleich zu suchen, sondern den Vorgang als einen Anpassungsprozeß an die Tragekapazität ihrer Länder aufzufassen.

In einer höchst bemerkenswerten Untersuchung, auf die ich gleich näher eingehen werde, hat Gonzague Pillet[108] ausgerechnet, daß in der Schweiz bei energetischer und wirtschaftlicher Selbstversorgung aus dem eigenen Land nur 900 000 Menschen leben könnten, wenn der gegenwärtige Lebensstandard beibehalten werden soll. Das sind 14% der heutigen Bevölkerung. Sicher kann man überall bei uns noch viel einsparen, ohne den Lebensstandard zu senken. Man braucht ja nicht gerade Autos auf den Markt zu bringen, die mörderische Geschwindigkeiten entwickeln und Benzin verschwenden. Aber es gibt auch eine kulturelle Tragekapazität, bei deren Unterschreitung der Lebensstandard so gesenkt wird, daß für hohe Kulturleistungen wenig übrigbleibt.

Der Begriff »Tragekapazität« wurde von den Ökologen entwickelt. Man versteht darunter die maximale Anzahl von Tieren, die in einer gegebenen Umwelt unbegrenzt lange leben kann. Pillet stellt bei seinen den Menschen betreffenden Überlegungen auch den Lebensstandard in Rechnung, bezieht sich also auf das, was der amerikanische Anthropologe Garrett Hardin[53] als »kulturelle Tragfähigkeit« bezeichnet.

Die Erhaltung der Tragfähigkeit eines Landes verlangt die Regenerationsfähigkeit des »natürlichen Kapitals« und der assimilativen Kapazität der Biosphäre für Abfälle und damit die Anpassung der Bevölkerungszahl und des Lebensstandards an die naturgegebenen Begrenzungen des Wirtschaftssystems. Durch den Handel zehren die wirtschaftlich starken Nationen vom Ressourcenkapital anderer Länder. Wir importieren Erdöl und andere fossile Energieträger, ferner Rohstoffe und Nahrungsmittel. Pillets Fallstudie über die Schweiz zeigt, daß dieses Land gegenwärtig aus fremden Ökosystemen 3,5mal mehr entnimmt, als es wieder ausführt. Das erklärt, warum Wirtschaft und Lebensstandard bei gleichzeitiger Bevölkerungsvermehrung wachsen konnten. Aber jener Bevölkerungsanteil, der nicht mehr durch die natürlichen Ressourcen des lokalen Ökosystems erhalten werden kann, muß nach Pillet als *Übervölkerung* betrachtet werden, da seine Existenz vom Import erneuerbarer und nicht erneuerbarer Ressourcen abhängt. Dies ist sicher eine riskante Situation.

Das Ressourcenkapital eines Landes setzt sich aus den *erneuerbaren Ressourcen*, z. B. Wasser, Sonnenenergie, Assimilaten wie Holz und anderen pflanzlichen Produkten, und dem *erschöpfbaren Kapital* zusammen, das aus den nicht erneuerbaren Ressourcen wie Erzen oder fossilen Energieträgern besteht. Ihr noch so sparsamer Verbrauch führt zu einer Reduktion der Vorräte. Nur vom natürlichen Kapital können Materie und Energieflüsse gewissermaßen als Zinsen geerntet, reinvestiert und damit auch zur Vergrößerung des Wirtschaftskapitals verwendet werden, mit dem Ziel, noch größere Energieflüsse zu ernten. Sowohl die Erfüllung der biologischen Grundbedürfnisse des Menschen als auch der Lebensstandard nützen die vom natürlichen Kapital erzeugten Energieströme. »Diese Überlegung führt zur Frage, ob eine große Bevölkerung und / oder ein hoher Lebensstandard eventuell die Produktivität des natürlichen Kapitals eines Landes an einigen Orten oder sogar insgesamt übersteigen und dadurch gefährden könne. Damit würden aber die Grundlagen der Gesellschaft in Frage gestellt. Ein neues Ziel für jedes Land sollte deshalb sein, die Entwicklung der Wirtschaft (d. h. von Bevölkerungszahl und Lebensstandard) und der Ökosysteme sinnvoll aufeinander abzustimmen oder, anders gesagt, ihre Koevolution anzustreben« (Pillet[108], S. 10).

Eine auf die Tragfähigkeit der Umwelt abgestimmte Wirtschaft muß sich mit ihr in dem Zustand befinden, den Ludwig von Bertalanffy treffend als »Fließgleichgewicht« beschrieb: ein Zustand, in dem sich ein im Energie- und Materialaustausch mit der Umgebung stehendes System trotz Stoffwechsels auch bei veränderlichen Randbedingungen in einem Zustand hoher Ordnung erhält.

Für die USA errechneten David *Pimentel* und Mitarbeiter[108a] bei energetischer Versorgung mit erneuerbaren Energieträgern und bei einer Einschränkung des gegenwärtigen pro-Kopf-Verbrauchs auf die Hälfte eine Tragekapazität von 200 Millionen. Die Tragekapazität der Erde wird auf lediglich ein bis zwei Milliarden Menschen geschätzt.

Durch Handel kann das bioökonomische Gleichgewicht eines Landes durchaus gestört werden. Es sollte daher nach Pillet keinem Land ohne ausreichende Gegenleistung erlaubt sein, das Ressourcenkapital anderer Länder zu reduzieren: Er spricht von einem »Gebot internationaler sozialer Gerechtigkeit«. Das wird sich allerdings schwer durchsetzen lassen, da wir bereits die Erde übervölkert haben und die verschiedenen Wirtschaftsblöcke gegenwärtig zur Überlebensabsicherung den eigenen Vorteil mit allen Mitteln erkämpfen. Ich fürchte, sie werden auch in Zukunft nicht vor dem Mittel gewaltsamer Eroberung knapper Ressourcen zurückscheuen. Wir sollten dem sowohl nach bestem Können entgegensteuern als auch für alle Fälle gewappnet sein. Ferner wäre nach Gonzague Pillet ein Gebot der »Gleichberechtigung zwischen den Generationen« zu fordern oder ein »generationenübergreifendes Überlebensethos«[28], das auch kommenden Generationen ungefähr gleichviel natürliches Kapital überläßt, wie *unsere* Generation zur Verfügung hatte.

Wie prekär die gegenwärtige Situation in der technisch-zivilisierten Welt ist, veranschaulicht Pillet in zwei Abbildungen, die die Beziehungen im Ökosystem der Schweiz vor dem Auftauchen des Menschen und in der gegenwärtigen Situation veranschaulichen (siehe Abb. 19 und 20).

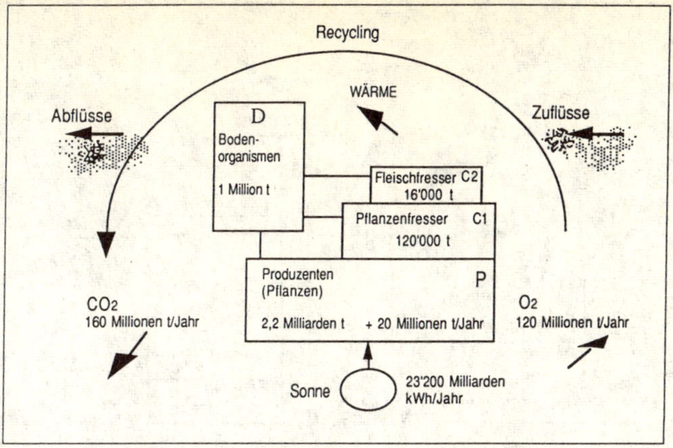

Abb. 19: Biomassen sowie CO_2- und O_2-Flüsse der Schweiz zur Zeit der größten biologischen Vielfalt vor dem Beginn der menschlichen Besiedlung (Fläche 41 000 km²); P = Biomasse der Produzenten (grüne Pflanzen); C = Konsumenten: C1 = Pflanzenfresser, C2 = Fleischfresser; D = Bodenorganismen. (Nach H. Greppin in Pillet[108]: »Elemente einer Untersuchung der ökologischen Tragfähigkeit...«)

Gegenüber der »wilden Schweiz« ist die assimilierende Biomasse der Schweiz von heute um etwa 80 % geschrumpft. Die Masse der Pflanzenfresser ist als Folge der Nutztierhaltung um das 40fache gestiegen. Im Vergleich dazu ist die menschliche Biomasse klein, aber sie beträgt doch das Dreifache der gesamten oberirdischen Tierwelt des Urzustandes. Die Bodenorganismen sind ersatzlos zu 90 % verschwunden; die Folgen sind noch nicht abzusehen. Für die Bodenfruchtbarkeit und die Funktion der Ökozyklen sind sie nämlich von fundamentaler Bedeutung. Insgesamt wurde die natürliche Umwelt auf ein Zehntel ihres ursprünglichen Bestandes reduziert.

Die menschliche Wirtschaft äußert sich im Umsatz der aus dem In- und Ausland stammenden Energie (E) und der »dauerhaften Wirtschaftsmasse« (PEM), die im wesentlichen aus Investitionen wie Straßen, Bauwerken, Dämmen und dergleichen be-

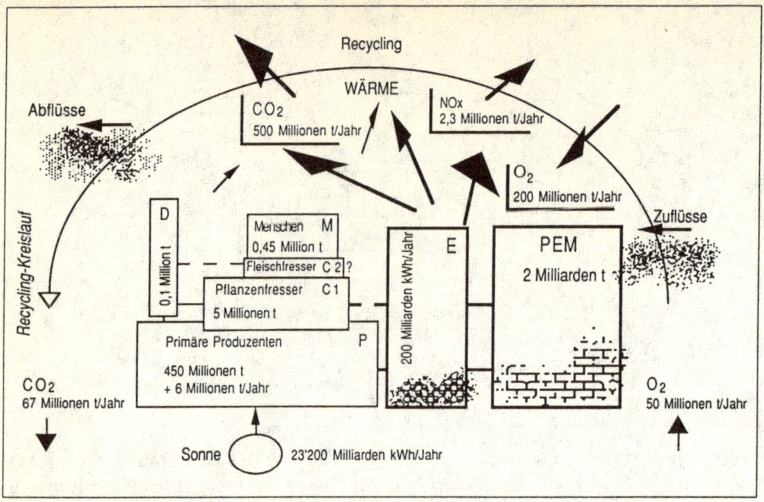

Abb. 20: Das gegenwärtige ökologisch-ökonomische Gesamtsystem der Schweiz. E = die im Land umgesetzte Energie, PEM = das vom Menschen geschaffene Kapital. P und C sind die »domestizierte« Biomasse (Pflanzen und Tiere), D repräsentiert die Bodenorganismen. Dies ist der Grundumsatz der heutigen Schweizer Wirtschaft. Es fragt sich, ob damit die ökologische Tragfähigkeit der Schweizer Biosphäre nicht überschritten wird. (Nach H. Greppin in Pillet[108]: »Elemente einer Untersuchung der ökologischen Tragfähigkeit…«)

steht. Es wird mehr Sauerstoff verbraucht als produziert und mehr Kohlendioxid abgegeben als wieder gebunden. Der Schadstoffausstoß ist beträchtlich. »Betrachtet man diese Analyse, muß man sich fragen, wie weit das ›natürliche Kapital‹ eines Landes in dem Beziehungsnetz von Umwelt, Bevölkerung und Lebensstandard eigentlich reduziert werden kann« (Pillet[108], S. 24). Die Umwelt kann die Abfälle der Zivilisationswirtschaft nicht mehr verarbeiten. Das System ist vom Energieimport abhängig. Global gesehen beträgt der Anteil der Menschheit an der Gesamtbiomasse noch weniger als 1 Promille. Aber wir konsumieren 25 % der globalen primären Nettoproduktion, das ist die durch Photosynthese gewonnene Sonnenenergie abzüglich der für das Wachstum und die Fortpflanzung der Pflanzen nötigen Energie. Nimmt man nur die Nettoproduktion auf dem Festland, dann konsumieren wir Menschen bereits 40% von ihr. Würde sich die Menschheit verdoppeln, gäbe es kaum noch Platz für wilde Tiere.

Die Situation ist für die anderen Industriestaaten nicht weniger dramatisch. Falls die Bevölkerung der USA den gegenwärtigen hohen Stand des Energieverbrauchs und Lebensstandards bei Versorgung aus den nachwachsenden Ressourcen halten wollte, dann läge die optimale Bevölkerungszahl bei 40–100 Millionen Menschen[129, 40].

Sicher wäre es verfehlt, angesichts dieser kritischen Lage in Panik zu geraten. Solarenergie, Wasserstofftechnik und, falls es glückt, die Fusionstechnik könnten die Tragfähigkeit der Erde erhöhen – nur sind wir noch nicht soweit, daß wir auch damit rechnen können. Außerdem ist Energie nicht der einzige begrenzende Faktor (man denke an das Müllproblem). Die fossilen Energieträger sind begrenzt, aber sie reichen noch für eine Weile. Dennoch sollten wir sie nicht verprassen. Und vor allem sollten wir uns auf ein Gesundschrumpfen der Bevölkerungszahl einstellen. Um Christi Geburt lebten etwa 200–400 Millionen Menschen auf der Erde. Um 1830 waren es eine Milliarde. In nur hundert weiteren Jahren kletterte die Zahl auf 2 Milliarden (1930), und nur 30 Jahre danach war die dritte Milliarde erreicht (1960). Zur vierten brauchte es dann nur noch 15 Jahre (1975), zur fünften nur noch zehn Jahre. In noch einmal zehn Jahren wird die Erdbevölkerung um eine weitere Milliarde gewachsen sein – das ist die gegenwärtige Bevölkerung von Afrika und Südamerika zusammengenommen! Es gilt also in zehn Jahren einen gewaltigen Bevölkerungszuwachs zu ernähren, zu behausen und zu bekleiden. Aber bereits jetzt hungern nahezu eine Milliarde Menschen. Die Nahrungsmittelproduktion ist in den letzten Jahren nicht wie üblich gestiegen, sondern global gesunken.

Bei dieser Lage der Dinge ist es völlig unverantwortlich, Immigration in das ökologisch überlastete Europa zu befürworten.

Wenn keine Umkehr des gegenwärtigen Trends der globalen Bevölkerungsvermehrung erfolgt, dann kann Europa sich nur großgräumig unter Einbeziehung der osteuropäischen Länder von den Armutsländern der Dritten Welt abschotten. Zugleich muß Europa selbst haushalten lernen und auch Strategien für verschiedene Möglichkeiten der politischen Entwicklung ausarbeiten, ähnlich wie es die Militärs in ihren Sandkastenspielen tun, um für alle Fälle gerüstet zu sein.

Sind Immigranten von wirtschaftlichem Nutzen?

Den sozial und ökologisch begründeten Bedenken gegen die Aufnahme einer größeren Zahl von Immigranten stellen die Befürworter der Immigration Nützlichkeitserwägungen entgegen. Es heißt, wir würden sie als Arbeitskräfte und zum Ausgleich des Bevölkerungsschwundes brauchen. Als Arbeitskräfte, weil sich in unserem Lande für bestimmte Arbeiten nicht mehr genügend Arbeitskräfte fänden. Im Klartext: Um den Preis, für den Gastarbeiter bestimmte unangenehme Arbeiten noch verrichten, sind Deutsche und Österreicher angeblich nicht mehr gewillt zu arbeiten. Da man offenbar nicht bereit ist, für solche Arbeiten mehr zu zahlen oder die Arbeit durch Verbesserung der Arbeitsbedingungen attraktiver zu gestalten, müssen Niedriglohnarbeiter angeworben werden*. Das Erstaunliche ist, daß die Gewerkschaften nicht energisch genug dagegen protestieren. Bisher beruhte der soziale Fortschritt darauf, daß Arbeiter und

* Das Argument wird immer wieder von Befürwortern der Immigration vorgebracht. Ohne die bei uns arbeitenden Ausländer, heißt es zum Beispiel, müßten viele Krankenhäuser schließen, weil sich nicht genügend Personal aus der einheimischen Bevölkerung rekrutieren ließe. – Im übrigen sind die ausländischen Arbeitnehmer nicht nur in den ungeliebten Berufen tätig. Viele arbeiteten sich hoch, und besser ausgebildete werden von vornherein als Facharbeiter eingestellt. Damit allerdings werden sie auch zu Konkurrenten um begehrtere Berufe.

Angestellte über ihre Organisationen in Arbeitskämpfen bessere Bedingungen aushandelten. Die Instrumente der Arbeitskämpfe werden allerdings stumpf, wenn eingewanderte Niedriglohnarbeiter in beliebiger Zahl zur Verfügung stehen. Der soziale Fortschritt, dem wir verdanken, daß die einst bittere Armut allmählich verdrängt wurde und viele Menschen einen einigermaßen akzeptablen Lebensstandard haben, wird so blockiert. Grundsätzlich halte ich das Argument »Weil unsereiner es zu dem Preis nicht mehr macht, müssen andere her« für unsittlich*. Wenn man für die Pflegeberufe zu den gegenwärtigen Bedingungen kein Personal rekrutieren kann, dann müssen eben die Arbeitsbedingungen so attraktiv gestaltet werden, daß sich aus dem eigenen Arbeitskräftereservoir genügend Personen für diese Arbeiten zur Verfügung stellen.

Außerdem sind die Niedriglohnarbeiter gar nicht so billig. Ihre Gegenwart mag zwar die unmittelbaren Kosten des Arbeitgebers senken, aber langzeitlich erhöhen sich die sozialen Belastungen für den Staat.

So bezogen die Ausländer, die 1991 mit 6066730 Personen** 6,8 % der deutschen Wohnbevölkerung ausmachten, aus dem größten Posten der Sozialhilfe – der laufenden Hilfe zum Lebensunterhalt außerhalb von Institutionen – 27,8 %. Dieser Anteil wuchs in den letzten Jahren mit einer Dynamik von 18,4 % jährlich. Der Gesamtanteil der Sozialkosten lag bei 16,7 %***. Da die Sozialhilfemittel aus Steuergeldern finanziert werden, stammen sie in erster Linie von den Deutschen. In die Rentenversicherung zahlten die Ausländer 1989 noch 12,8 Milliarden DM ein. Sie erhielten 3,7 Milliarden ausgezahlt, was eine positive Bilanz von 9,1 Milliarden ergibt. Die eingezahlten Renten wer-

* Gerhard Schröder: »Krankenpflege würde ohne Ausländer nicht funktionieren.« Im *Spiegel*-Streitgespräch mit Edmund Stoiber. *Der Spiegel* 14 (1993), S, 115.

** Flüchtlinge und Asylbewerber sind in dieser Zahl nicht enthalten.

*** Alle Zahlen vom Statistischen Bundesamt, Wiesbaden.

den ihnen aber irgendwann auch wieder ausgezahlt, die an Ausländer geleistete Sozialhilfe hingegen bleibt verloren. Da die Ausländer eine überdurchschnittliche Arbeitslosenzahl erreichen, dürfte sich für die Arbeitslosenversicherung per se eine Belastung ergeben*. Eine wirtschaftliche Belastung stellen ferner die Heimatüberweisungen dar, die 1992 5,6 Milliarden DM ausmachten. Dieses Geld wird dem deutschen Wirtschaftskreislauf auf Dauer entzogen. Nicht in Rechnung gestellt sind verdeckte Ausgaben wie die Kosten, die aus der höheren Kriminalität erwachsen, ganz zu schweigen von den Belastungen für den inneren Frieden. Die Situation ist in anderen Ländern ganz ähnlich. Für die USA stellt sich die Situation nach Vernon Briggs[9] so dar: »Der Einsatz von Immigranten für schmutzige Arbeiten ist oft nichts anderes als eine staatliche Unterstützung der Arbeitgeber.«** Die Kosten erwachsen nicht nur aus der Tatsache, daß man der dort ansässigen Bevölkerung Arbeitsmöglichkeiten wegnimmt. Die Immigranten nehmen auch in den USA Sozialleistungen der verschiedensten Art in Anspruch, die von der Allgemeinheit getragen werden: Nahrungsmittelhilfe, Beihilfen für Wohnungsmiete, Erziehungshilfen, Schulspeisung, Gesundheitsfürsorge und vieles andere mehr. »So ist die Ansicht, Immigration sei für die Industrie der Weg der Wahl, Niedriglohnarbeiter für schmutzige Arbeiten zu rekrutieren, dem Vorschlag vergleichbar, eine Abkürzung durch Treibsand zu nehmen. Das Ende ist für alle Beteiligten eine Katastrophe« (Briggs[9], S. 513). Dazu kommt, daß die Begabten unter den Einwanderern aufsteigen und dann als Facharbeiter und in anderen gehobenen Stellungen der ansässigen Bevölkerung Konkurrenz machen. In den Vereinigten Staaten kommen übrigens die Manager der großen Firmen allmählich

* *Arbeitslosigkeit*	*Ausländer*	*Bevölkerung insgesamt*
Dezember 1989	11,7 %	8 %
Dezember 1990	10,7 %	6,8 %
Dezember 1991	11,9 %	6,5 %

** »The use of immigrants for doing the ›dirty work‹ is often little more than an employer's subsidy by the government.«

darauf, daß die Kosten für das Anlernen einer unausgebildeten Arbeiterschaft den Vorteil der Niedriglöhne überwiegen, so daß die »Pro-Immigrationslobby« immer kleiner wird.

Oft hört man, Deutschland würde die Einwanderer brauchen, denn durch das Geburtendefizit im eigenen Lande werde es für unsere Kinder und Enkel immer schwieriger, die Renten für die zunehmende Zahl der Alten zu verdienen. Im Jahre 2000 würde die Wirtschaft pro Jahr etwa 300000 Immigranten brauchen, meinte der SPD-Fraktionsvorsitzende Hans-Ulrich Klose*. »Nur so können in Zukunft die Flüchtlingsströme gesteuert, genügend Arbeitskräfte rekrutiert und die Probleme der Rentenversicherung gelöst werden.« Da in den nordafrikanischen Staaten die Hälfte der Bevölkerung unter 25 Jahre alt sei und dort unmöglich alle Arbeit finden könnten, würden wir ihnen und uns Gutes tun, wenn wir sie bei uns aufnähmen, so Klose. 300000 einwandernde Arbeitskräfte pro Jahr, dazu kämen dann wohl noch Familienangehörige im Rahmen der Familienzusammenführung – wie soll ein Land dies sozial und ökologisch verkraften?

Ganz abgesehen davon dürfte sich die Altersstruktur der Bevölkerung durch Immigranten keineswegs so günstig verändern, daß die Belastung der arbeitenden Bevölkerung durch die Alten entscheidend erleichtert würde. Die Einflüsse der Wanderungsbewegungen auf die Altersstruktur werden nach Jürgen Borchert[6] in wirklichkeitsfremder Weise überschätzt. Es wandern ja nicht nur Kinder und Jugendliche zu, die überdies auch älter werden. »Wer im Jahre 1992 kommt, ist im Jahre 2030 ebenfalls 65 Jahre alt und verstärkt den Altenberg«, so Borchert.

Bei einem Zuwanderungssaldo von jährlich 250000 Menschen im Altersschnitt der Zuwanderer des Jahres 1986** wären das

* *SZ*-Gespräch mit dem Vorsitzenden der SPD-Bundestagsfraktion (*Süddeutsche Zeitung* vom 25.5.1993). Klose: »Im Interesse der Wirtschaft braucht Deutschland jährlich bis zu 300000 Einwanderer.« Diese Zahl hat er nicht selbst errechnet, aber er hat sie in seine Argumentation übernommen.

** Er betrug 27 Jahre.

von 1992 bis zum Jahre 2020 9,5 Millionen Menschen. Bei im wesentlichen gleicher Bevölkerungsgröße sähe die Altersstruktur in Deutschland dann folgendermaßen aus:

Altersstruktur der Bevölkerung bei einem Zuwanderungssaldo von 250000 Menschen pro Jahr (in Prozent)

Alter in Jahren	1986	2000	2030
bis 19	22,1	20,9	17,7
20–59	57,3	55,3	49,4
60 und mehr	20,6	23,8	32,9
Zusammen	100	100	100

Quelle: Statistisches Bundesamt, Wiesbaden (nach Jürgen Borchert[6]).

Modellrechnungen aus dem Jahre 1986 schätzten die entsprechenden Anteile für 2030, bezogen auf die alte BRD (ohne Zuwanderung), wie folgt ein: bis 19 Jahre: 15,9 %; 20–59 Jahre: 47 %; darüber: 37,1 %. Borchert meint zu Recht: »Wer die Dinge also nüchtern betrachtet, wird die Möglichkeit deshalb nicht ausschließen können, daß Immigration im großen Stil mehr Probleme schaffen könnte, als sie löst.«

Außerdem sind alle Aussagen über den dringenden künftigen Bedarf zusätzlicher Arbeitskräfte höchst spekulativ. Während die Befürworter der Immigration unbeirrbar wiederholen, wir brauchten die Zuwanderer wegen der Renten, mehren sich die Stimmen, die darauf hinweisen, daß wir mit chronischer *Arbeitslosigkeit* zu rechnen hätten. Vollbeschäftigung könnte vielleicht in 10–15 Jahren wieder erreicht werden, aber auch das ist bei der weiteren Rationalisierung der Produktionstechniken nicht sicher.

In diesem Zusammenhang ist auch eine neuere Veröffentlichung des Wirtschaftswissenschaftlers Meinhard Miegel[92] wichtig, die Borcherts Aussagen im wesentlichen stützt. Zunächst meint Miegel, daß die Veränderungen im demographischen Bereich für die Wirtschaft teilweise ohne Immigranten ausgeglichen werden könnten. Es gäbe zwar eine kritische Untergrenze, unterhalb deren die Wirtschaft Schaden erleiden werde, aber diese Untergrenze würde in den nächsten zwei bis drei Generationen wohl nicht unterschritten, auch wenn die Geburtenrate der ansässigen Bevölkerung auf dem gegenwärtigen niedrigen Niveau verharren und die dadurch verursachte Bevölkerungsabnahme nicht durch Zuwanderer ausgeglichen würde. Insgesamt würde Deutschland zwar Einbußen an Wirtschaftskraft erleiden und seine wirtschaftliche Bedeutung in der Welt dementsprechend ebenfalls, aber die wirtschaftliche Leistungsfähigkeit pro Kopf der Bevölkerung könnte sogar noch steigen. Das Verhältnis von produzierendem und konsumierendem Bevölkerungsanteil sollte sich allerdings nur mäßig ändern und die Arbeitsproduktivität zumindest gleichbleiben. Erst nach dem Jahre 2000 würde die erwerbsfähige Bevölkerung im Verhältnis zu den Nichterwerbsfähigen abnehmen (s. Abb. 21). Das könnte durch eine Verlängerung der Erwerbsfähigkeitsphase ausgeglichen werden, und das würde auch wegen der allgemein längeren Lebenserwartung gerechtfertigt sein. Verlängerte man das Ende der Erwerbsfähigkeit in jedem Kalenderjahr um einen Monat, dann läge der Erwerbsfähigenanteil an der Wohnbevölkerung auch im Jahre 2030 noch immer höher als zu Beginn dieses Jahrhunderts. Man könne ferner die Erwerbsneigung der Erwerbsfähigen durch gleitenden Ein- und Ausstieg aus der Arbeit besser nutzen. Durch Verkürzung der Schulzeiten könnten jüngere Erwerbsfähige rekrutiert werden. Schließlich könnte die Erwerbsquote der Frauen verbessert werden, wenn Beruf und Familie besser miteinander in Übereinstimmung gebracht würden als heute.

Schrumpfte der erwerbstätige Bevölkerungsanteil auch über das Jahr 2030 hinaus, dann wären allerdings »tiefgreifende Einschnitte« in die bestehenden Wirtschafts- und Gesellschaftsstrukturen notwendig. Vielleicht haben aber bis dahin die verantwortlichen Politiker erkannt, daß man auch Familienpolitik betreiben kann. Wie Meinhard Miegel[91] in einer anderen Untersuchung zeigt, sind es die Exzesse des europäischen Individualismus, mit der die Kultur des Westens sich über die Fortpflanzungsverweigerung zerstört. Einem solchen Individualismus, der zum Aussterben einer Bevölkerung führt, muß durch Werbung, Aufklärung und finanzielle Förderung entgegengewirkt werden.

Unterstellt man in einem zweiten Szenarium, daß der Bevölkerungsschwund durch Zuwanderung ausgeglichen wird, dann vermindern sich die wirtschaftlichen Anpassungszwänge nur unter der Voraussetzung, daß die Einwanderer dem jüngsten Drittel des erwerbsfähigen Bevölkerungsanteils angehören, also 20–35 Jahre alt sind, und mit geringem Aufwand in den Arbeitsmarkt integriert werden können. Sonst dürften sie die Bewältigung der demographischen Herausforderungen durch die Wirtschaft eher erschweren. Langfristig sei ihre Wirkung auf die Wirtschaft »ungewiß«.

Außerdem werden auch bei der Zuwanderung junger Erwerbsfähiger wirtschaftliche und soziale Anpassungsleistungen zu vollbringen sein, »denn die relative Zunahme des alten Bevölkerungsteils kann auch durch Zuwanderung nur verlangsamt, nicht aber verhindert werden: Wollte die Bevölkerung ihre gegenwärtige Altersstruktur aufrechterhalten, müßte sie bis 2030 auf 100 Millionen Menschen anwachsen. Ein solches Bevölkerungswachstum erscheint wenig sinnvoll. Die Bevölkerung kommt mithin in beiden Szenarien nicht umhin, mit einem großen Altenteil zu leben« (Miegel[92], S. 128).

Schließlich müßte die Arbeitsproduktivität der Immigranten höher sein als die der alternden ansässigen Bevölkerung, was ja der Fall sein könnte. »Sicher ist das aber nicht, denn sie könnten auch eine Wirtschafts- und Arbeitskultur verinnerlicht haben, die wenig Raum für Dynamik und Kreativität läßt« (Miegel[92], S. 128). Auch die Erwerbsneigung der Zuwanderer ist mit gewissen Unsicherheiten belastet. Überdies wird bei einem Wanderungsausgleich des Bevölkerungsschwundes das Bildungswesen überfordert. Im nächsten Jahrzehnt müßten 300000 Menschen

Altersstruktur in Deutschland 1990
(graue Linie: Altersstruktur 2030)

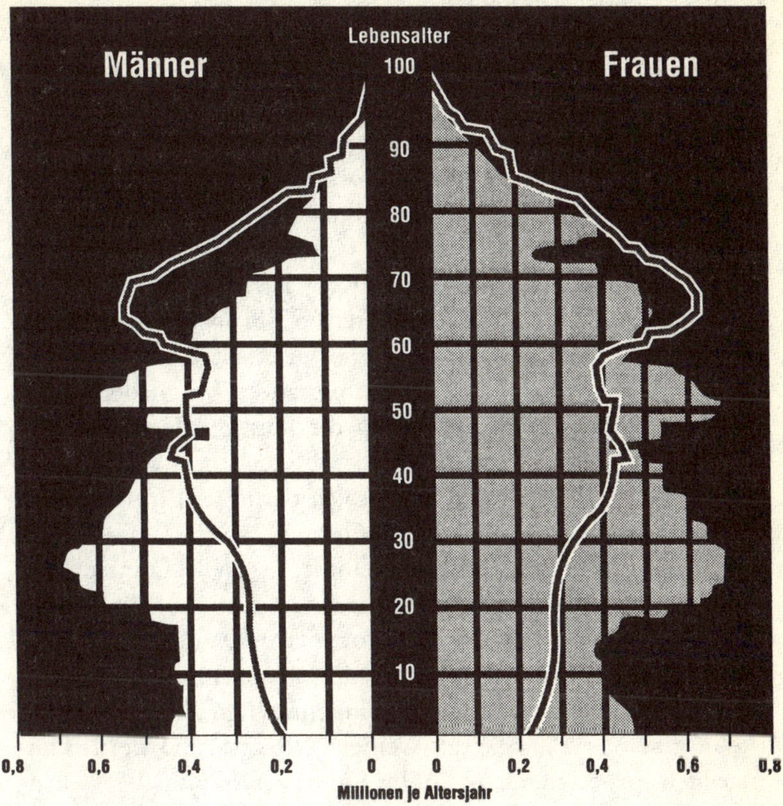

Abb. 21: Die Altersstruktur der Bevölkerung Deutschlands im Jahre 1990 und ihre für 2030 prognostizierte Entwicklung (graue, ausgezogene Linien). Aus *Die Zeit*, Nr. 2 vom 7. 1. 1994, S. 20: »Kein Grund zur Panik« von Udo Perina.

jährlich, danach 450 000 und schließlich 600 000 sämtlich ein umfassendes Bildungs- und Ausbildungssystem durchlaufen – alles erwachsene Personen, denen selbst die elementaren Kenntnisse der deutschen Sprache fehlten. Dennoch bleibe es fraglich, ob die Einwanderer sich von den Einstellungen der Wirtschafts- und Arbeitskultur ihrer Herkunftsländer lösen und die der Deutschen übernehmen würden.

Eine gewissenhafte Untersuchung aus England von David A. Coleman[15] (Universität Oxford) kommt für die Europäische Union zu einem ähnlichen Ergebnis. Selbst wenn die geringe Fruchtbarkeit der Europäer noch eine Weile anhält, wird sich nach Coleman die Arbeitskraft (*work force*) nur bescheiden verringern, und sie wird auf jeden Fall niedriger sein als die potentiellen Arbeiterreserven Europas. Coleman faßt die Ergebnisse seiner Untersuchungen mit den Worten zusammen: »Bei gegenwärtig 15 Millionen Arbeitslosen in Europa, von denen die meisten unter 25 Jahre alt sind und viele selbst Immigranten, erscheint es überspannt, neue Immigranten für niederrangige Arbeiten aufzunehmen, zumal an die künftigen Arbeitskräfte höhere fachliche Ansprüche gestellt werden.«*

Und weiter zum angeblich positiven Beitrag der Immigranten zu den Sozialleistungen: »Zuwanderung ändert wenig für die soziale Wohlfahrt und Familienbeihilfe, da die Migranten diese Kosten sowohl verdienen als auch konsumieren.« Bleibt noch zu ergänzen, daß die Arbeitslosenquote der in Deutschland lebenden Ausländer mit 15,2% (Stand März 1993) mittlerweile gut doppelt so hoch ist wie die der einheimischen Erwerbstätigen, die insgesamt 7,2% beträgt. Weniger Arbeitskräfte werden immer mehr produzieren und unter Vollbeschäftigung die Rentenlasten wahrscheinlich leichter tragen können als mehr Menschen unter den Bedingungen der Arbeitslosigkeit und steigender Sozialempfängerzahlen. Verbessert man die Arbeitsbedingungen und zahlt man mehr für die ungeliebten Tätigkeiten, dann wird

* »It seems eccentric to propose the resumption of immigration for low-grade labor, when there are 15 million unemployed in Europe, most under age 25 and many themselves immigrants, especially since future demand for labor emphasises high skills.« Zum gleichen Ergebnis kommt eine Untersuchung von Jeremy Salt[117].

man aus dem Heer der Arbeitslosen die benötigten Arbeitskräfte rekrutieren können.

Zur Hiobsbotschaft »Renten in Gefahr!« wäre schließlich noch zu sagen, daß vor 100 Jahren keineswegs wohlhabende Menschen durchaus in der Lage waren, eine vielköpfige Familie zu ernähren, 4 bis 6 Kinder waren keine Seltenheit. Dazu kam dann noch die Betreuung der Eltern eines der Ehepartner. Bei den heutigen Produktionstechniken und bei der geringen Kinderzahl dürfte es in Wirklichkeit keine größeren Schwierigkeiten bereiten, die nötigen Renten für die Alten zu verdienen. Wahrscheinlich wird man sich dazu nicht einmal einschränken müssen, aber selbst wenn, wäre das immerhin noch eher in Kauf zu nehmen als das Risiko der sozialen Konflikte zwischen Immigranten und Einheimischen in wirtschaftlichen Krisensituationen. Oder glaubt man ernsthaft, daß es solche nicht geben würde und daß wir den Immigranten eine Sicherheitsgarantie auf Wohlstand über Generationen abgeben könnten?

Nach Hochrechnungen soll im Jahr 2030 das Verhältnis der Beitragszahler in die Sozialversicherung zu den Rentnern 1:1 betragen. Daß jeder somit einen Rentner mitversorgen muß, ist sicher eine große Belastung, aber kaum ein Katastrophenszenario und überdies durch Immigration nicht zu ändern.

Das demographische Argument

Gerne wird in diesem Zusammenhang außerdem das demographische Argument gebracht: Ganz unabhängig von den Renten müßten wir auch den Bevölkerungsschwund ausgleichen. Denjenigen, die auf die bereits spürbare ökologische Überfrachtung hinweisen, wird entgegengehalten, es würden in Deutschland heute gar nicht mehr Menschen leben als vor dem Zweiten Weltkrieg. Das stimmt nicht, wenn man die Einwohnerzahl auf die Fläche bezieht. 1932 lebten in Deutschland 140 Einwohner pro

km^2. Heute* sind es durch die Gebietsverluste nach dem Zweiten Weltkrieg und durch die Aufnahme von Millionen von Flüchtlingen und Vertriebenen aus den ehemals deutschen Ostgebieten bzw. aus den Staaten Mittel- und Osteuropas 227 Einwohner/km^2. Ich habe daher immer ein Gesundschrumpfen auf ein ökologisch verträgliches Maß gutgeheißen.

Daß man überdies schließlich durch eine familienfreundliche Politik Einfluß auf die demographische Entwicklung nehmen kann, wollen wir noch einmal in Erinnerung bringen.

6.2. Abwege des politischen Moralismus

Mit ihren Analysen handeln sich Wissenschaftler oft den Vorwurf ein, sie würden auf *ethische* Überlegungen verzichten, da Wertfreiheit als oberster Grundsatz der Wissenschaft gelte. Ihre Botschaft wird daher von manchen Ideologen für »gefährlich« gehalten, besonders wenn sie diesen nicht in den Kram paßt, und das letztere ist bei einigen Aussagen der Biologen zur Immigrationsdebatte sicher der Fall. Biologen sehen sich daher Angriffen ausgesetzt, die oft die Grenzen der Fairneß überschreiten und in denen selbst die Waffe der Diffamierung eingesetzt wird. Bevor wir uns aber mit den Attacken auseinandersetzen, einige klärende Worte zur »Wertfreiheit« der Forschung.

Verzichten Forscher auf ethische Überlegungen, wenn sie für eine wertfreie Wissenschaft eintreten? Gewiß nicht. »Wertfrei« bezieht sich auf das Bemühen, Erkenntnisse zu gewinnen mit Hilfe von Methoden, die auch für andere den Weg der Erkenntnisgewinnung nachvollziehbar machen. Beschreiben und Bewerten, das sind zwei verschiedene Sichtweisen. Wir können als Wissenschaftler die Blüte einer Rose beschreiben, und tun wir

* 1932 lebten in Deutschland auf 470440 km^2 rd. 66 Millionen Menschen. 1992 (Stichtag 30.9.) lebten in Deutschland auf 356733 km^2 rd. 81 Millionen Menschen.

dies mit der nötigen Genauigkeit, dann kann auch jemand, der zum erstenmal in seinem Leben eine Rose sieht, diese nach unserer Beschreibung bestimmen. Den meisten Wissenschaftlern wird eine Rose natürlich auch gefallen. Und der Dichter wird in erster Linie von ihrer Schönheit berichten. Der Wissenschaftler wird aber vielleicht weiterfragen: Wie kommt es, daß wir Blumen schön finden? Und diese Frage führt ihn auf das Gebiet der Sinnespsychologie, Wahrnehmungsforschung und der biologischen Ästhetik.

Wir Menschen bewerten aber nicht nur ästhetisch, sondern auch ethisch. Wir heißen dieses Verhalten gut, jenes andere schlecht. Wir sprechen bewertend von Tugenden, wie der Nächstenliebe, dem Mut, der Freigebigkeit, und manche von diesen Tugenden gelten, soweit uns bekannt ist, in allen Kulturen. Oft allerdings werden sie unterschiedlich gewichtet oder auf bestimmte und nicht überall gleiche Personenkreise begrenzt. Schließlich gibt es Tugenden wie jene der Sparsamkeit, die nur in einigen Kulturen gepflegt werden. Eine problematische Tugend zum Beispiel ist die Gefolgsbereitschaft, die keineswegs in allen Völkern in gleicher Weise kultiviert wird, die aber sicher eine biologische Basis in der Unterordnungs- und Gefolgsbereitschaft eines sozialen, Rangordnungen bildenden Wesens hat[22, 26]. Abrahams Opfer ist ein Beispiel für die kulturelle Ausgestaltung einer Tugend, die hier fordert, was gegen die Natur geht. Ähnlich liegt der Fall in Schillers »Don Carlos«, wo der Großinquisitor zu König Philipp sagt: »Vor dem Glauben gilt keine Stimme der Natur« und damit dessen Sohn als Opfer fordert (Akt V / 10).

Naturforscher bemühen sich, Wertungen aus ihrer Forschung herauszuhalten, es sei denn, diese selbst sind Objekt ihres Forschungsinteresses. Aber sie sind deswegen nicht wertblind. Sie überlegen die Folgen ihres Handelns, und ihre Zielsetzungen basieren auf Wertungen, in denen sich Gefühlsethik und Wissen in einer Vernunftehe verbinden. Dieses Konzept stellen wir einer rein gefühlsmäßig, unter Verzicht auf Wissen und Vernunft begründeten Zielsetzung entgegen. Die Gefühlsethiker neigen zum Überschwang. Viele berauschen sich geradezu an ihrer Tugend. Sie nutzen ihren Einsatz für das Gute zur positiven Selbstdarstellung, um Ansehen zu genießen, und werden vom Beifall in positiver Rückkoppelung emporgetragen. Der Tugendrausch wirkt ansteckend und kann zur Massenhysterie entarten[28]. Auch macht die Begeisterung für die gute Sache blind für die Realitäten des Alltags, und das ist nicht ungefährlich.

Ralph Giordano[48] wies auf die Gefahr einer übertriebenen Xenophilie, einer »Pathologie der Umarmung« hin. Er möchte sie zwar nicht in einem Atemzug mit den Rassisten nennen, »aber in der Problemverstrickung aller Beteiligten üben sie meiner Erfahrung nach einen überaus negativen Einfluß auf die Lösungs- und Verbesserungsmöglichkeiten aus. Und das bei erklärt ›guter Absicht‹ – denn davon sind sie unbestritten beseelt« (S. 293). Nur würden sie eben die Ursache für die Schwierigkeiten immer bei den Einheimischen suchen. Jede Beklemmung gegenüber massenhafter Anwesenheit von Fremden werde als Feindseligkeit denunziert, jede Sorge, Angst und Abwehrreaktion als rassistisch kriminalisiert, und die Zuwanderer würden undifferenziert und pauschal zu »Schützlingen« erklärt – eben »umarmt«.

Eine solche Haltung sei aber nicht hilfreich, da sie die Doppelproblematik leugne und sich damit der Erkenntnis verschließe, daß beide Seiten sich um eine Verbesserung ihrer Beziehung bemühen müßten. Giordano meint, hinter dieser Pathologie der Umarmung stecke ein Entmündigungsdenken. Die Umarmer würden sich als Beschützer über die Benachteiligten erheben, die aus der Not ihrer Situation immer recht hätten, weshalb Kritik an ihnen als Sakrileg empfunden würde. Dieser höchst hierarchische Protektionismus enthebe die Schützlinge der Eigenverantwortung und deklassiere sie zu Objekten der »Protektionswut«.

Das führe zu dem Stereotyp vom »guten« Ausländer und vom »bösen« Deutschen, wofür Giordano eine Reihe wahrhaft grotesker Beispiele anführt. Dem Feindbild »Inländer« wird ein idealisiertes Ausländerbild gegenübergestellt: Auf Plakaten*, mit denen Stadtverwaltungen Front gegen Fremdenhaß machen, erscheint der (die) Deutsche: dick, dumm, egozentrisch, häßlich, ausbeuterisch, ablehnend – der (die) Ausländer(in): freundlich, kontaktbereit, hübsch, liebenswert in der traurigen Situation des Verfolgten**.

Slogans machten die Runde wie »Ausländer rein, Rheinländer raus« oder »Ausländer, laßt uns mit diesen Deutschen nicht allein« oder die an Einfalt schwer zu überbietende Parole »Alle sind Ausländer oder fahren Sie nie auf Urlaub«. Als ob es bei dem Problem der Ausländer um Fragen des Tourismus ginge! Zum Overkill der guten Absichten gehören auch die Kinderbefragungen zum Ausländerproblem in Fernsehen, Rundfunk und Presse. Sie dienen der Stimmungsmache und sollen ein als unkritisch eingeschätztes Publikum für die Immigrationsbefürworter einstimmen. Die Kinder selbst sind gar nicht in der Lage, die Problematik zu erfassen; sie geben wieder, was man ihnen suggerierte. Übertreibungen dieser Art belasten die gegenwärtige Diskussion um die Immigrationsproblematik. Wer vor den ökologischen und sozialen Folgen der Massenimmigration warnt, dem tönt die Anschuldigung »Ausländerfeind« entgegen.

Und wer sein Volk für ebenso erhaltenswert hält wie ein anderes und daher rät, Immigranten aus kulturnahen Ethnien jenen aus kulturfernen Ethnien vorzuziehen, um einem dramatischen Bevölkerungswandel vorzubeugen, der muß damit rechnen, als »Rassist« diffamiert zu werden. Wir seien moralisch verpflich-

* »Wer hilft mit, Beinab anzünden?« steht auf einem Poster unter dem Porträt eines hübschen Mädchens mit dunklen Augen, mit dem eine Stadtverwaltung gegen die Ausländerfeindlichkeit ankämpfen will. Ein anderes zeigt einen fetten Deutschen in Shorts, auf einem Kamel reitend. Ihm schallt der Ruf entgegen: »Ausländer raus!« Auf wieder einem anderen Plakat westdeutscher Agenturen floß Blut aus einer schwarzrotgoldenen Fahne.

** *Der Spiegel* 1992, 1, 56–62: »Jeder streichelt seinen Bimbo« und *Der Spiegel* 1993, 5, 170–172: »Overkill der guten Absichten«.

tet, so heißt es, zu helfen und die Armen unterschiedslos aufzunehmen. Die Verpflichtung dazu wird oft mit dem Hinweis begründet, wir Europäer hätten über Jahrhunderte die Länder, aus denen die Armen herandrängen, als Eroberer und Kolonialisten ausgebeutet. Von daher würde unser Reichtum stammen – es sei nur fair, wenn wir jetzt zur Kasse gebeten würden. Diesc Anschuldigungen sind reichlich überzogen. Österreich, Deutschland, die Schweiz und viele andere Länder Europas haben ihren Wohlstand selbst erarbeitet. Deutschland gründete seine erste Kolonie (Südwestafrika) im Jahre 1884, und es verlor sie kurz danach im Ersten Weltkrieg, kaum daß es die Infrastruktur aufgebaut hatte, die Eisenbahnen, Schulen, Farmen, Bergwerke und Industrieanlagen, die dann auch Gewinn eingebracht hätten. Die anderen europäischen Kolonialmächte haben sicherlich einen großen Teil ihres Reichtums aus ihren Kolonien bezogen. Aber in den vergangenen Jahrhunderten liefen nicht allzuviele Altruisten umher. Die Europäer hatten durch ihr Wissen um die Beschaffenheit der Erde, durch ihr nautisches Können, ihre avancierte Technologie und die wissenschaftlichen Kenntnisse einen großen Startvorteil. Im übrigen verhielten sie sich nach den zu ihrer Zeit gültigen Umgangsformen, wie das die anderen auch taten. Aber die Europäer waren es, die in erster Linie aufgrund ihrer christlichen Ethik allmählich umdachten und die begannen, von Menschenrechten zu sprechen und humanitäre Entwicklungen einzuleiten.

Leben wir heute auf Kosten der Armen der Dritten Welt? Das wird oft behauptet und mit dem Argument gestützt, daß die Industrieländer (einschließlich Japan und USA), obgleich sie nur 25 % der Weltbevölkerung ausmachen, etwa 75 % der Weltproduktion verbrauchen. Aus dieser Tatsache kann man aber zunächst nur auf eine ungleiche Verteilung des Reichtums auf dieser Erde schließen, *nicht* auf eine Ausbeutung der Ärmeren durch die Reicheren[74]. Um das als wahr zu unterstellen, müßte nachgewiesen werden, daß die Reichen mehr konsumieren als produzieren, was erwiesenermaßen nicht der Fall ist. Der Anteil der Entwicklungsländer am Welt-Bruttosozialprodukt beträgt etwa 23%, der der Industrieländer 77%. Über den Welthandel werden die Produkte zwischen den Industrieländern und den Entwicklungsländern zu einem gewissen Prozentsatz ausgetauscht. Aber 70% des Handels findet ausschließlich zwischen den Industrienationen statt. Da der Welthandel vor allem zwischen den Industrieländern und nicht zwischen Entwicklungsländern und Industrieländern stattfindet, kann der »Reichtum« der Industrieländer nicht auf der Ausbeutung der Dritten Welt basieren.

Bleibt die Anschuldigung, die Industrieländer würden als Rohstoffkäufer Ausbeutung betreiben. Aber von den schwankenden Rohstoffpreisen, die der Weltmarkt bestimmt, sind alle Rohstoffproduzenten betroffen, und der Anteil der westlichen Industrieländer an den Rohstoffexporten betrug 1986 221,3 Milliarden Dollar (von insgesamt rd. 348), der der Entwicklungsländer 100,2 Milliarden Dollar. Überproduktion ist einer der Hauptgründe für den Verfall der Rohstoffpreise, unter dem die USA ebenso wie die Länder der Dritten Welt zu leiden haben.

Was in den letzten zweihundert Jahren tatsächlich ausgebeutet wurde, das sind die Reserven an fossilen Energieträgern. Der industrielle Aufschwung Europas basierte einst auf dem Energietrager Kohle, der z. B. in England oder Deutschland ausreichend vorhanden war. Heute spielen Erdöl und Erdgas als Energieträger die Hauptrolle. Beide kommen aber nicht aus den Armengebieten der Welt und werden auch teuer bezahlt. Auf die ökologische Problematik des Raubbaus an fossilen Energieträgern wiesen wir hin. Energieverschwendung ist sicher die Hauptsünde der Industrieländer. Und die USA erreichen hier mit einem doppelt so hohen Energieverbrauch pro Einwohner wie Europa die Spitzenposition der Engergievergeuder. Verprassen ist nicht unbedingt ein Ausdruck von Kultiviertheit.

Die Europäer setzen sich heute in besonderem Maß für Frieden und Gerechtigkeit auf der Welt ein. Die Verpflichtung dazu erwächst aber nicht aus einer besonderen europäischen Schuld.

Keine der führenden Zivilisationen dieser Erde war besonders friedlich. Aber das Faustrecht im internationalen Verkehr wurde doch tabuisiert. Dazu trägt beschleunigend bei, daß unsere Mitmenschen durch die ständig verbesserten Techniken der Kommunikation uns immer näher kommen. Wir verstehen ihre alltäglichen Sorgen und schätzen ihre kulturellen Leistungen. Die Sympathie beschränkt sich nicht allein auf Vertreter anderer Hochkulturen. Auch das Schicksal entfernter Naturvölker geht uns heute nahe.

Sympathie ist eine Gefühlsregung, die wir nicht lernen müssen. Es gibt Situationen, die dieses Gefühl aktivieren. Kulturell kann ich ihre Wirksamkeit jedoch auf einen bestimmten Personenkreis begrenzen. Aus den genannten Erfahrungen mit Mitmenschen anderer Kulturen sind wir heute bereit, auch Menschen Sympathie entgegenzubringen, die ganz anderen Kulturen angehören. Daraus erwächst das Bedürfnis, zu helfen, eine subjektiv empfundene, nicht aber eine aus Schuld begründete Verpflichtung. Uns verpflichtet vielmehr neben unserem Mitgefühl für die Not anderer eine Ethik des Teilens, auf die ich im folgenden Kapitel eingehe.

Zusammenfasssung

Die westeuropäischen Länder sind heute bereits weit über ihre ökologische Tragfähigkeit hinaus belastet. Eine Öffnung dieser Länder für den Zuzug von Immigranten ist daher aus ökologischen Gründen abzulehnen. Sollte nicht bald ein umweltfreundlicher Ersatz für die begrenzt vorhandenen fossilen Energieträger gefunden werden, dann müßte die Bevölkerung Europas drastisch reduziert werden, wenn ein zivilisatorisches Leistungsniveau erhalten bleiben soll. Der gegenwärtige Geburtenrückgang ist daher nicht unbedingt bedrohlich, wenn ihm durch familienfördernde Maßnahmen rechtzeitig wieder Einhalt geboten wird. Er kann als Prozeß des Gesundschrumpfens gelten.

Die oft wiederholte Behauptung, die europäischen Länder würden wegen der Überalterung ihrer Bevölkerung auf die Zuwanderung von Arbeitskräften angewiesen sein, hält einer Überprüfung nicht stand. Die Immigration würde aller Voraussicht nach mehr Probleme wirtschaftlicher und sozialer Art aufwerfen, als sie löst. Menschenverachtend ist der Vorschlag, den eigenen Bevölkerungsschwund durch Immigranten auszugleichen, da er auf lange Sicht die Verdrängung der eigenen Bevölkerung in Kauf nimmt.

Eine lautstarke Minorität öffentlicher Meinungsbildner meint der guten Sache zu dienen, indem sie jene, die gegen eine Öffnung Europas für Immigranten aus aller Welt argumentieren, als Ausländerfeinde und Rassisten diffamiert. Der politische Moralismus entwickelt dabei oft groteske Züge. Ralph Giordano sprach treffend von einer »Pathologie der Umarmung«.

7. Exkurs zur Ethik des Teilens

Wir hören heute oft das Wort »Verteilungsgerechtigkeit«. Was ist das für eine Gerechtigkeit? Wann und was teilen Menschen? Für die Begründung einer Ethik des Teilens ist ein Wissen um die Rahmenbedingungen Voraussetzung. Was ist Besitz, und welche Regeln gelten für den Besitztransfer?

Nur wer etwas besitzt, kann auch teilen, nur wer hat, kann geben – eine fast triviale Feststellung. Aber Eigentum galt und gilt für manche als etwas, was eigentlich abgeschafft werden sollte. Die Verurteilung des Wunsches nach Besitz übersieht die wichtige prosoziale Funktion des Schenkens und Teilens, die Besitz zur Voraussetzung hat.

Bekanntlich besitzen wir Menschen Verschiedenes, z. B. eine Vielzahl von Objekten, die wir verleihen und verschenken können. Auch Nahrungsmittel gehören dazu. Wir besitzen ferner ein Heim und oft auch ein Stück Land, ferner Wissen. Auch diese Art Besitz können wir mit anderen teilen oder auch ganz abgeben. Nicht so dagegen Liebe und Freundschaft. Die betrachten wir zwar ebenfalls als eine Art Besitz – wir sprechen davon, die Liebe einer anderen Person zu »besitzen«. Aber bekanntlich bleiben Liebe und Freundschaft unerfüllt, wenn sie einseitig sind. Ein Partner muß die Liebe erwidern. Die Beziehung ist wechselseitig und personengebunden. Man kann seine Liebe geben, aber über die des Partners verfügt man nicht, die kann man nicht verschenken. Die Bindung an einen Mitmenschen unterscheidet sich auch in ihrer affektiven Tönung von der zu einem Objekt, obgleich es da fließende Übergänge geben kann. Objekte dienen bisweilen als Ersatzobjekte für Sozialpartner (Beispiel: Kuscheltier, Puppe), und sie können daher wie ein solcher geliebt werden. Werkzeuge, Bekleidung und dergleichen sind ferner in einem gewissen Sinne ablegbare Organe, und wenn wir sie lange besitzen und sie uns gute Dienste leisteten, fühlen wir uns mit ihnen affektiv verbunden. Wir pflegen sie, stellen sie auch mit Liebe her und schmücken sie oft auf besondere Weise. Das hat sicherlich zur Verfeinerung der materiellen Kultur geführt und als Nebeneffekt zu einem pfleglicheren Umgang mit Ressourcen – eine Entwicklung, die mit der Wegwerfgesellschaft zum Stillstand kam.

Im allgemeinen ist jedoch die Qualität und Intensität der affektiven Bindung an Objekte anders getönt als eine Bindung an Personen. Wir sind durchaus bereit, uns von Objekten zu trennen, es sei denn, sie hätten für uns einen besonderen Symbolwert, z. B. als Talisman oder Andenken. Bindungen an Mitmenschen schätzen wir als Besitz besonderer Art, und unsere Bereitschaft, sie zu teilen, ist deutlich geringer. Bekanntlich haben Kinder zunächst einmal Schwierigkeiten, ihre Bindung an die Eltern mit nachgeborenen Geschwistern zu teilen. In aller Welt rivalisieren Geschwister miteinander. Und wie eifersüchtig Erwachsene ihre Bindungen an Ehepartner hüten, ist genügend bekannt. Soziobiologisch ist dies nicht schwierig zu erklären.

Objekte spielen dagegen eine wichtige Rolle im Dienste der Vermittlung freundlicher Sozialbeziehungen. Bereits Kinder im vorsprachlichen Alter erweisen sich in diesem Punkt als sozial kompetent. Sie bieten Gästen ihr Spielzeug oder auch Leckerbissen an, wenn sie die erste Scheu überwunden haben und zu freundlichem Kontakt bereit sind. Ferner teilen sie mit ihren Geschwistern und Spielgefährten. Im Leben der Erwachsenen spielt Bewirten und Beschenken schließlich eine große Rolle, und das Geben erfährt in den Geschenkritualen der verschiedenen Kulturen eine mannigfaltige Ausgestaltung.

Für die bindende Funktion des Gebens müssen allerdings zwei wichtige Rahmenbedingungen erfüllt sein:

1. Derjenige, der etwas bekommt oder bekommen möchte, muß durch sein Verhalten dokumentieren, daß er den anderen als Besitzer des begehrten Objektes anerkennt (Objektbesitznorm)[26].

2. Der Gebende erwartet nach einer Weile eine Gegengabe

oder Gegenleistung. Als Gegengabe muß nicht Gleiches mit Gleichem, wohl aber mit Wertentsprechendem vergolten werden (Norm der Reziprozität).

Bereits bei der Übernahme einer Gabe pflegt die beschenkte Person zu danken. Das muß nicht in formalisierter Weise geschehen. Einfache nichtverbale Äußerungen wie ein Lächeln können genügen. Es handelt sich um eine Form der Anerkennung des Gebe-Aktes. Lehnt jemand eine Gabe ab, dann wird dies als beleidigend empfunden.

Ursprung des Besitzens

Stammesgeschichtlich reichen die Wurzeln des Besitzes weit zurück, und es gibt sicher nicht einen allgemeinen Besitztrieb, sondern sehr spezifische und möglicherweise durchaus unabhängig voneinander entstandene Motivationen, zu besitzen.

In allen Wirbeltierklassen finden wir Vertreter, die Nahrung und Reviere verteidigen. Bei den Reptilien gilt ausschließlich das Recht des Stärkeren. Nahrung teilen sie nicht, und sie respektieren auch nicht die Territorien anderer aufgrund einer ihnen eigenen Besitznorm, sondern weil sie mit der starken Verteidigungsbereitschaft der Revierinhaber rechnen müssen. Revierinhaber genießen dabei einen Heimvorteil. Schon bei Fischen sind sie weniger fluchtbereit und daher bei Auseinandersetzungen mit Eindringlingen meist siegreich. Das gilt bis zu den höheren Säugern.

Bei Vögeln und Säugern wird Nahrung an Jungtiere abgegeben, ferner unter Erwachsenen beim Werben ausgetauscht, bei einigen Arten auch zur Absicherung des Paarzusammenhaltes nach der Verpaarung. Bei einigen in Gruppen lebenden Säugern wie den Hyänenhunden füttern auch nicht verpaarte Erwachsene einander.

Bei den Primaten bahnt sich die Entwicklung eines Besitzrechtes deutlicher an. Hans Kummer[78] stellte fest, daß männliche Dscheladas sich (zum Zwecke des Experiments in ihrem Gebiet freigelassenen) Weibchen nähern. Wer zuerst ein Weibchen erreichte, dem wurde es dann von den anderen überlassen. Es gilt das Recht des Zuerstgekommenen. Das gilt bei vielen Affen auch für die Nahrung. Allerdings beobachtet man bei niederen Affen wie den Pavianen und Rhesusaffen noch häufig, daß Ranghohe einem Rangniederen Begehrtes entreißen. Unter Erwachsenen wird nicht gebettelt und nicht abgegeben. Das tun bei den Primaten erst wieder die Menschenaffen. Schimpansen zeigen eine deutliche Hemmung, anderen Nahrung zu entreißen. Hat ein Schimpanse Beute gemacht, dann kann es in den ersten Minuten Streit um sie geben. Behauptet einer seinen Besitz, dann wird er im weiteren als Eigentümer respektiert, auch wenn er keine hohe Rangposition innehat. Wollen andere von der Beute haben, dann betteln sie, z. B. indem sie dem Besitzer die aufgehaltene Hand entgegenstrecken, was deutlich macht, daß sie den anderen als Besitzer des begehrten Objektes respektieren. Auch Werkzeuge wie Hammersteine zum Nüsseknacken oder Sonden zum Termitenfischen werden als Besitz betrachtet, aber nur solange ein Artgenosse sie nützt. Abgelegtes gilt nicht als Besitz. Der Mensch geht eine Stufe weiter. Er respektiert z. B. in der Regel den Besitz von Geräten bei Abwesenheit des Besitzers. Symbolische Besitzergreifung entdeckte Barbara Fruth[40] bei den uns Menschen besonders ähnlichen Zwergschimpansen. Dort respektieren Erwachsene die Nester von Artgenossen. Hat einer einen Ast mit begehrten Früchten entdeckt, dann flicht er an der Basis des Astes ein paar Zweige zu einem symbolischen Nest. Die anderen respektieren das »Tabu-Zeichen«.

Objektbesitz wird also bereits bei einigen nichtmenschlichen Primaten respektiert, und damit eröffnet sich auch die Möglichkeit, zu teilen. Die Bereitschaft, Nahrung abzugeben, entwickelte sich wohl im Zusammenhang mit der Entwicklung der individualisierten Fürsorge für die Nachkommenschaft (S. 71).

Die prosoziale Motivation, zu geben, und die ihr zugeordnete Motivation, anzunehmen, bilden die emotionelle Basis des Objekttransfers. Beim Füttern von Jungen geben die Eltern, ohne Gegengabe zu erwarten. Es handelt sich um eine Investition in die Nachkommenschaft, die sich genetisch lohnt. Auch das Paarfüttern oder Überreichen von Nestmaterial im Werbezeremoniell vieler Vögel muß nicht auf Gegenseitigkeit beruhen. Oft aber beobachten wir Reziprozität.

Erwachsene Zwergschimpansen geben an Gruppenmitglieder ab und erwarten dafür Gegenleistung. Hat ein Männchen eine Frucht, die ein Weibchen begehrt, dann kann es sich diesem sexuell anbieten und dafür die Frucht gewissermaßen einhandeln. Auch ein solcher »Handel« setzt den Respekt vor Eigentum voraus.

Was hier in Ansätzen ausgebildet ist, wurde beim Menschen weiter vertieft. Die Besitznorm ist bei ihm stark ausgeprägt. Ich vermute, daß ein entscheidender Selektionsdruck zu ihrer Vertiefung mit der Entwicklung der Werkzeugkultur einsetzte. Das Leben eines altsteinzeitlichen Jägers und Sammlers konnte z. B. davon abhängen, daß seine Waffen jederzeit greifbar waren. Der innere Friede konnte nur über eine sorgfältige Beachtung der Besitznorm erhalten werden. Das bestimmte wohl die weitere Entwicklung.

Die biologische und kulturelle Bekräftigung der Objektbesitznorm machte das Geben zu einem höchst bedeutungsvollen Akt, über den man Bindungen mit anderen Menschen eingehen und bestehende bekräftigen konnte. Zur Regel der Beachtung der Objektbesitznorm kommt die Regel der Reziprozität, die nicht allein auf der Erwartung des Gebenden besteht, eine Gegengabe zu erhalten, sondern auch auf der erlebten Verpflichtung des Geschenkpartners, eine Gabe zu erwidern. Emotionell ist das System abgesichert, indem Menschen sich gut fühlen, wenn sie geben, schlechtes Gewissen erleben, wenn sie geizig sind, und Enttäuschung, wenn ihre Gabe nicht erwidert wird. »Wenigstens danken hätte er können.«

Geben ist primär ein freundlicher Akt. Der Mensch kann ihn aber über die kulturelle Ausgestaltung auch zu einer Waffe im Streit um Rangpositionen umgestalten. Durch ein Übermaß an Fürsorglichkeit kann zunächst fürsorgliche Dominanz erreicht werden, und zwar dann, wenn ein Abhängigkeitsverhältnis geschaffen wird. Aber selbst repressive Dominanzbeziehungen können über Bewirtungs- und Schenkrituale aufgebaut werden, dann nämlich, wenn man dem Partner mit Absicht die Möglichkeit nimmt, Gleiches mit Gleichem zu vergelten. Dann fühlt dieser sich in der Schuld, denn das Bedürfnis, mit einer entsprechenden Gegenleistung zu antworten, ist sehr stark. Können Menschen dem nicht entsprechen, dann sehen sie ihren Status gefährdet.

Bekanntestes Beispiel dafür ist der Potlatch der Kwakiutl-Indianer der Nordwestküste Kanadas. Dort laden Häuptlinge einander wechselseitig zu Festen ein, deren Bemühen darin gipfelt, den anderen in einer Art Wettstreit durch überreichliche Bewirtung, Beschenkung und durch verschwenderische Selbstdarstellung zu übertrumpfen. Hier wird Gastlichkeit zur Waffe im Kampf um das Ansehen. Wer schließlich im Gabentausch nicht mehr gleichziehen kann, hat sein Gesicht verloren und damit den Rangstreit. Er konnte seine Verpflichtung nicht einlösen. Auch Wohltätigkeit kann verstimmen, wenn keine Gegenleistung möglich ist (siehe S. 209).

In der Regel überwiegt jedoch beim Geben auf reziproker Basis die bindende Funktion. Aber die über Geben gepflegten Beziehungen zwischen nicht näher miteinander verwandten Mitgliedern einer Gruppe oder gar über die Gruppengrenzen hinaus müssen auf Gegenseitigkeit beruhen. Wer in dieser Situation nur gibt, wird auf die Dauer zum Verlierer. Die bindenden Geschenkrituale erfahren in den verschiedenen Kulturen reiche Ausgestaltung. Das reziproke Austauschsystem der Buschleute ist eine Art Sozialversicherung. Nach den Erhebungen der amerikanischen Völkerkundlerin Polly Wiessner[134] pflegt bei den !Kung jede Person über Geschenke Beziehungen zu anderen. Im Durchschnitt hat jeder Erwachsene 17 Geschenkpartner, sowohl Männer wie Frauen, denen er gibt und von denen er bekommt. So kreisen Schmuckketten, Pfeilspitzen, Werkzeuge und Decken. Wer von vielen bekommt, genießt Ansehen, da er offenbar ein begehrter Partner ist. Der Geschenkpartner wird gelegentlich besucht und gestattet dann dem Besucher Zugang zu seinen Ressourcen. Er macht seinerseits Gegenbesuche. In Notzeiten schließlich sind Geschenkpartner verpflichtet, einander beizustehen. Leidet das eigene Gebiet unter einer außergewöhnlichen Dürre, dann darf man im Gebiet der Geschenkpartner jagen und sammeln. Damit diese Sozialversicherung funktioniert, erstreckt sich das Netz der Geschenkpartner über ein weites Gebiet.

Eine besondere Form des Geschenketausches beobachtete ich 1979 bei den Yanomami-Indianern in Venezuela[26]. In unser Dorf der Hasupiwetheri waren einige junge Männer zu Besuch gekommen. Einer hatte sich zu meinem Nachbarn gesellt, und ich beobachtete, wie er aus seinem Köcher Pfeilspitzen aus Bambus nahm, diese lebhaft erklärend vor seinem Gastgeber ausbreitete. Ich verstand verschiedene Namen von Yanomami-Dörfern und vermutete, daß er die Pfeilspitzen von diesen verschiedenen Orten erhalten habe. Danach holte der Gastgeber seinen Köcher und zeigte seine Pfeilspitzen, und schließlich beschenkten beide einander. Später bestätigte sich meine Annahme, daß es sich hier um einen formalisierten Pfeilspitzentausch handelte[62]. Mit der Zahl der Pfeilspitzen, die ein Krieger von anderen erhalten hat, wächst sein Ansehen, denn er kann sich als einer ausweisen, der über viele Freunde verfügt, also gute Beziehungen hat. Mich erinnert das an die Visitenkartenschalen, die früher in Wiener Bürgerhäusern im Vorraum zu finden waren, in denen ebenfalls das soziale Beziehungsnetz vorgestellt wurde. Auch das Gästebuch und das »Name-dropping« sind Formen der Selbstdarstellung.

Geben und Schenken dienen beim Menschen also sowohl der Allianzbildung als auch der Selbstdarstellung auf verschiedenen Ebenen und in verschiedener kultureller Ausgestaltung unter Beachtung der schon erwähnten Regeln: der Achtung der Besitznorm und der Reziprozität. Geben ist immer mit Kosten verbunden, und die Kosten-Nutzen-Berechnungen der Soziobiologen zeigen überzeugend, daß in der Bilanz auf die Dauer die Kosten nicht den Nutzen überwiegen dürfen. Die Bilanz muß ausgeglichen sein. Wer eine Ethik des Teilens propagiert, muß das berücksichtigen. Ein eignungsschädigendes Verhalten kann nicht gefordert werden.

Der Wunsch, Notleidenden zu helfen, bewegt heute viele Menschen der westlichen Industrienationen. Insbesondere das zunehmende Elend der Dritten Welt belastet das Gewissen jener, denen es besser geht. Man spricht von der Notwendigkeit einer »gerechten« Verteilung des Reichtums, und daraus wird schnell ein »Wir müssen«. Aber wenn wir schon diese Verpflichtung empfinden und als ein »Müssen« deklarieren, dann dürfen wir ja wohl auch die Frage stellen, wie solche Hilfe aussehen kann, ohne daß wir uns als Helfende auf lange Sicht selbst schädigen. Noch darf aus der Hilfe jenen Gefahr erwachsen, denen wir helfen wollen.

Nun können wir den Ausgang von »Experimenten mit Menschen«, wie sie meines Erachtens die Befürworter weiterer Immigration nach Europa bedenkenlos propagieren, sicher nicht voraussagen. Aber wir haben die Risiken aufgezeigt, die aus einem unbedachten Teilen, etwa des eigenen Landes, mit anderen entstehen. Bei der gegenwärtigen Bevölkerungsdichte in Europa kann kein Land sein Territorium mit einer großen Zahl von Einwanderern, woher immer diese auch stammen mögen, teilen. Das Risiko, daß in einer sich so entwickelnden multikulturellen Immigrationsgesellschaft Konflikte entstehen, ist für beide Teile zu groß.

Bleibt die Forderung nach dem Teilen des Reichtums, etwa durch großzügige Finanzhilfen. Eine solche Ethik des Teilens setzt allerdings eine Ethik des Empfängers voraus, die darin bestehen müßte, daß die zur Verfügung gestellten Mittel auch der Bevölkerung des Landes zugute kommen und nicht in dunklen Kanälen versickern. Des weiteren ist Gegenleistung zu fordern. Wer nur gibt, macht sich beim Empfänger unbeliebt. Mary Douglas[20] charakterisierte die Situation treffend: »Als Wohltätigkeit gilt die freie Gabe, freiwilliges, unvergoltenes Abtreten von Gütern. Obgleich wir die Wohltätigkeit als christliche Tugend preisen, wissen wir, daß sie verletzt. Ich habe einige Jahre in einer wohltätigen Stiftung gearbeitet, die jährlich aus steuerlichen Gründen große Summen ausgeben mußte. Neulinge in dieser Organisation lernten schnell, daß die Empfänger dieser Wohltaten ihren Spender nicht liebten, wie freundlich er auch immer war.«* Die Gegenleistung muß nicht finanziell gleichwertig sein. Sie kann sich auf allgemein-freundliche Kooperationsbereitschaft, etwa im wissenschaftlichen Bereich, beschränken.

Zu fordern wäre ferner eine Begrenzung der militärischen Aufrüstung und schließlich des Bevölkerungswachstums auf ein der Tragekapazität des Landes entsprechendes Maß. Dabei ist zu bedenken, daß es eine biologische Tragekapazität und eine kulturelle Tragekapazität gibt. Für den hohen Standard einer Zivilisation besteht nach Garrett Hardin[53] eine optimale Bevölkerungsdichte, die weit unter der maximal möglichen Bevölkerungsdichte liegt. Der Mensch lebt nicht von Brot allein, meint Hardin in diesem Zusammenhang (allerdings in einem anderen Sinne als in der Bibel). Ein kultiviertes Leben setzt ein gewisses Maß an »Luxus« voraus. Das gilt für die Qualität der Nahrung und Wohnung ebenso wie für Unterhaltung, Freizeitgestaltung, Bildung, Theater und Forschung.

* »Charity is meant to be a free gift, a voluntary, unrequired surrender of resources. Though we laud charity as a Christian virtue, we know that it wounds. I worked for some years in a charitable Foundation that annually was required to give away large sums at the condition of tax exemption. Newcomers to the office quickly learnt that the recipient does not like the giver, however cheerful he be« (S. 7).

Der größte Reichtum der Industriestaaten der nördlichen Hemisphäre ist sicher ihr Wissen. Dieses Wissen könnten sie durch Lehre und Ausbildung vermitteln, vorausgesetzt, es gibt genügend Lernbereitschaft. Den Ländern der Dritten Welt mangelt es nicht an Naturschätzen, wohl aber an einem geeigneten Management, an ausgebildeten Lehrern, Politikern, Wirtschaftlern, Facharbeitern und Handwerkern. Die Milliarden, die man hierzulande über die Jahre für Asylbewerber aus den Ländern der Dritten Welt ausgab, wären in diesem Sektor wohl nutzbringender eingesetzt worden. Mittlerweile hat sich die Situation in einer Weise zugespitzt, daß in den kommenden Jahrzehnten großräumige Bevölkerungszusammenbrüche nicht mehr ausgeschlossen werden können.

Ist all dies Elend die Folge der mangelnden Bereitschaft der Reichen, zu teilen? Der Vorwurf formuliert sich flüssig. Ralf Dahrendorf[18]: »So wie die Mehrheitsklasse der Ersten Welt es versteht, ihre Vorteile in Vorrechte zu verwandeln und die Armen und Arbeitslosen sich selbst zu überlassen, so versteht es die Erste Welt insgesamt, ihren Besitzstand zu verteidigen, auch wenn die Fernsehbilder verhungernder sudanesischer Kinder abends die Wohnzimmer verunzieren. Man kann fast sicher sein, daß es an Argumenten nicht fehlen wird, um weder Umverteilung noch Einwanderung zu erlauben, wenn es um reiche und arme Länder geht.«

Die Anklage finden wir in vielen Varianten immer wieder. Sie beschränkt sich auf schöne Worte und kommt meist von Leuten, denen es gutgeht und die es im übrigen dem Staat überlassen, zu teilen und Arme aufzunehmen. Unbestritten ist, daß es eine Dritte Welt gibt, die in Armut lebt. Und es werden der Armen immer mehr. Die Weltgetreideproduktion wächst aber seit 1984 nicht einmal um jährlich ein Prozent, nur halb so schnell also wie das Bevölkerungswachstum. Seit einigen Jahren stagniert sie sogar. Gegen die unkontrollierte Bevölkerungsvermehrung, mit der sie begleitenden Degradierung der Umwelt, helfen keine Lebensmittelhilfen. Erschwert wird die Situation durch die Bürgerkriege, die Hilfe, wie das Beispiel Somalia lehrt, fast unmöglich machen. Umverteilung ist ein schönes Schlagwort. Aber würden wir erst einmal versuchen, in Europa das Los der Armen zu mildern, für Mütter und Kinder bessere Sozialeinrichtungen wie Kindergärten zu schaffen, das Erziehungssystem zu verbessern und die Forschung zu fördern, von der unsere Zukunft abhängt, dann würden wir feststellen, daß es mit dem angeblichen Reichtum nicht so weit her ist. Wir sehen ja die Schwierigkeiten, die ein reiches Land wie die Bundesrepublik mit der Sanierung der neuen Bundesländer hat. »Man könnte am Wehretat sparen«, höre ich als Entgegnung. Gewiß – wenn wir nur in einer friedlichen Welt leben würden.

Über die zunehmende Brutalisierung des Lebens in den »Armenhäusern der Welt« ist genügend berichtet worden, auch über Horrorszenarien der Zukunft. Wir können heute sicher noch verhindern, daß die gesamte Einwohnerschaft der Erde in den Strudel eines solchen Zusammenbruchs hineingezogen wird. Dazu ist allerdings Voraussetzung, daß wir zunächst unsere eigenen Probleme lösen. Das bedeutet für alle Industriestaaten: Sie müssen ihre eigenen Länder ökologisch und sozial sanieren. Europa hat seine kulturelle Tragekapazität bereits weit überschritten, und Armut breitet sich bei uns selbst aus, kaschiert durch billige Massenartikel und eine elektronische Unterhaltungsindustrie, die den Menschen in Wohlstandsattrappen täglich Anteil am Wohlstand vorgaukelt. Der innere Friede auch der sogenannten reichen Länder – die übrigens gar nicht so wohlhabend sind – ist gefährdet. In England, Frankreich oder Deutschland leben viele Millionen Einheimische an der Armutsgrenze (S. 215). Der Staat verschuldet sich zunehmend. Wir leben auf Kosten unserer Enkel und haben keinerlei Reserven für den Notfall. Wir müßten zunächst einmal die Armut im eigenen Lande und in den übrigen europäischen Ländern beseitigen. Mit dieser unserer eigenen Gesundung würden wir zum gegenwärtigen Zeitpunkt den besten Beitrag zum Weltfrieden leisten.

8. Gerüstet fürs dritte Jahrtausend?

Ein verwirrendes Jahrhundert geht zu Ende, ein Jahrhundert voller Bewegung, erschüttert von sozialen Revolutionen, widerhallend vom Streit der Ideologien und vom Donner der Kriege. Ein Jahrhundert, berstend vor Schöpferkraft, gezeichnet von Zerstörung und Aufbau, Reichtum und Elend und einer Bevölkerungsexplosion nie gekannten Ausmaßes. In nur zehn Jahren wird die Erdbevölkerung um eine weitere Milliarde Menschen gewachsen sein – was der gegenwärtigen Bevölkerung von Südamerika und Afrika zusammengenommen entspricht! Der Zuwachs wird vor allem die Not der Armen dieser Welt vermehren. In einer nie dagewesenen Dynamik überstürzen sich die Ereignisse und rauben uns den Atem. Wir stehen an einer Zeitwende und fragen uns, wie es weitergehen soll.

Zwei Möglichkeiten stehen uns offen: es treiben zu lassen oder vorauszuplanen. Sollten wir auf die Selbstregulationsprozesse der Natur hoffen? Die Korrektur über Selektion wäre schmerzvoll, sie vollzieht sich oft über Bevölkerungszusammenbrüche und andere Katastrophen. Mancherorts zeichnen sich solche Szenarien bereits ab.

Der Mensch ist allerdings auch Zielsetzer und überdies fähig, seinen Verstand zu gebrauchen, vorauszuschauen und Fehler zu korrigieren. Es entspricht seiner Würde, sich nicht passiv einem »Schicksal« zu unterwerfen. Dies Vorausplanen stößt allerdings auf Schwierigkeiten, die in unserer Veranlagung begründet sind. Wir wiesen bereits auf solche Stolperstricke unserer Vorprogrammierungen hin. Ein Haupthindernis für die Entwicklung von Langzeitstrategien des Überlebens liegt in unserem gegenwartsbezogenen Kurzzeitdenken begründet. Zwar können wir einsichtig die Folgen der zunehmenden Umweltzerstörung abschätzen, aber wir haben Schwierigkeiten, das als notwendig Erkannte auch durchzusetzen. Unser Handeln zielt auf den unmittelbaren Erfolg, den wir zu maximieren suchen, auch wenn uns daraus langzeitlich gesehen Schaden erwächst. Das hat uns die Selektion angezüchtet. In der Konkurrenz mit anderen zählt, wer jetzt schneller läuft, und nicht, wer es morgen tut. Mit anderen Worten: Im Wettstreit der Individuen und Kulturen trimmte uns die Selektion, den unmittelbaren Erfolg ohne Rücksicht auf Langzeitfolgen zu maximieren, nach dem Erfolg hier und jetzt zu streben. Die Konsequenzen des Heute zählen für uns und nicht die des Morgen, auch wenn diese fatal sein können.

Diese »Konkurrenzfalle«, wie ich es nennen möchte, macht es notwendig, bestimmte Konkurrenzfaktoren aus Einsicht in die Langzeitfolgen auszuschalten. Das kann allerdings in der gegenwärtigen Situation nur über entsprechende Konventionen und sicher nur in sich abgrenzenden Gebieten geschehen. Ein weltweiter Freihandel, wie ihn die Verfechter einer liberalen Marktwirtschaft anstreben, würde heute auf Kosten des Lebensstandards jener Völker gehen, denen durch umweltschonende Fertigungstechniken und durch eine gute Bezahlung ihrer Arbeiter hohe Kosten erwachsen. Andere sparen an diesen Kosten und gewinnen damit Konkurrenzvorteile, die jene, die Hochlohn zahlen und umweltbewußt wirtschaften, dazu zwingen würden, in diesem Bereich zu sparen*.

Ein Wirtschaftsraum, der über soziale Kontrakte ein vergleichbares Lohnniveau und die gleichen Umweltauflagen einhielte, würde seinen sozialen Frieden und seine Umwelt sichern.

* Die Neigung, im Wettstreit der verschiedenen Wirtschaftsgebiete den anderen durch Sparen bei umweltfreundlichen Investitionen auszutricksen, wird durch die Tatsache gefördert, daß es sich bei Luft und Wasser um allgemeine Güter handelt. Sie gehören zwar auch dem, der sie mißbraucht, aber der Schaden, den jemand verursacht, verteilt sich auf ihn und all die anderen, während der Nutzen allein ihm zufällt. Das Problem ist als das der Allmende bekannt: Ein Bauer, der auf eine Gemeindewiese eine Kuh mehr, als ihm gestattet ist, einschmuggelt, schädigt zwar die Wiese und damit sich selbst, aber den Schaden tragen alle, den Nutzen hat nur er.

Die Konkurrenz beschränkte sich dann auf Qualität der Leistung, Perfektion der Produkte, der Serviceleistungen, der Produktion und Innovation. Ein sozial verantwortlich und umweltfreundlich produzierender Wirtschaftsraum müßte sich abschotten, um diese Errungenschaften zu erhalten. Immigration von Niedriglohnarbeitern würde den inneren Frieden und Freihandel mit aller Welt die weitere Entwicklung umweltschonender Fertigungstechniken gefährden und wohl auch manche Sektoren der Schlüsselindustrien, was einen Wirtschaftsraum wie die Europäische Union abhängig und extrem verwundbar machen könnte – und deshalb schon aus strategischen Gründen nicht zu verantworten wäre. Jene Gemeinschaften, die sozial bewußt und zukunftsverantwortlich wirtschaften (wozu auch eine entsprechende Geburtenkontrolle gehört), sollten sich zu großräumigen wirtschaftlichen und sozialen Friedenszonen zusammenschließen. Durch ihr Vorbild und mit ihrer Hilfe könnte dann eine schrittweise Angleichung der in dieser Richtung weniger Avancierten erfolgen.

Die Europäische Union könnte sich zu einem solchen Friedensgroßraum unter allmählicher Einbindung Osteuropas einschließlich Rußlands entwickeln. Diese wirtschaftliche, ökologische und soziale Friedenszone wäre groß genug, um, auf sich gestellt, auch kommende Krisensituationen heil zu überstehen. Sie könnte sich auch mit anderen, ähnlich avancierten Wirtschaftsräumen zusammenschließen. Und von diesen Friedenszonen könnte schrittweise den Schwellen- und Entwicklungsländern geholfen werden*. Entscheidend für deren Zukunft ist, daß sie ihre eigene Bevölkerungsvermehrung unter Kontrolle

* Zunächst allerdings müssen die angeblich so reichen Länder ihr eigenes Haus in Ordnung bringen. Im Herbst 1993 gab es nach Angaben der stellvertretenden Sprecherin der Nationalen Armutskonferenz Erika Biehn in Deutschland eine Million Arme. Mehr als eine Million Kinder und Jugendliche leben von der Sozialhilfe. Die Zahl der Arbeitslosen erreichte mit rund 3,5 Millionen beängstigende Ausmaße; sie ist weiter im Steigen. In der EU gibt es heute (1993) 17 Millionen Arbeitslose.

bekommen. Nur dann werden die bessergestellten Länder in der Lage sein, wirkungsvoll zu helfen. Gelingt es den Schwellen- und Entwicklungsländern nicht, die Bevölkerungsexplosion einzudämmen, dann werden sich die wirtschaftlich und sozial sanierten Regionen wohl oder übel abschotten müssen, um dem allgemeinen Populationszusammenbruch zu entgehen.

Die von den Befürwortern der Immigration oft wiederholte Behauptung, wir könnten unsere Grenzen gar nicht schützen, ist leichtfertig und leistet einem Fatalismus Vorschub, der gefährlich ist. Jedes Land hat das Recht, unerwünschte Zuwanderer an seiner Grenze abzuweisen.

Sicher wird jedes Land auch weiterhin Flüchtlingen und Asylsuchenden helfen. Das kann aber nicht durch die jährliche Aufnahme vieler Hunderttausender durch die verschiedenen Staaten geschehen. 1993 wuchs die Zahl der Flüchtlinge weltweit um 10 % auf rund 20 Millionen. Und es ist nicht abzusehen, daß es weniger werden. Bei dieser Lage der Dinge müssen andere Modelle diskutiert werden. Man könnte zum Beispiel daran denken, das Problem den Vereinten Nationen zu übertragen. Deren Aufgabe wäre es, in den verschiedenen Krisenregionen der Erde Gebiete zu pachten und dort mit der Finanzhilfe aller Staaten der UN Flüchtlingsstädte mit eigener Infrastruktur (Schulen, Universitäten, Theater) einzurichten. Das hätte den Vorteil, daß die Menschen in der Nähe ihrer Heimat blieben, in einer ihnen vertrauten Umgebung im Kontakt mit ihnen kulturell Nahestehenden. Das Problem der Entfremdung von ihresgleichen wäre gemildert, und es bestünde schließlich mehr Anreiz für internationale Organisationen, sich um die Problemlösung zu bemühen, da sie das ungelöste Problem vor ihren Augen hätten. Man spricht ja gerne davon, daß wir die Fluchtursachen beseitigen sollen, aber es bleibt bei humanitären Wortübungen.

In einer übervölkerten Welt kann aber kein Land dieser Erde Bevölkerungsüberschüsse anderer Regionen aufnehmen, selbst wenn es noch über dünner besiedelte Regionen verfügen sollte, denn diese sind eine wichtige Reserve. Ich betone dies, da man in

Deutschland neuerdings erwägt, den Teil des Bevölkerungsverlustes, der durch Abwanderung aus einigen der neuen Bundesländer entsteht, durch Ansiedlung von Auswärtigen und Ausländern auszugleichen. Länder, die noch über dünner besiedelte Gebiete verfügen, sollten über solche Landreserven froh sein, von wo aus die Natur sich regenerieren kann und die im Notfall für das Überleben notwendig sein können. Wir müssen über längere Zeiträume denken und planen, wenn wir das dritte Jahrtausend überleben wollen. Und dabei vor allem auch an uns selbst denken – sicherlich mit Rücksichtnahme auf andere. Aber wenn jeder sein Haus in Ordnung brächte, dann wäre damit schon viel gewonnen. In diesem Zusammenhang fand ich eine Bemerkung von Hans Magnus Enzensberger[34] interessant, der meinte: »Es ist an der Zeit, sich von moralischen Allmachtsphantasien zu verabschieden. Auf die Dauer kommt niemand darum herum, kein Gemeinwesen und auch kein einzelner, die Abstufungen seiner Verantwortung zu prüfen und Prioritäten zu setzen... Wer von der Endlichkeit und Relativität unserer Handlungsmöglichkeiten spricht, sieht sich sofort als Relativist an den Pranger gestellt. Doch insgeheim weiß jeder, daß er sich zuallererst um seine Kinder, seine Nachbarn, seine unmittelbare Umgebung kümmern muß. Selbst das Christentum hat immer vom Nächsten und nicht vom Fernsten gesprochen« (S. 73). Enzensberger führt dann weiter aus, daß es bei diesen Abstufungen der Verantwortung nicht unbedingt auf räumliche Nähe und Verwandtschaft ankomme, es gäbe auch Adoption und Patenschaft – was sicher richtig ist, aber nicht den Blick auf die ursprüngliche biologische Funktion verstellen sollte, die in familialer Verwandtenförderung im Dienste der Eignung (siehe S. 35) besteht. Aber der Biologie steht Enzensberger wohl noch etwas reserviert gegenüber.

Unnötigerweise, wie ich hinzufügen möchte, denn die aus der Biologie gewonnenen Einsichten sind es, auf die sich unsere Hoffnungen auf eine bessere Zukunft begründen. Durch sie wissen wir, daß wir mit fürsorglichen Anlagen ausgestattet wurden.

Sie sind stammesgeschichtliches Erbe, das zunächst Familie und Kleingruppe persönlich verbindet. Diese Anlagen werden im Prozeß der kulturellen Anpassung genützt, um größere menschliche Gemeinschaften bis zu den Millionengesellschaften moderner Nationen zu einigen. Dieser Sozialisationsprozeß für die Großgemeinschaft läuft, wie wir zeigten, für jeden von uns über die normalerweise in der Familie stattfindenden Sozialisationsprozesse, die Urvertrauen stiften. Im Verlauf des weiteren Heranwachsens finden wir uns in anderen, auf der Basis von Freundschaft und persönlicher Bekanntheit verbundenen Gemeinschaften, die uns als sichere Basis dienen, zu der wir, wie das Kind zur Mutter, zurückkehren können. Sie stärken das Vertrauen auch in die vielen anderen uns Unbekannten, die uns als Angehörige der noch größeren Solidargemeinschaft einer Nation umgeben. Auch sie vermitteln Sicherheit auf einer anderen, höheren Ebene und damit die Bereitschaft, uns anderen zu öffnen. Die Erziehung zum Staatsethos muß jedoch an das familiale Ethos und das der Kleingruppe anknüpfen.

Gelingt dieser Sozialisationsprozeß und entwickeln Menschen eine kritische Liebe zum eigenen Land, dann kann auf dieser Basis auch zu einer übergreifenden höheren Ebene der Gemeinschaftlichkeit erzogen werden, zur kooperativen, freundschaftlich verbundenen Völkergemeinschaft, eine Entwicklung, die sich in Europa anbahnt. Sie würde empfindlich gestört, würde den Nationen dabei der Kampf angesagt. Es gibt einen Nationalismus, der blind und zerstörerisch wirkt, aber der wird durch die Unterdrückung von Ethnien bewirkt und durch Ideologen, die Völkern mit dem Argument ihrer Unbedeutendheit das Recht auf Selbstbestimmung absprechen (siehe S. 122). Warum erkennt die Völkergemeinschaft nicht an, daß Kurden nun einmal nicht auf vier Staaten verteilt unter Fremdherrschaft leben wollen, in geschlossenen Gebieten lebende Serben nicht unter Bosniern oder Kroaten, Bosnier nicht unter Serben, Kroaten nicht unter bosnischer Herrschaft? Keine dieser Gruppen, die heute so blind gegeneinander wüten, ist im Kern böse. Aber jede ist mißtrauisch, ratlos und voller Angst, dem anderen ausgeliefert zu werden.

Ein Schlüssel zum Weltfrieden liegt sicher in der Beachtung des Selbstbestimmungsrechts der Völker. Das gegenwärtige Abflauen des Europa-Enthusiasmus ist nicht nur auf die berechtigte Angst vor einer undurchschaubaren Verwaltungsbürokratie begründet, die es Interessengruppen gestattet, in fast unkontrollierbarer Weise Eigeninteressen durchzuboxen, sondern auch in den Bestrebungen, die auf eine zunehmende Entmachtung der Nationen zielen. Europa ist unsere große Chance, und wir brauchen eine Europabegeisterung, aber die gedeiht nicht, wenn man Nationen und Provinzloyalitäten als Atavismen abwertet. Im Gegenteil! Europa braucht starke Nationen wie Frankreich, England, Italien u. a.

Ich möchte in diesem Zusammenhang noch einmal auf das Phänomen der Indoktrinierbarkeit hinweisen. In aller Welt können wir beobachten, daß sich Menschen bis zur Selbstaufgabe indoktrinieren lassen. Der Selbstmord der Volkstempelsekte von Jim Jones in Guyana im Jahre 1978 ist sicher ein extremes Beispiel dafür. Aber für den Glauben starben immer wieder Menschen. Der Glaube ist in solchen Fällen Marker der Gemeinschaft, und wir sind bereit, uns auf solche Marker einzuschwören, und zwar sowohl auf die Ideologie als auch auf ihre Symbole – man denke etwa an die Fahnensymbolik und die mit ihr verbundenen Rituale. Ich vermute, daß bei dieser starken affektiv besetzten, über Dressur erworbenen Bindung an eine größere Gemeinschaft und ihre Symbole angeborene Lerndispositionen eine Rolle spielen, die zunächst für den affektiven Zusammenhalt von Familie und Kleingruppe in Gefahrensituationen bestimmt waren. Konrad Lorenz wies darauf hin, daß Menschen im Zustand kollektiver Begeisterung archaische Verhaltensweisen zeigen. Bei Aufmärschen, Fahnenweihen, dem Absingen von Hymnen und ähnlichen Situationen erleben Menschen den »Schauder der Ergriffenheit«. Er wird durch die Kontraktion der Haaraufrichter verursacht, was bei uns bestenfalls eine Gänsehaut erzeugt, bei unseren Primatenvorfahren jedoch zum beeindruckenden Sträuben des Pelzes führte. Bei diesen Prozessen der Solidarisierung über Rituale werden offenbar Verhaltensweisen kollektiver Verteidigungsbereitschaft angesprochen, und wir sträuben im kollektiven Imponieren einen nicht mehr vorhandenen Pelz. Die Bereitschaft, uns mit Symbolen der Gemeinschaft zu identifizieren, dürfte ebenfalls familiale Wurzeln haben. Sie schafft Verbundenheit über gemeinsame Abzeichen der Ähnlichkeit, und bereits auf der familialen Ebene wirkt Ähnlichkeit affektiv bindend. Sicher gehört die Bereitschaft zur Indoktrinierung zu den Problemanlagen des Menschen, aber nur über sie wird andererseits ein Mensch in einem bestimmten Lebensalter zum Deutschen, Franzosen, Engländer, Italiener oder Österreicher und stellt damit eine affektive Bindung an eine Kultur und deren Kollektiv her, was keineswegs nur negativ zu bewerten ist, solange dieses Bekenntnis nicht zu einem blinden Nationalismus ausartet.

Ethnische Vielfalt ist in einer eng werdenden Welt Reichtum und Störfaktor zugleich. Reichtum, weil sie Alternativen zum eigenen kulturellen Umgang mit der täglichen Realität vorgibt und durch andere Formen des Brauchtums und der künstlerischen Äußerungen das kulturelle Angebot mehrt. Störend wirkt sich Ethnizität aus, wenn sie zum Ethnozentrismus führt, was der Fall ist, wenn eine Bevölkerung um ihre kulturelle Identität bangen muß. Diese Angst gilt es aus der Welt zu schaffen.

Wir Europäer sind recht ethnozentrisch, und das trifft auch für diejenigen von uns zu, die sich philanthrop weltoffen und internationalistisch gebärden. Wir bilden uns ein, daß unsere materiell reiche, aber sozial verarmte Kultur die Antwort für jedermanns Probleme darstelle, und mit aggressiver Werbung versuchen wir, diese Meinung aller Welt aufzuprägen, um unsere Produkte zu verkaufen. Aber wenn dann alle Welt an unsere Türen klopft, erschrecken wir.

Die biologische Verhaltensforschung lehrt uns, daß wir Menschen auf prosoziale Führung angelegt sind (siehe S. 74ff.). Fürsorgliche Dominanz akzeptieren wir, gegen repressive rebellieren wir, ausgenommen in Krisenzeiten, in denen wir auch eine straffere Führung vorübergehend akzeptieren. Die demokratischen Regierungsformen, an deren Verbesserung man arbeiten sollte, stellen besondere Anforderungen an die soziale und fachliche Kompetenz der Regierenden. Hier liegt noch manches im argen, sowohl was menschliche Führungsqualitäten und damit die Vorbildfunktion als auch was das fachliche Wissen betrifft. Die Vertreter aller Parteien müssen hier mehr Sorgfalt in der Auswahl ihrer Kandidaten für höhere politische Ämter walten lassen. Die Parteilaufbahn allein sollte dafür nicht mehr ausreichen.

Eine karrierebegleitende Ausbildung in Form eines noch im einzelnen festzulegenden Studium generale sollte Voraussetzung für höhere Ämter werden. Diejenigen Parteien, die dieser Forderung als erste entsprechen, werden sicher einen politischen Vorteil für sich verbuchen. Der Wähler akzeptiert auf die Dauer nicht, daß zum Teil höchst durchschnittliche Persönlichkeiten ohne besondere Fachkenntnisse abwechselnd Gesundheitsminister, Verkehrsminister, Wirtschaftsminister usw. werden. Sicher werden bei wichtigen Entschlüssen Experten gehört, aber auch deren Meinung muß man beurteilen und gegeneinander abwägen können, denn zu einem Problem gibt es meist mehrere begründbare Lösungsvorschläge.

Seit der Mensch gezwungen ist, in Großgesellschaften zu leben, kämpft er mit Anpassungsschwierigkeiten. Als Kleingruppenwesen verfügt er über eine funktionierende Kleingruppenethik sowie über universale, ihm angeborene Strategien sozialen Umgangs. Das Leben in der Großgesellschaft stellt ihn vor die schon genügsam geschilderten Probleme, die eine Neuanpassung erfordern. Hier experimentieren wir Menschen seit einigen Jahrtausenden mit sozialen Techniken der Führung, mit repressiven und fürsorglichen Herrschaftsformen, mit kapitalistischen und planwirtschaftlichen Wirtschaftssystemen und einer Vielzahl zielsetzender Ideologien. Und wir befinden uns nach wie vor in diesem Experimentierstadium der Neuanpassung.

Ein Experiment löst das andere ab, mit Umbrüchen, bei denen es mangels führender Autorität zu Erscheinungen sozialer Desorganisation kommt. Die wird von den nach Macht strebenden neuen Kräften sogar noch gefördert, denn im Chaos entsteht der dringende Ruf nach Sicherheit und Ordnung, den sie dann zu erfüllen versprechen. So passen wir uns über die Prozesse der Umbrüche und der darauf folgenden Reorganisation laufend an neue Erfordernisse an, in einem Prozeß des Experimentierens, oft nach dem Prinzip eines Versuch-und-Irrtum-Lernens. Etwas mehr vernunftbegründete Planung und etwas weniger Irrtum wäre erwünscht. Aber da wir noch weit davon entfernt sind, die vielfältige Vernetzung der Kausalketten zu verstehen, wird wohl auch das Experimentieren mit uns bleiben und damit auch der Irrtum. Wir müssen uns daher vor dogmatischer Festlegung hüten und den Weg zu möglichst rascher Fehlerkorrektur offenhalten.

Unser Jahrhundert war von besonderer Unruhe erfüllt. Feudalistische Systeme, Priesterherrschaften, parlamentarische Demokratien, Volksdemokratien, Diktaturen nationalistischer, militaristischer und sozialistischer Prägung, Vielvölkerföderationen und die verschiedensten Mischformen der eben genannten Systeme wechselten einander ab, und von allen gibt es zur Zeit noch Vertreter.

Aus den bisherigen Experimenten der Kulturen scheint hervorzugehen, daß die auf dem Prinzip der Fürsorglichkeit und fachlicher Autorität basierende Führung demokratischen Musters dem Bedürfnis der Menschen am meisten entspricht, wohl weil sie einer biologischen affiliativen Prädisposition entgegenkommt (siehe S. 71, 74 ff.).

In der menschlichen Geschichte wechseln Phasen der Stabilität mit solchen der Unruhe. Wir können verfolgen, wie Gruppen funktionierende soziale Organisationen aufbauen und wie diese wieder zerfallen und sich neu organisieren. Es würde sich lohnen, diese Anpassungsprozesse der Kulturgeschichte mit einer biologischen Fragestellung zu studieren, um zu erfahren, was den Erfolg oder Mißerfolg der zahlreichen Experimente der Geschichte bedingt hat. Das könnte uns auch Aufschluß über die Modifikationsbreiten menschlichen Verhaltens in den verschiedenen Funktionsbereichen geben, denn diese werden in den Experimenten der Geschichte ausgelotet.

Gegenwärtig leben wir in einer Zeit besonderer Unruhe. Das ist sicher unter anderem auf den durch Übervölkerung verursachten Gedrängefaktor zurückzuführen. Die großen Menschenmassen sind schwer zu führen. Sie zerfallen in Interessengruppen, die miteinander konkurrieren und sich oft in Machtkämpfen gegenseitig zu zermürben trachten. Den Kampf aller gegen alle erkannte bereits Thomas Hobbes, der meinte, dies entspreche unserer Natur, weshalb Hobbes auf repressiv-dominante Regierungstechniken setzte. Unsere starken prosozialen Anlagen übersah er. Mein Optimismus, die weitere Entwicklung des Menschen betreffend, basiert auf dem Wissen um unsere fürsorglichen Anlagen. Sie haben es allerdings schwerer, sich in der anonymen Großgesellschaft durchzusetzen.

In Europa laufen gegenwärtig Prozesse sozialer Desintegration gleichzeitig mit Prozessen sozialer Reorganisation ab. Während ein vereinigtes Europa im Werden ist, arbeiten viele um die Macht kämpfende Interessengruppen emsig an der Zerstörung traditioneller Werte. Wir diskutierten die antinationale Propaganda bei gleichzeitiger Ideologisierung des Individualismus. Sie hat zu einer Schwächung der größeren Solidargemeinschaften der Staaten geführt und einem Egozentrismus Vorschub geleistet, der zur Erosion von Ehe und Familie führte. Die Unverbindlichkeit vieler moderner Menschen fördert mit der Anonymität das Mißtrauen und das rücksichtslose Streben nach dem eigenen Gewinn.

Mir bereitet die zunehmende Agonalität und Egozentrik auch im politischen Leben Sorge. Politische Führung und Meinungsbildner sind aufgerufen, der Pflege des freundlich-kooperativen Verhaltens durch Vorbild und Werbung mehr Aufmerksamkeit zu schenken.

Die seit 1968 praktizierte radikale emanzipatorische Pädagogik hat nun über Jahre hinweg die Bindung der jungen Menschen an die Gesellschaft und ihre tragenden Werte zur Zielscheibe von Attacken gemacht[35]. Sie überlastet die jungen Menschen dabei mit einseitigem Wissen über die Schattenseiten der Welt und überfordert sie mit der unlösbaren Aufgabe, sich und die Welt radikal zu verbessern. »Gesellschaftskritisch« und geschichtsfeindlich ziehen Moralisten heute gegen Leistung, Erfolg, Pflichterfüllung, Familie und Nation ins Feld. Was der Aufhebung menschlicher Fremdbestimmung, der Herrschaftsfreiheit dienen sollte, führte zu einem repressiven Gesinnungsterror, zu einer Sprachregelung, die Probleme verschleiert. »Politically correct speech« wird gefordert. Wie gefährlich nahe das dem Orwellschen »Neusprech« ist und den unseligen Bücherverbrennungen in der Nazizeit und wie schädlich für die freie Meinungsäußerung, auf der unsere Demokratie basiert, das sehen die Sprachregler offenbar nicht.

Der Bevölkerungswissenschaftler Josef Schmid[120] sieht in den politischen Moralisten eine Gefahr für die Demokratie. »Sie maskieren sich als Gutsein zur Welt und wirken um so zerstörerischer. Öffentliche Güter (Existenzsicherheit, Freizügigkeit, Großzügigkeit) werden so lange zum Schleuderpreis vergeben, bis sie eingeschränkt werden müssen oder verlorengehen. Staatliche Entscheidungen im linken Aversionsbereich (wie Nation, Volk, Souveränität, Industriegewinne, Rolle der Armee) werden torpediert, durch den Einbau von Gesinnungstests auf allen Entscheidungsebenen, um den Vorgang darin versanden zu lassen oder die Entscheidungsthematik derart zu sentimentalisieren, daß sie abgesetzt wird.« Diese Feststellungen meint Schmid ausdrücklich nicht als ein Plädoyer für eine morallose Politik, sondern als Warnung vor Moral *anstelle von* Politik[121].

Mittlerweile erfaßt der Destruktivismus viele Lebensbereiche: Gewalt ist eines der Hauptmotive der Unterhaltung, und Devianz wird zur Norm. Pornographen bekommen Literaturpreise. Wer in den blutigen Eingeweiden frisch geschlachteter

Tiere wühlt, gilt als Künstler. Über die Destruktion hinaus wird nichts Neues angeboten. Eine orientierungslos und ohne Zukunftsperspektiven gelassene Generation kapselt sich mehr und mehr von der Gesellschaft ab, mit der sie sich nicht identifiziert. In den westlichen Bundesländern lebten 1992 9,8 Millionen Menschen in Einzelhaushalten. Die Zahl der allein lebenden Frauen im Alter zwischen 25 und 35 Jahren hat sich seit 1970 vervierfacht. Es wird von einer »Privatlebenskultur« gesprochen, der Individualismus wird gepriesen. In Wirklichkeit sind viele Menschen einsam, und sie werden noch einsamer, wenn sie ohne Kinder älter werden und mit Verbitterung erkennen, daß sie um ein Lebensglück betrogen wurden – weil sie sich oft genug selbst darum betrogen haben.

Wofür lebt man, was ist der Sinn des Lebens? Diese Frage stellte das Allensbacher Institut für Meinungsforschung[99] den Bundesbürgern von 1974 an bis 1992. Die Antwort »Daß ich glücklich bin und viel Freude habe« erhielt 1974 48%, »Das Leben genießen« 27%, »Tun, was mein Gewissen mir sagt« rangierte mit 46% knapp unter dem Glücklichsein und »An meinem Platz mithelfen, eine bessere Gesellschaft zu schaffen« mit 36% über dem »Das Leben genießen«. Über die Jahre stieg die hedonistische Sinngebung an: »Glücklich sein« nannten 1992 63% als Lebenssinn und »Das Leben genießen« 46%. Die gewissens- und gesellschaftsorientierten Sinngebungen fielen dagegen ab (44% bzw. 30%). Man ist sehr mit sich und seinem Glück beschäftigt, und das entartet oft in einen gefühlskalten Egozentrismus.

Unser kurzzeitorientiertes Erfolgsstreben belastet auch unseren Umgang mit der Natur und führt über deren Schädigung langfristig zu Selbstschädigung. Wir »erobern« die Natur, »besiegen« sie im Kampf mit den Elementen. Die aggressive Terminologie, mit der wir im Grunde durchaus positive Leistungen beschreiben, weist auf die Motivationswurzeln hin, die sie speisen. Zurückhaltung war im Umgang mit der Natur für den altsteinzeitlichen Jäger und Sammler nicht erforderlich. Im Gegenteil! Wenn er jede sich bietende Chance maximal nutzte, war dies für ihn förderlich. Mit seiner einfachen Technologie und bei der damals geringen Bevölkerungsdichte konnte er der Lebensgemeinschaft, die ihn trug, keinen bleibenden ökologischen Schaden zufügen.

Gelegentlich begegnet man der romantischen Vorstellung, der Mensch der Vorzeit habe natürlich und naturverbunden im Einklang mit der Natur gelebt und habe sie schonend behandelt. Das wäre schön, denn dann wären wir mit den entsprechenden Verhaltensweisen der Rücksichtnahme begabt. Unser Problem ist aber, daß wir es nicht sind, daß wir eben keine »Bremsen« eingebaut haben. Wir lieben zwar die Natur aus archaischer Biotopprägung; unser ästhetisches Vorurteil findet Pflanzenwuchs und ein reiches Tierleben schön und ein Habitat, das dem der Savanne ähnelt, in dem sich die Menschwerdung abspielte. Aber wir beuten die geliebte Natur hemmungslos aus, und diese Untugend beobachten wir auch bei Naturvölkern, wenn wir ihnen dazu Gelegenheit geben. Nach der Einfuhr von Jagdgewehren bei den Eskimos mußten bald Schutzgesetze für Walrosse erlassen werden, denn die Jäger zeigten keinerlei Hemmungen, sondern knallten in ihrer Gier nach Elfenbein alles ab, was ihnen vor die Flinte kam.

Die Liebe zur Natur ist vorhanden, aber die Einsicht, daß man zu ihrer Erhaltung auch pfleglich mit ihr umgehen muß, entwickelte erst die bäuerliche Kultur. Die Entwicklung des Ackerbaus bestärkte die Liebe zum Land. Diese emotionelle Bindung förderte einen pfleglichen Umgang, denn der Bauer lernte aus Erfahrung, daß sorgloser Umgang das, was er als sein Land liebte, zerstörte.

Über Jahrhunderte waren unsere Bauern Landschaftspfleger und Kulturträger, und die Klein- und Mittelbauern sind es noch heute, anders als in vielen Gebieten der Neuen Welt, wo ihrer Heimat nicht weiter verbundene Menschen nur darauf aus sind, in kurzer Zeit herauszuwirtschaften, was möglich ist, ohne Rücksichtnahme auf das Land. Erosion und Versteppung sind die Folgen. Die Maximierungsstrategie bewährt sich im Wettkampf nur auf kurze Zeit, langfristig führt sie zur Katastrophe. Die Gefahr, daß die Landwirtschaft Europas durch den scharfen Konkurrenzdruck einen kulturellen Rückschritt von der pfleglichen zur exploitativen Landwirtschaft erleidet, ist gegenwärtig sehr groß.

Ich fahre täglich von meinem Haus in Söcking zu meinem Institut in Andechs[31], beide in Oberbayern, südlich von München, durch eine Landschaft, die seit der keltischen Besiedlung, also seit gut zweitausend Jahren, unter dem Pflug ist. Den Kelten folgten die Römer, diesen die Bayern. Der kleine Ort Landstetten wird schon im 7. Jahrhundert urkundlich erwähnt. Das Gebiet ist trotz der langen Bewirtschaftung gesund. Wiesen, auf denen Rinder und Kälber weiden, wechseln in der leicht hügeligen Landschaft mit Wäldchen und Feldern, die durch Hecken begrenzt sind. Das Land wurde liebevoll gepflegt und zeigt keinerlei Zeichen von Erosion, die Dörfer und Höfe strahlen eine Wohlhabenheit aus, die beglückt.

Kürzlich fuhr ich durch das herbstliche Spanien und Frankreich. Auch dort gibt es gesunde Landschaften, aber weite Landstriche sind in landwirtschaftliche Industriegebiete umgewandelt worden. Frisch umgepflügt lagen sie nach der Ernte da, so weit das Auge reichte, aufgerissen und braun, ohne einen Halm, ohne einen Strauch der Witterung preisgegeben. Die Bestellung mit schweren Maschinen verdichtet den Boden, die intensive Düngung tötet zwei Drittel der Bodenorganismen, die ihn wieder auflockern würden. Regen kann daher nicht mehr schnell genug eindringen. Bei heftigeren Regenfällen läuft das Wasser ab und nimmt Erdreich mit. Erosion ist die Folge. Glaubt man, so zweitausend Jahre lang wirtschaften zu können oder auch nur tausend? Ich vermute, daß es nicht einmal hundert Jahre sein werden. Aber wen kümmert das? In der Konkurrenz der europäischen Landwirtschaft zählen die Kosten. Wer umweltschonend in traditioneller Weise seinen Hof bewirtschaftet, ist unterlegen.

Den traditionell ihr Land bewirtschaftenden Bauern der Alpen und des Alpenvorlandes droht Gefahr. Daß mit ihrer Verdrängung auch ein entscheidender Teil unserer Kultur stirbt, muß in Erinnerung gebracht werden. Die bäuerliche Kultur hat unser Leben geprägt. Vor zweihundert Jahren machte die Landbevölkerung noch 75 % der Gesamtbevölkerung Deutschlands aus, 1982 nur noch 15,4 %. Dennoch bleibt die bäuerliche Bevölkerung ein wichtiger Kulturträger, den wir nicht dem Raubbau und der Massentierhaltung opfern dürfen. Hier muß europaweit umgedacht werden. Wir dürfen unseren Kontinent nicht eines kurzzeitigen Vorteils wegen auf Dauer in eine ökologische und kulturelle Wüste verwandeln. Wir müssen mehr auf die Zukunftssicherung bedacht sein, und zwar in allen Lebensbereichen. Geradezu unsinnig ist es zum Beispiel, unter dem Einsatz erheblicher finanzieller Investitionen teure Kohle zu fördern, wenn sie überall billig angeboten wird. In diesem Fall sollte man diese für Notfälle lebenswichtigen Vorräte dort lassen, wo sie sind.

Die Biologie als Lehre vom Leben ist eine Lehre des Wandels, der Dynamik ebenso wie der Kontinuität, ohne die es keine Entwicklung gäbe. Konfrontiert mit der schier unglaublichen Mannigfaltigkeit lebendiger Erscheinungen und selbstbewußt vordenkender Mitträger des Lebensstromes, stellt sich uns die Aufgabe, mit Verstand und Anstand zu überleben. Das heißt, auf Grund von Einsicht das zu tun, was dieses Überleben auf humane Weise sichert, mit der Bereitschaft, Fehler einschließlich der zielsetzenden Ideologien zu korrigieren, bevor die Korrektur durch die Selektion auf radikale und schmerzhafte Weise erfolgt.

In einem *Stern*-Interview* stellte man dem amerikanischen Zukunftsforscher Dennis L. Meadows die Frage: »Wenn die

* *Stern Magazin*, 29. 12. 1993, S. 34.

Entwicklung unserer Zivilisation jedoch weitergeht wie bisher, wird uns der unausweichliche Kollaps in die Steinzeit zurückversetzen? Oder wird gar die ganze Menschheit ausgelöscht?« Darauf erwiderte Meadows: »Im schlimmsten Fall wird die Bevölkerungszahl, die Nahrungsmittel- und die industrielle Produktion auf das Niveau der Nachkriegszeit zurückgehen. Der Zusammenbruch, den wir voraussagen, wird nicht die menschliche Rasse ausrotten, sondern Auswirkungen zeigen wie etwa die irischen Mißernten durch die Kartoffelfäule in der Mitte des vergangenen Jahrhunderts. Nur daß diesmal keine Neue Welt offensteht, wohin die Opfer auswandern können.«

Nicht gerade beruhigend! Wie wäre eine solche Entwicklung zu vermeiden? Wir wiesen auf das Schlüsselproblem Übervölkerung hin. Die global bisher ungebremste Vermehrung der Menschheit hat ökologische und soziale Folgen: Umweltzerstörung und die Vergeudung nicht nachwachsender Ressourcen einerseits sowie die Bildung von Massengesellschaften mit der Auflösung traditioneller Sozialstrukturen andererseits. Dies wiederum bedingt eine generelle Zunahme auch der kollektiven Aggressivität und des Mißtrauens, der Angst der Menschen voreinander.

Die Natur hat uns für diese Probleme ungenügend ausgerüstet. Sie gab uns allerdings einige wichtige Hilfen an die Hand: unseren Intellekt, unsere fürsorgliche (prosoziale) Motivation und Verhaltensausstattung, und schließlich die sicher nicht ganz ungefährliche, aber grundsätzlich doch positiv zu bewertende Begabung, uns kämpferisch Herausforderungen zu stellen.

Wir sehen ein, daß es so nicht weitergehen kann – aber das Problem stellt sich für die meisten von uns als ein zukünftiges. Daß jetzt die Weichen gestellt werden und jetzt Korrekturen erfolgen müssen, wird nur von wenigen erkannt. Die meisten läßt das, was in hundert Jahren sein wird, kalt. Affektiv besetzt und damit zum Engagement wird etwas normalerweise erst dann, wenn der einzelne selbst betroffen ist, etwa weil er oder seine Angehörigen an den Folgen der Umweltvergiftung erkranken. Anknüpfend an unsere familial-fürsorglichen Anlagen läßt sich jedoch ein affektiv besetztes, generationenübergreifendes Überlebensethos anerziehen. Es empfiehlt sich in allen ähnlich gelagerten Fällen, Gefühlsmoral mit vernunftbegründeter Moral assoziativ zu verbinden.

Oswald Spengler meinte, Kulturen würden wic Einzelpersonen einem natürlichen Alterungsprozeß unterliegen. Das Abendland hätte den Höhepunkt seiner Entwicklung erreicht und würde nunmehr unaufhaltsam altern. Die jugendliche Dynamik der Gegenwart, die in allen sozialen Spannungen zum Ausdruck kommt, lehrt allerdings das Gegenteil. Kulturen müssen nicht altern, sie können sich immer von neuem regenerieren.

Die Biologie stellt mit der Evolutionstheorie dem Spenglerschen Pessimismus eine positive Alternative entgegen, die der Weiter- und Höherentwicklung. Gewiß, wir können auch zu Fall kommen, doch nichts ist unausweichlich, alles bleibt offen, und was ganz entscheidend ist: Wir steuern mit! Die Klippen, die vor unserem Kurs liegen, müssen wir aber wahrnehmen. Ideologisches Ausblenden der Wirklichkeit kann unser Schiffchen zum Scheitern bringen.

Zusammenfassung in Thesen

1. Vom So-Sein kann zwar nicht automatisch auf ein Sollen geschlossen werden. Jedes »Ist« muß jedoch hinterfragt, in politischen Diskussionen zur Kenntnis genommen und bei Zielsetzungen in Rechnung gestellt werden. Wer nur von »moralischen Imperativen« und »erkenntnisleitenden Interessen« spricht, ohne sich auch an der Wirklichkeit zu orientieren, handelt fahrlässig.

2. Der Biologie als Lehre vom Leben kommt auch bei der ethischen Normenfindung eine besondere Bedeutung zu, da es sich ja bei den in der Politik zur Diskussion stehenden Erscheinungen wie Gewalttätigkeit, Migration, Bevölkerungswachstum, menschliche Emotionalität, Habgier, Nächstenliebe usw. ebenso um Lebenserscheinungen handelt wie bei allen übrigen kulturellen Äußerungen. Sie sind als solche der empirischen Forschung zugänglich, zu der die Biologie mit der Evolutionstheorie die Basistheorie allen Lebens stellt.

3. Biologische Normen sind in der Regel nicht linear nach dem Prinzip »je mehr, desto besser« konstruiert, sondern auf ein Optimum ausgerichtet. Nach dessen Überschreiten kann ein »Mehr« zu einem »Weniger« werden, ja sogar sich schädlich auswirken.

4. Wahrnehmung, Emotionalität und konkretes Handeln des Menschen werden nachweislich von stammesgeschichtlichen Programmierungen mitbestimmt. Diese entwickelten sich in jener langen Zeit, in der unsere Vorfahren als altsteinzeitliche Jäger und Sammler lebten.

5. Mit der technischen Zivilisation und mit den Millionenstädten schufen wir uns eine Umwelt, für die wir biologisch nicht geschaffen sind. Die kurze Zeit, in der wir unter diesen Bedingungen leben, reichte nicht aus, um uns genetisch an die neuen Lebensbedingungen anzupassen.

6. Biologisch ist auch der moderne Mensch an ein Leben in territorialen Kleingruppen angepaßt, die sich gegen andere abgrenzen. Familie (Drei-Generationen-Familie) und Sippe bilden die Kristallisationskerne solcher Gemeinschaften.

7. Unser Verhalten Mitmenschen gegenüber ist ferner durch einen Konflikt zwischen Verhaltensweisen freundlicher Zuwendung und ängstlicher Meidung gekennzeichnet. Diese Ambivalenz beobachten wir in allen Kulturen, und sie manifestiert sich überall bereits im Säuglingsalter als »Fremdenscheu«. Persönliche Bekanntheit mildert die Angst; sie schafft Vertrauen.

8. In der Kleingruppe kennen Personen einander. Dies fördert Vertrauen und freundliche Umgangsformen. Rangordnungen basieren in der individualisierten Kleingruppe auf fachlicher und prosozialer Kompetenz (»fürsorgliche Dominanz«). Gegenüber Gruppenfremden besteht die Neigung, Schwächen zur Herstellung repressiver Dominanzbeziehungen zu nutzen.

9. Konkurrenz der Menschengruppen förderte die kulturelle Entwicklung von anonymen Solidargemeinschaften, wie Täler-, Stammes- und Volksverbänden. Ihr Zusammenhalt als Solidargemeinschaft wird über das familiale Kleingruppenethos abgesichert, in das auch die fremden Gruppenmitglieder über die Stiftung fingierter Verwandtschaft einbezogen werden. Mythen bekräftigen ideologisch die Abstammung von gemeinsamen Ahnen. Das kommt auch im Wort »Nation« zum Ausdruck. In der Primärbindung an eine Familie entwickeln wir die Fähigkeit, uns in einer weiteren Ebene auch mit dem Staat zu identifizieren.

10. Die Loyalitäten eines Mitgliedes einer solchen anonymen Großgesellschaft bleiben jedoch nach Nähe abgestuft, nach dem Muster Familie, Lokalgruppe (Gemeinde), Nation usw. Innerhalb der auf der Basis persönlicher Bekanntheit verbundenen Wir-Gruppe werden Aggressionen tabuisiert, prosoziale Verhaltensmuster dagegen gefördert.

11. Für die anonyme Großgesellschaft erwachsen uns aus unseren Kleingruppenanlagen Schwierigkeiten. Mißtrauen be-

stimmt mit zunehmender Anonymität die Beziehungen. Das führt zu Abschottung und Meidung. Muster repressiver (agonaler) Dominanz treten an die Stelle der fürsorglichen (protektiven) Dominanz. Fürsorglichkeit wird entpersönlicht und zur Verwaltungssache.

12. Menschen klagen daher über Einsamkeit in der sie bedrükkenden Masse. Die heutige Mißtrauensgesellschaft aktiviert unter anderem Fluchtreaktionen mit Anschlußsuche und die Bereitschaft, sich Ideologien und Sicherheit versprechenden Personen anzuschließen. Da unsere Kleingruppenethik mithin nicht für das Leben in der Großgruppe ausreicht, bedarf es erzieherischer Bemühungen, um eine anonyme Gesellschaft zu einer größeren, prosozialen Solidargemeinschaft zu verbinden.

13. Der Mensch der Altsteinzeit lebte naturnah und angepaßt an die Herausforderungen eines risikoreichen Lebens. Das züchtete ihm eine Risikoappetenz an, die wir in Ersatzhandlungen ausleben. Die Belastungen der Neuzeit wie Arbeitsstreß, berufliche Abhängigkeit von anderen, Naturferne und das Fehlen der traditionellen Herausforderungen belasten uns zusätzlich und sorgen für Irritation.

14. Da eine Rückkehr zur Kleingesellschaft weder wünschenswert noch möglich ist, müssen wir uns kulturell an die neuen Lebensbedingungen der Großstadt anpassen. Unsere angeborenen Verhaltensdispositionen müssen dabei in Rechnung gestellt werden.

15. Durch städtebauliche Maßnahmen lassen sich sowohl die aus dem zwischenmenschlichen Mißtrauen erwachsenden Belastungen mildern als auch jene, die aus der »naturfernen« Umwelt und der modernen Lebensweise erwachsen.

16. Der Architekt kann mit der Gestaltung der Wohnumgebung Bühnen der Begegnung schaffen, die das Miteinander-Bekanntwerden fördern. Die ästhetisch-künstlerische Gestaltung spielt dabei eine wichtige Rolle. Die Wahrnehmung des Schönen lädt zum Verweilen ein, entspannt und stimmt freundlich. Eine gelungene gärtnerische Gestaltung befriedigt unser Bedürfnis nach Naturnähe. Brunnen beleben, die Verwendung der traditionellen religiösen Symbolik kann vielen zusätzlich das Gefühl von Trost und Schutz geben.

17. Allzu provokative Kunstwerke sollten an Orten, die der sozialen Integration dienen, nicht präsentiert werden. Zwar hat Kunst auch die Aufgabe, zu provozieren, aber dafür sind Ausstellungen wie die *documenta* das geeignete Forum. Wer Menschen in ihrer Wohnumgebung täglich verärgert, fördert gewiß nicht das harmonische Zusammenleben und tut daher nichts Gutes. Auch Pharisäertum mit erhobenem Zeigefinger findet in den avantgardistischen Ausstellungen ein besseres Publikum als auf einem zum freundlichen Verweilen der Anwohner dienenden Platz.

18. Den Menschen zeichnet ein Bedürfnis nach positiver Selbstdarstellung aus. Er trachtet nach »Ansehen«, sowohl als einzelner als auch als Angehöriger einer Solidargemeinschaft. Die ästhetische Gestaltung der Fassaden und die »Kunst am Bau« kann das Selbstgefühl ihrer Bewohner stützen und durch Unverwechselbarkeit Identifikation fördern. Überdies kann der Künstler über entsprechende ästhetische Reizschlüssel affiliativfreundliche Gestimmtheit induzieren und damit prosoziales Verhalten fördern.

19. Über die Vielfalt der Ethnien experimentieren die Kulturen und werden zu Schrittmachern der Evolution. Die kulturelle Vielfalt sichert zugleich die weitere Existenz des Typus Mensch und folgt damit einem Lebensstromprinzip, das sich im übrigen Organismenreich in der Vielzahl der Arten und Unterarten manifestiert. Die Vielfalt erhält sich hier wie dort über Mechanismen der Abgrenzung und Verteidigung.

20. Ein friedliches Miteinander verschiedener Völker ist möglich, wenn jede Ethnie ihr eigenes Land hat und ihre eigenen Angelegenheiten ohne Furcht vor repressiver Dominanz und Landnahme durch andere regeln kann. Dann können verschiedene Völker in einem Staat kooperativ verbunden sein (Beispiel Schweiz).

21. Die Prognosen für den Aufbau einer multikulturellen Immigrationsgesellschaft sind dagegen wenig günstig. Grenzt sich in einem bereits besiedelten Gebiet eine weitere, landlose Solidargemeinschaft ab, die mit den Ortsansässigen um begrenzte Ressourcen konkurriert, dann löst dies territoriale Abwehr aus. Ferner bekräftigt die Angst um Identitätsverlust die Xenophobie. In Krisenzeiten kommt es dann leicht zu Konflikten.

22. Die Situation verschärft sich, wenn unterschiedliche Fortpflanzung die Immigrantenbevölkerung schneller wachsen läßt als die ortsansässige und wenn die ökologische Tragekapazität der Einwanderungsländer bereits überschritten ist, wie das in Europa der Fall ist.

23. Die Probleme der Dritten Welt können nicht durch Aufnahme der Notleidenden von dort gelöst werden. Ihre Lösung hat vielmehr eine wirksame Bevölkerungskontrolle zur Voraussetzung. Nur eine solche kann einen dauerhaften Weltfrieden garantieren.

24. Gelingt es den Ländern der Dritten Welt nicht, ihr Bevölkerungsproblem zu lösen, dann müssen sich die Länder, die eine wirksame Geburtenkontrolle betreiben, in großräumig-autarken Friedenszonen abgrenzen. Nur in solchen können überdies umweltschonende Produktionstechniken durchgesetzt und kann die arbeitende Bevölkerung angemessen bezahlt werden. Und nur zwischen Wirtschaftsgebieten, die in dieser Hinsicht den gleichen Standard einhalten, ist Freihandel möglich.

25. Wir müssen lernen, in längeren Zeiträumen vorauszudenken, und dementsprechend ein generationenübergreifendes Überlebensethos ausbilden. Dazu müssen wir die Falle des Kurzzeitdenkens, die »Konkurrenzfalle«, vermeiden.

Wer die Vergangenheit nicht ehrt
verliert die Zukunft
Wer seine Wurzeln vernichtet
kann nicht wachsen

Friedensreich Hundertwasser,
Motto in seinem Kunsthaus in Wien

Nachbemerkungen zur zweiten Auflage

Es war zu erwarten, daß dieses Buch Aufmerksamkeit und Widerspruch erregen würde, mißachte ich doch den Trend der Zeit, unbequeme Wahrheiten zu verschleiern. Ich erhoffte mir von der offenen Darstellung eine offene und damit anregende Diskussion. Und eine solche hat sich auch angebahnt. Eine Reportage von Tilman Jens im »Kulturreport« vom 10. Juli 1994 zeigte allerdings, wie leicht ein komplizierter Sachverhalt zu griffigen Thesen ummontiert werden kann, wenn man es mit der Wahrheit der Wiedergabe nicht so genau nimmt. Bereits die Eröffnung begann mit einem Statement, das eine meiner Grundthesen verfälscht. Nicht die multikulturelle Gesellschaft, sondern die multikulturelle *Immigrations*gesellschaft (vgl. Kapitel 5, dort bes. 5.5) halte ich für problematisch, wo auch immer sie sich bilden mag; und weder übertrage ich »in dumpfer Analogie die Gesetze animalischer Arterhaltungskämpfe« auf das Zusammenleben menschlicher Kulturen, noch spreche ich davon, daß wir von den Leguanen lernen sollten, wie mit Eindringlingen zu verfahren sei. Das sind Unterstellungen, die belegen, daß sich Tilman Jens nicht die Mühe machte, mein Buch auch nur durchzublättern. Ich weise zwar auf die weite Verbreitung territorialen Verhaltens hin, aber auch auf die gewaltigen Unterschiede, die uns dank unserer Fähigkeit zur Fürsorge und Liebe gerade von den Reptilien absetzen. Und ich wende mich ausdrücklich gegen das Bestia-humana-Konzept – gegen das Zerrbild, die Natur kenne nur ein Gegeneinander, »rot in Klauen und Zähnen« (vgl. S. 30, 31, 71 ff.).

Ich spreche mich für die kulturelle Vielfalt aus und diskutiere die notwendigen Voraussetzungen für eine friedliche Koexistenz, die ich ausdrücklich bejahe. Der Vorwurf, ich würde gegen sie Stimmung machen, läßt sich aus meinem Text wohl nur mit Hilfe schöpferischer Textkollagen konstruieren. Ich warne allerdings vor dem Aufbau von multikulturellen Gesellschaften durch Einwanderung in bereits dicht besiedelte Gebiete, da in wirtschaftlichen Krisenzeiten die Konkurrenz sich abgrenzender Gruppen leicht zu Konflikten führt. Ich weise in diesem Zusammenhang darauf hin, daß mit der Entwicklung der Vielfalt der Kulturen auch abgrenzende, identitätsbewahrende Programmierungen entstanden sind, mit denen man rechnen muß. Sollten diese Aussagen falsch sein, dann müssen sie anhand von Daten widerlegt werden. Meine Aussagen stützen sich auf mittlerweile 25 Jahre humanethologischer Forschung. Dem hat Jens nichts Konkretes entgegenzusetzen, deshalb bemüht er wohl bewährte Mittel der Diffamierung. Er nimmt einzelne Statements aus einem Interview und blendet dazu kurze Filmaufnahmen von Menschen ein, die Ausländer niederknüppeln und mit Füßen treten, um so die Assoziation zu stiften: »Seht, den läßt das alles kalt, der vertritt das Gedankengut der Reps!« Dazu bemüht er noch eine ehrenwerte Politikerin* um die Bestätigung, daß hier ein Biologe auf Abwegen sei, und läßt seine Reportage in der Aussage gipfeln: »Der Verhaltensforscher sagt, für Verfolgte ist hier kein Platz.« Wo sage ich das? Ich spreche davon, daß wir sicher nicht mehrere hundert Millionen Menschen in Europa aufnehmen können. Und das sind die Dimensionen, mit denen wir zu rechnen haben, wenn die Weltbevölkerung in zehn Jahren, wie erwartet, um eine weitere Milliarde (das sind 1000 Millionen) Menschen gewachsen sein wird.

Ich hoffe, daß aus meinen Ausführungen auch das starke Engagement für die Menschen und für die Natur sichtbar ist. Alles, was ich hier über uns und Europa schreibe, gilt auch für andere Kulturen, deren Recht auf Selbsterhaltung ich immer wieder betone.

Hätte ich eine Reportage dieser Art vor Jahren im DDR-Fernsehen gesehen, hätte sie mich nicht gewundert. In unserer demo-

* Cornelia Schmalz-Jacobsen

kratischen Kultur befremdet mich dieser nach meiner Meinung eklatante Mißbrauch der freien Meinungsäußerung zu diffamierenden Zwecken.

Naturwissenschaftliche Wahrheitsfindung basiert auf Forschung. Das unterscheidet wissenschaftlich begründetes Wissen von Offenbarungswissen. Der Weg der Erkenntnisgewinnung muß für andere nachvollziehbar und damit auch nachprüfbar sein. Damit wird Kommunikation zu einem wichtigen Instrument der Wahrheitsfindung. Allerdings sollte dieser Prozeß nicht mit einer Abstimmung verwechselt werden. Nicht das, was eine Mehrheit beschließt, ist wahr, sondern das, was einer empirischen Überprüfung standhält, hat Bestand, bis ein neuer Befund eine Revision erzwingt. Des weiteren dient das Gespräch dazu, Schlußfolgerungen aus Forschungsergebnissen abzuleiten. Wer diesen Prozeß durch die Errichtung von Kommunikationsbarrieren verhindert – etwa durch Diffamierung des Meinungsgegners und Empfehlung der Bücherverbrennung –, versündigt sich gegen den Geist.

Andechs, im Juli 1994 *Irenäus Eibl-Eibesfeldt*

Literaturnachweis

1 Adenauer, K. (1949): Rede in Bern am 23. März 1949. In Adenauer, K.: Erinnerungen Bd. 1, 1965, 188 (2. Aufl. 1973)

2 Alter, P. (1992): Der eilige Abschied von der Nation. Zur Bewußtseinslage der Deutschen nach 1945. In: Klueting, H. (Hrsg.): Nation, Nationalismus, Postnation. Köln–Wien (Böhlau)

3 Artikel von Franz Kotteder in der Süddeutschen Zeitung vom 8.5.1992: Der Bildhauer mit der Motorsäge

4 Bandura, A. (1973): Aggression: A social learning analysis. Englewood Cliffs, N.J. (Prentice Hall)

5 Bell-Krannhals, I. in Eibl-Eibesfeldt, I. (1984): Die Biologie des menschlichen Verhaltens-Grundriß der Humanethologie

5a Beuchelt, E. und Ziehr, W. (1979): Schwarze Königreiche. Frankfurt/M. (W. Krüger)

6 Borchert, J. (1993): Renten vor dem Absturz. Ist der Sozialstaat am Ende? Frankfurt. Fischer Taschenbuch

7 Bovenkerk, F. (1993): Crime and the Multi-ethnic society: A View from Europe. Crime Law and Social Change 19, 217–280

8 Brauer, A. (1983): Das Runde fliegt. Texte, Lieder, Bilder. Deutscher Taschenbuch Verlag, München

9 Briggs, V.M. (1993): Immigrant labor and the issue of »dirty work« in advanced industrial societies. Population and Environment 14, 503–514

10 Chagnon, N.A. (1988): Life Histories, Blood Revenge, and Warfare in Tribal Population. Science 239, 985–992

11 Charlesworth, W. (1991): The Development of the Sense of Justice in: American Behavioral Scientist, Vol. 34 No. 3, 1991, 350–370

12 Charlesworth, W. (1981): Comments on S.L. Washburns. Review of Kenneth Bock's »Human Nature History«: A response to Sociobiology. Human Ethology Newsletter

13 Cohn-Bendit, D. (1994): Wer ist links, wer rechts? Der Spiegel 1/1994

14 Cohn-Bendit, D. und Schmidt, Th. (1992): Das Wagnis der multikulturellen Demokratie. Hamburg (Hoffmann und Campe)

15 Coleman, D.A. (1993): Does Europe Need Immigrants? Population and Work Force Projections. Oxford University, International Migration Review, 24, 413–461

16 Coss, R.G. (1972): Exe-like Schemata: Their Effect on Behavior. Thesis, University of Reading

17 Dahrendorf, R. (1981): Nur Menschen haben Rechte. Das Selbstbestimmungsrecht der Völker ist ein barbarisches Recht. In: Die ZEIT 18, 28.4.1989

18 Dahrendorf, R. (1993): Eine große, universelle Sicht. Die Entwicklung der Moderne. Spiegel Spezial Nr. 4: Die Erde 2000, 7–12

19 Dawkins, R. (1987): The Blind Watchmaker. New York–London (W. W. Norton)
20 Douglas, M. (1990): No free gifts. Introduction to M. Mauss: The Gift, Übersetzung. London (Routledge)
21 Eibl-Eibesfeldt, I. (1950): Beiträge zur Biologie der Haus- und Ährenmaus nebst einigen Beobachtungen an anderen Nagern. Z. Tierpsychl., 7, 558–587
22 – (1967): Grundriß der vergleichenden Verhaltensforschung. 7. Aufl. München (Piper) 1987
23 – (1970): Liebe und Haß. 16. Aufl. München (Piper) 1993
24 – (1975): Krieg und Frieden. 4. Aufl. München (Piper) 1990
25 – (1983): Warfare, Man's Indoctrinability and Group Selection. Zeitschrift für Tierpsychologie 60, 177–198
26 – (1984): Die Biologie des menschlichen Verhaltens. 2. Aufl. München (Piper) 1986, 3. Aufl. in Bearbeitung
27 – (1988): The Biological Foundation of Aesthetics. In: Rentschler, I., Herzberger, B. und Epstein, D. (Hrsg.): Biological Aspects of Aesthetics. Basel (Birkhäuser), 29–68
28 – (1988): Der Mensch – das riskierte Wesen. 5. Aufl. München (Piper) 1993
29 – (1990): Dominance, Submission and Love: Sexual Pathologies from the Perspective of Ethology. In: J. R. Feierman (Hrsg.): Pedophilia Biosocial Dimensions. Springer Verlag New York–Heidelberg 1990, 150–175
30 – (1991): Das verbindende Erbe. Köln (Kiepenheuer & Witsch), 1993 München (Heyne)
31 – (1992): Und grün des Lebens goldner Baum-Erfahrungen eines Naturforschers. Köln (Kiepenheuer & Witsch)
32 Eibl-Eibesfeldt, I., Schiefenhövel, W. und Heeschen, V. (1989): Kommunikation bei den Eipo. Berlin (Reimer)
33 Eibl-Eibesfeldt, I. und Sütterlin, C. (1992): Im Banne der Angst. München (Piper)
34 Enzensberger, H. M. (1993): Aussichten auf den Bürgerkrieg. Frankfurt am Main (Suhrkamp Verlag)
35 Erikson, E. (1966): Ontogeny of Ritualisation in Man. Philosophical Transactions of the Royal Society. London, B 251, 337–379
36 Ewert, J. P. (1974): Neurobiologie und Systemtheorie eines visuellen Mustererkennungsmechanismus bei Kröten. Kybernetik 14, 167–183, Hamburg
37 Fack, F. U. (1983): Die kritische Gesellschaft. Leitbilder, Wertwandel und wachsende Akzeptanzprobleme. Frankfurt/Main, (Deutscher Fachverlag)
38 Feinman, S. (1980): Infant Response to Race, Size, Proximity, and Movement of Strangers. Infant Behav. Develop. 3, 187–204
39 Ferraris, L. V. (1988): Wenn schon, denn schon – aber ohne Hysterie. An meine deutschen Freunde. München, 19 (Printul)
40 Fri, R. W. (1991): Sustainable Development: Principles into Practice. Ressources No. 2, 1–3
41 Friedländer, E. (1947): Leitartikel in der Zeit, Zitiert nach Peter Alter (1992)
42 Fruth, B. und Hohmann G. (1993): Ecological and Behavioural Aspects of Nest Building in Wild Bonobos (Pan Paniscus), Ethology 94, 113–126
43 Gehlen, A. (1940): Der Mensch, seine Natur und seine Stellung in der Welt. Berlin (Athenäum)

44 Geißler, H. (1990): Zugluft, Politik in stürmischer Zeit. München (Bertelsmann)
45 – (1991): Unsere Gesellschaft wird multikulturell sein. In: J. Miksch (Hrsg.): Deutschland-Einheit in kultureller Vielfalt. Frankfurt (Otto Lembeck), 17–32 (Zitat S. 31/32).
46 – (1993): Wenn die Fahne fliegt, ist der Verstand in der Trompete. Süddeutsche Zeitung, Wochenendbeilage, 10./11.7.93, Nr. 156
47 Gieß, H.J. (1993): Verhaltensforschung: Theorie ohne Wert? Psychologie heute, Juli 9–10.
48 Giordano, R. (1992): Ich bin angenagelt an dieses Land. Hamburg (Rusch und Röhring)
49 Glotz, P. (1991): Das multikulturelle Europa und die nationalen Aufbrüche. In: J. Miksch (Hrsg.): Deutschland-Einheit in kultureller Vielfalt. Frankfurt/M: (O. Lembeck), 33–39
50 Goffman, E. (1971): Relations in Public. London (Penguin Press), Allan Lane
51 Goodall, J. (1986): The Chimpanzees of Gombe, Patterns of Behavior. Belknap Press of Harvard University Press, Cambridge MA, London
52 Habermas, J. (1993): Die Festung Europa und das neue Deutschland. In: Die Zeit Nr. 22, 3
53 Hardin, G. (1986): Cultural Carrying Capacity: A biological approach to Human Problems. Bioscience 36, 599–606
54 Harris, M. (1979): The Yanomami and the Causes of War in Band and Village Societies. In: Margolis, M. and Carter, W. (eds.), Brazil: Anthropological Perspectives. Essays in honor of Charles Wagley. New York (Columbia University Press), 121–132
55 Hass, H. (1970): Das Energon. Wien (Molden Verlag). Überarbeitete Fassung in H. Hass, (1987) Naturphilosophische Schriften Band 2 und 3. München (Universitas Verlag)
56 – (1981): Vorteil des Menschen: Er kann sein Energon verändern. In: Das neue Erfolgs- und Karrierehandbuch. Geretsried (Verlag beste Unternehmensführung), 157–198. Zitat von S. 198
57 Hassenstein, B. (1979): Willensfreiheit und Verantwortlichkeit. In: Hassenstein, B. u. A. (Hrsg.): Freiburger Vorlesungen zur Biologie des Menschen. Heidelberg (Quelle und Meyer), 202–221
58 Heckmann, F. (1994): Ethnische Vielfalt und Akkulturation im Eingliederungsprozeß. In: K.J. Bade: Das Manifest der 60. München (C.H. Beck), 148–163
59 Heitmann, W. (1993): Gefährliche Botschaft. Die ZEIT, No. 33
60 Hepp, R. (1987): Die BRD als multikulturelle Gesellschaft. In: Handbuch zur Deutschen Nation, Band 2: Nationale Verantwortung und liberale Gesellschaft, Tübingen (Hohenrain Verlag), 435–500
61 Herrmann, H. (1992): Ungelöste Probleme: Asylbewerber-, Einwanderer-, Flüchtlinge. In: H. Herrmann (Hrsg.): Ausländer, Informationen zur politischen Bildung. Bonn (Bundeszentrale für politische Bildung)
62 Herzog-Schröder, G. (1993): Rahaka. In: W. Schiefenhövel, J. Uher und R. Krell: Im Spiegel der anderen. München (Realis Verlag), 180–187
63 Hoffmann, L. und Even, H. (1984): Soziologie der Ausländerfeindlichkeit.

Zwischen nationaler Identität und multikultureller Gesellschaft. Weinheim und Basel (Beltz Verlag)
64 Hofman, G. (1993): Anführer ins Vorgestern. Die Zeit Nr. 43, 22.10.93
65 Hold, B. (1976): Attentionstructure and rankspecific behaviour in preschool children. In: Chance, M. & Larsen, L. L. (Hrsg.): The Social Structure of Attention. London (Wiley), 177–201
66 Hondrich, K. O. (1994): Grenzen gegen die Gewalt. In: Die Zeit Nr. 5, 28.1.94
67 Huber, F. (1983): Neural correlates of Orthopteran and Cicada phonotaxis. In: F. Huber und H. Markl (Hrsg.): Neuroethology and Behavioral Physiology. Berlin (Springer), 108–135
68 Huntington, S.P. (1993): Im Kampf der Kulturen. Die ZEIT, Nr. 33, 13.8.1993. Übersetzungen aus dem Englischen von Stefan Schreiber
69 Huxley, A. (1932): Brave New World. London (Chatto & Windus)
70 Jackson, J.O. (1993): Word Games and Glass Houses. In: TIME-Magazine, 7.7.93
71 King, A. und Schneider B. (1992): Die erste globale Revolution. Club of Rome. Frankfurt/Main (Horizonte Verlag)
72 Klueting, H. (1992): Nation, Nationalismus, Postnation. Köln–Wien (Böhlau)
73 Koenig, O. (1975): Ursymbol Auge. Neuentdeckte Grundzüge menschlichen Verhaltens. München (Piper)
74 Kohlhammer, S. (1992): Leben wir auf Kosten der Dritten Welt? Merkur, 876–889
75 Kosse, K. (1990): Group Size and Societal Complexity. Journal of Anthropological Archaeology 9, 275–303
76 Kowalski, W. (1993): Rechtsextremismus und Anti-Rechtsextremismus in der modernen Industriegesellschaft. In: Aus Politik und Zeitgeschichte, Beilage zur Wochenzeitung Das Parlament, 8.1.93
77 Kuenzer, P. (1993): Die Wirkungsweise der Schlüsselreize bei den Vorgängen des angeborenen Erkennens. Bildliches Erkennen oder Auslösung von Verhaltensweisen?
78 Kummer, H., Goetz, W. und Angst, W. (1974): Triadic Differentiations. An Inhibitory Process Protecting Pair Bonds in Baboons. Behavior 49, 62–87
79 Lamprecht, J. (1993): Sind die Ergebnisse von N. Tinbergen Artefakte? In: Biologen in unserer Zeit, 67–69
80 – (1993): Besprechung des Buches von H.-M. Zippelius: Die vermessene Theorie. Ethology 95, 257–259
81 Lewontin, R. C., Rose, S. und Kamin, L. (1984): Not in our Genes. New York (Pantheon Books)
82 Löschnak, F. (1993): Flüchtlinge, Vertriebene, Gastarbeiter. Wien (Verlag Adolf Holzhausens Nachfolger)
83 Lorenz, K. (1961): Phylogenetische Anpassung und adaptive Modifikation des Verhaltens. Zeitschrift für Tierpsychologie 18, 139–187
84 – (1963): Das sogenannte Böse. Wien (Borotha-Schöler)
85 – (1973): Die Rückseite des Spiegels. München (Piper)
86 Lummer, H. (1992): Asyl, ein mißbrauchtes Recht. Berlin, Ullstein Report
86a Masters, R.D. (1981): Linking Ethology and Political Science: Photographs, Political Attention, and Presidential Elections. In: Watts, M.W. (Hrsg.): New

Directions for Methodology of Social and Behavioral Science, Nr. 7. San Francisco (Jossey Bass), 61–80
87 Mauss, M. (1988): Die Gabe. Form und Funktion des Austausches in archaischen Gesellschaften. Frankfurt/Main (Suhrkamp)
88 Mazur, A. & Lamb, Th. (1980): Testosteron, Status and Mood in Human Males. Hormones and Behavior 14, 236–246
89 Mazur, A., Booth, A. & Dabbs, J. (1992): Testosterone and Chess Competition. Social Psychology Quarterly 55, 70–77
90 Michal, G. (Hg., 1993): Biochemical Pathways. 3. Aufl. Teil I u. II, Mannheim (Boehringer)
91 Miegel, M., Wahl, S. (1993): Das Ende des Individualismus. Die Kultur des Westens zerstört sich selbst. München (Bonn Aktuell)
92 – (1994): Die Zukunft von Bevölkerung und Wirtschaft in Deutschland. In: K. J. Bade (Hrsg.): Das Manifest der 60. Deutschland und die Einwanderung. München (C. H. Beck), 118–132
93 Mineka, S. und Cook, M. (1987): Social Learning and the Acquisition of Snake Fear in Monkeys. In: Zentall, T. u. Galef, G. (Hrsg.): Social Learning. New York. Plenum, 51–73
94 Morris, D. (1968): The Naked Ape. New York (McGraw Hill)
95 Neffe, J. (1993): Alle Macht den Genen? Die Wiederkehr des biologischen Fundamentalismus. Der Spiegel 51, 168–171
96 Nenning, G. (1990): Lechts und Rinks. Kleiner Leitfaden zur Verwirrung der Gefühle. Süddeutsche Zeitung Nr. 92, 21./22.4.90
97 – (1993): Intellektuelle sind Idioten. In: Spiegel 18, 63–65
98 Neuffer, M. (1982): Die Erde wächst nicht mit. Neue Politik in einer übervölkerten Welt. München (Beck)
99 – (1982): Die Reichen werden Todeszäune ziehen. Der Spiegel 16, 35
100 Newman, J. und McCauley, C. (1977): Eye Contact with Strangers in City, Suburb and Small Town. Environment and Behaviour, 9, 547–558
101 Noelle-Neumann, E. und Köcher, R. (1987): Die verletzte Nation. Stuttgart (Deutsche Verlagsanstalt)
102 Oberndörfer, D. (1994): Abschied vom völkischen Wahn. In: Die Zeit Nr. 6
103 Orwell, G. (1949): Nineteen Eighty-Four, Frankfurt–Berlin. (Ullstein), Ozeanische Bibliothek
104 Packard, V. (1963): Die Pyramidenkletterer. Düsseldorf (Econ Verlag)
105 Peisl, A. und Mohler, A. (1980): Die Deutsche Neurose. Frankfurt/Main (Ullstein)
106 Pfreundschuh, G. (1993): Die kulturelle Umweltzerstörung in Politik und Wirtschaft. Frankfurt/M. (V. Hase & Koehler)
107 Piel, E. (1993): Institut für Demoskopie: Wieviel Mensch erträgt die Erde. Vortrag auf der Siemens Nixdorf Informationstagung am 26.11.93
108 Pillet, G. (1992): Elemente einer Untersuchung der ökologischen Tragfähigkeit von national begrenzten Lebensräumen oder was bedeutet Übervölkerung? Bern (Publikation des eidgenössischen Departments für Auswärtige Angelegenheiten, Koordinator für internationale Flüchtlingspolitik)
108 a Pimentel, D., Harman, R., Pacenza, M., Pecarsky, J. und Pimentel M. (1994): Natural Ressources and an Optimum Human Population. Population and Environment 15, 347–369

109 Plack, A. (1968): Die Gesellschaft und das Böse. München (List)
109a Pöltner, G. (1993): Evolutionäre Vernunft. Stuttgart
110 Reynolds, V., Falger, V. S. E. und Vine I. (1987), (eds.): The Sociobiology of Ethnocentrism. London–Sydney (Croom Helm)
111 Riedl, R. (1980): Biologie der Erkenntnis. Berlin (Paul Parey)
112 Ritter, G. (1946): Brief an Erwin Eckert vom 8.7.46. Zitiert nach Peter Alter (1992), dort Literaturhinweise
113 Rittstieg, H. (1993): Die Verdrängung von Inländern mit ausländischer Staatsangehörigkeit durch Aus- und Übersiedler. Zeitschrift f. Rechtspolitik, 4 (1990), zit. nach G. Pfreundschuh: Die kulturelle Umweltzerstörung in Politik und Wirtschaft. Mainz (v. Hase & Koehler)
114 Roth, J. (1956): Bekenntnis zu Deutschland. In: Werke in drei Bänden. Dritter Band S. 583–587. Köln–Berlin (Kiepenheuer & Witsch)
115 Rothfels, H. (1969): Aufsatz im Sammelband von H. J. Schultz: Politik für Nichtpolitiker. Stuttgart (Kreuz Verlag). Abgedruckt unter dem Titel: Die Nation, Meyers Enzyklopädisches Lexikon 16, 1976, 773–776
116 Sackett, G. P. (1966): Monkeys Reared in Isolation with Pictures as Visual Input: Evidence for an Innate Releasing Mechanism. Science, 154, 1468–1473
117 Salt, J. (1993): The future of International Labor Migration. Internatinal Migration Review 24, 1077–1110
118 Schjelderup-Ebbe, Th. (1922): Beiträge zur Sozialpsychologie des Haushuhns. Z. für Psychologie 90, 106–107
119 Schiefenhövel, W. (1993): Adaptiv oder pathogen? Kulturelle Einflüsse auf die Streßphysiologie. In: Eckart Voland (Hrsg.) Evolution und Anpassung. Stuttgart (Hirzel Verlag)
120 Schmid, J. (1993): Das Ende einer Attitude. Forum, Die Welt 5, 18. Juni 1993
121 – (1993): Multikultur, Zur Idee und Kritik eines Gedankenexperiments. In: L. Höbelt, A. Mölzer u. B. Sob: Freiheit und Verantwortung. Jahrbuch für politische Erneuerung 1994, 233–243
122 Segerstråle, U. (1992): Reductionism, »Bad Science«, and Politics: A Critique of Anti-Reductionist Reasoning. Politics and the Life Sciences 11 (Nr. 2), 199–214
123 Shibasaka, H. (1987): Children's Access Strategies at the Entrance to the Classroom. Man-Environment Systems 17, 17–31. Siehe dazu Gerhard
124 Sperry, R. (1971): How a Brain gets wired for adaptive function. In: Tobach, E., Aronson, L. R. und Shaw, E. (Hrsg.): The Biopsychology of Development. London (Academic Press), 27–44
125 Spiegel-Streitgespräch (1992): Wir kriegen einen Aufstand. Der Spiegel 37, 26–29
126 Stern-Streitgespräch (1992): Wie viele passen noch ins Boot Der Stern 52, 33–42
127 Stürmer, M. (1988): Deutsche Fragen oder Die Suche nach der Staatsräson. München (Piper), 203
128 Vining, D. (1986): Social Versus Reproductive Success: The Central Theoretical Problem of Human Sociobiology. Behav. Brain Sci., Nr. 9, 167–216
128a Tibi, B. (1993): Ausländer – die Juden von heute? In: U. Wank (Hrsg.): Der neue alte Rechtsradikalismus. München (Piper), 139–168
129 Viousek, P. M., Ehrlich, R., Ehrlich, A. H. und Maison, P. A. (1986): Human

Appropriation of the Products of Photosynthesis. Bio Science 34 (6) 1986, 368–373

130 Voland, E. (1993): Grundriß der Soziobiologie. Stuttgart–Jena (Gustav Fischer) Siehe ferner Diskussion in I. Eibl-Eibesfeldt (1987): Grundriß der vergleichenden Verhaltensforschung. 7. Auflage, München (Piper)

131 Wallner, B. (1992): Konfliktverhalten und physiologische Reaktionen bei Meerschweinchenmännchen: Konsequenzen des Heimvorteils. Diplomarbeit zur Erlangung eines Grades Magister der Naturwissenschaften an der Unversität Wien

132 Wickler, W. (1986): Dialekte im Tierreich. Ihre Ursachen und Konsequenzen. Schriftenreihe der Westfälischen Wilhelms-Universität Münster (Neue Folge, Heft 6). Münster (Aschendorff)

133 Wickler, W. und Seibt, U. (1977): Das Prinzip Eigennutz. Hamburg (Hoffmann und Campe), Neuausgabe, München (Piper) 1991

134 Wiessner, P. (1982): Risk, reciprocity and social influences on !Kung San economics. In: Leacock, E. R. and Lee, R. B.: Politics and History in Band Societies. London (Cambridge University Press), 62–84

135 Wikström, P. O. (1991): Urban Crime, Criminal and Victims. The Swedish Experience in an Anglo-American Comparative Perspective. New York (Springer Verlag)

136 Wilson, E. O. (1975): Sociobiology, the New Synthesis. Cambridge Mass. (Belknap Press of Harvard University)

137 Wolffsohn, M. (1993): Verwirrtes Deutschland? Provokative Zwischenrufe eines deutschjüdischen Patrioten. München (Edition Ferenczy, Bruckmann), 155

138 Wolffsohn, M. (1993): Ewige Schuld? 5. Auflage. München (Piper) 1993

139 Zimmer, D. (1993): Die Angst vor dem Anderen. Die Zeit 9.7.93 Nr. 28 Wochenendbeilage

140 – (1993): Das warme Wir-Gefühl. Die Zeit 16.7.93 Nr. 29

141 – (1993): Wer ist das Volk? Die Zeit 23.7.93 Nr. 30

142 – (1990): Den Völkern Gespött oder Furcht. Die Deutschen und das Nationalgefühl. Die Zeit 6.4.1990

143 Zippelius, H. M. (1992): Die vermessene Theorie. Eine kritische Auseinandersetzung mit der Instinkttheorie von Konrad Lorenz und verhaltenskundlicher Forschungspraxis. Wiesbaden (Vieweg)

Personenregister

(Eine Reihe von Seitenangaben verweisen über die hochgestellten Ziffern im Text auf den Literaturnachweis.)

Sachregister

Irenäus Eibl-Eibesfeldt

Die Biologie des menschlichen Verhaltens
Grundriß der Humanethologie
1120 Seiten mit zahlreichen Fotos, Zeichnungen und Grafiken. Leinen

Grundriß der vergleichenden Verhaltensforschung – Ethologie
929 Seiten, 443 Abbildungen, Bildfolgen und Grafiken und 12 farbige Tafeln. Leinen in Schuber

Krieg und Frieden aus der Sicht der Verhaltensforschung
329 Seiten mit Abbildungen. Serie Piper 329

Liebe und Haß
Zur Naturgeschichte elementarer Verhaltensweisen
293 Seiten. Serie Piper 113

Der Mensch – das riskierte Wesen
Zur Naturgeschichte menschlicher Unvernunft
272 Seiten mit 29 Abbildungen. Serie Piper 585

Galápagos
Die Arche Noah im Pazifik
507 Seiten mit 43 farbigen und 229 schwarzweißen Abbildungen sowie 52 Karten im Inselführer. Serie Piper 1232

Die Malediven
Paradies im Indischen Ozean
324 Seiten mit 190 meist farbigen Abbildungen. Geb.

Irenäus Eibl-Eibesfeldt / Christa Sütterlin
Im Banne der Angst
Zur Natur- und Kunstgeschichte menschlicher Abwehrsymbolik
495 Seiten mit 335 Abbildungen. Geb.

PIPER